Verena Steiner

LERNPOWER

Zu diesem Buch Wieso fällt es uns oft schwer, Lernvorhaben anzugehen, auch wenn sie uns wichtig sind? Wo müssen wir ansetzen, um besser zu lernen, besser zu verstehen und das Gelernte länger zu behalten? Und wie können wir Unlust und Zweifel überwinden und die Dinge mit mehr Neugier und Interesse angehen?
Diesen Fragen geht Verena Steiner in ihrem Buch auf den Grund und erläutert auf anschauliche Weise, wie wir mehr Lernpower entwickeln können. Um ungünstige Gewohnheiten zu überdenken, werden zunächst wichtige Grundkompetenzen wie Lesen, Zuhören und Notizenmachen unter die Lupe genommen und optimiert. Anschließend geht es darum, sich selbst und sein Lernen klug zu führen und zu organisieren. Und zu guter Letzt werden die wirkungsvollsten Lern- und Gedächtnisstrategien erläutert und anhand diverser Übungen erprobt. Die Autorin verknüpft in ihrem Buch Ergebnisse aus der Wissenschaft und Einsichten Studierender mit ihrer eigenen, langjährigen Erfahrung. Ein fundierter Leitfaden für alle, die ab sofort neugieriger, lustvoller und produktiver lernen wollen.

Dr. Verena Steiner ist durch ihren Bestseller *Exploratives Lernen* als Autorin bekannt geworden. Die promovierte Biochemikerin befasst sich seit vielen Jahren mit dem Thema Lernen. 1998 entwickelte sie an der Eidgenössischen Technischen Hochschule in Zürich das Kursprogramm »Lernen mit Lust!«. Nach einer Gastprofessur an der Universität für Bodenkultur in Wien ist sie heute als freischaffende Autorin, Referentin und Lehrbeauftragte im In- und Ausland tätig. Für ihr Wirken wurde sie 1998 mit dem Lady Waterman Preis ausgezeichnet und 2006 zur Ehrenrätin der ETH Zürich ernannt. Verena Steiner lebt in Zürich. www.explorative.ch

Bei Pendo erschienen: *Exploratives Lernen* (2000), *Erfolgreich lernen heißt …* (2002; erw. Aufl. 2010), *Energiekompetenz* (2005), *Sich besser konzentrieren heißt …* (2006).

Verena Steiner

LERNPOWER

Effizienter, kompetenter und lustvoller lernen

Die besten Strategien für Studium und Weiterbildung

Pendo München Zürich

Mehr über unsere Autoren und Bücher:
www.pendo.de

FSC
Mix
Produktgruppe aus vorbildlich bewirtschafteten Wäldern und anderen kontrollierten Herkünften
www.fsc.org Zert.-Nr. GFA-COC-001298
© 1996 Forest Stewardship Council

ISBN 978-3-86612-278-9

Umschlaggestaltung: HildenDesign, München –
www.hildendesign.de
Satz, Layout: a.visus, Michael Hempel, München
Druck und Bindung: Kösel, Krugzell
Printed in Germany

Inhaltsverzeichnis

Vorwort

Der Weg zum Buch

Als wir vor drei Jahren an einem Geburtstagsfest mit Freunden zusammensaßen, erwähnte mein Mann, er habe sich für einen Spanisch-Kurs angemeldet. »Eigentlich müsste ich mich hinters Französisch machen«, seufzte darauf Patrick, ein 40-jähriger Ingenieur, »ich möchte gerne in Westafrika in einem Entwicklungsprojekt mitarbeiten.« Seine Freundin nickte eifrig: »Wenn du besser Französisch könntest, wären deine Chancen, da hereinzukommen, wirklich größer!« Patrick zuckte daraufhin hilflos mit den Schultern und meinte, er habe zu wenig Zeit zum Lernen.
Wie ist es bloß möglich, dass einer wie Patrick seine Chancen nicht nutzt, nur weil er seine Fremdsprachkenntnisse nicht vertiefen mag? Dies fragte ich mich im Nachhinein, doch dann erinnerte ich mich an die Zeit nach meinem Erststudium in Chemie. Ich arbeitete damals in der französischen Schweiz und dachte aber überhaupt nicht daran, meine dürftigen Sprachkenntnisse zu verbessern. Warum? Heute ist mir klar, dass ich zu jener Zeit das Lernen ganz einfach noch nicht entdeckt hatte. Ich war die typische Minimalistin, die bloß lernte, wenn es nicht anders ging.
Das Chemiestudium hatte ich gewählt, weil ich gerne experimentierte, aber ich lernte nur, um in den Prüfungen durchzukommen. Prompt rächte sich dieses Minimalistentum zwei Jahre später, als ich begann, Chemie zu unterrichten. Ich erinnere mich, wie ich in der Not auf die ersten Ferien verzichten musste, um das Chemiewissen nochmals gründlich aufzufrischen. Der Zufall

wollte es, dass mir im Schaufenster einer Buchhandlung ein rettender Titel in die Augen sprang: *Rationeller Lernen lernen.*[1] Das Buch von Regula Schräder Naef enthielt Anleitungen für effizienteres Lernen. Ich begann, mit den beschriebenen Methoden zu experimentieren und sie nach eigenem Gusto zu modifizieren. Weitere Lernbücher brachten zusätzliche Ideen und das Chemielernen wurde plötzlich spannend. Ich erprobte dabei bessere Lernmethoden und war sozusagen Lernerin, Versuchskaninchen und Forscherin in einem. Und täglich gab es neue Einsichten und Aha-Erlebnisse.

Damals habe ich das Lernen völlig neu entdeckt. Ich realisierte, dass die Aneignung von Wissen bedeutend reizvoller ist, wenn man sich nicht nur mit dem Stoff, sondern auch mit dem Lernprozess befasst. Wenn man damit spielt und experimentiert und so das Ganze laufend optimiert.

Einige Jahre später studierte ich dann Biochemie und tat dies mit derart viel Begeisterung, dass ich davon träumte, einmal ein Buch zu schreiben, das wie kein zweites zum Lernen inspirieren soll. Doch die Doktorarbeit nahm mich derart in Beschlag, dass keine Zeit blieb für meine Vision. Vierzehn Jahre später kam dann die große Chance. Ich hatte mittlerweile an der ETH Zürich das Kursprogramm »Lernen mit Lust!« aufgebaut und nutzte einen Aufenthalt an der Harvard University, um mir meinen lang ersehnten Traum zu erfüllen und ein Buch über mein Konzept des Lernens zu verfassen. Ich erinnere mich noch genau an den fast magischen Moment in diesem heißen Sommer 1999, als mir am Küchentisch in unserer Unterkunft in Cambridge aus heiterem Himmel der passende Titel einfiel: *Exploratives Lernen.*[2]

Explorieren heißt erforschen und ausprobieren. Und genau das war der Schlüssel, der bei mir die Freude am Lernen weckte. Mein eigenes Lernen, Explorieren und Entdecken ist seither weitergegangen. Aus dem ETH-Kursmodul über Zeitmanagement ist das zweite umfangreiche Buch *Energiekompetenz*[3] hervorgegangen,

in dem es um den bewussten Umgang mit den eigenen Energien geht. Mit *Lernpower* schließt sich nun der Kreis.
Ein drittes Buch schwebte mir schon lange vor. Selbstbestimmtes Lernen ist ein weites Feld und es gab noch vieles, was ich weitergeben wollte. Der Auslöser, dies umzusetzen, war dann Patrick, der mich an dem eingangs erwähnten Geburtstagsfest zum Nachdenken brachte. Ich fragte mich, wie ich Menschen wie ihn erreichen und sie zum Lernen motivieren könnte. So entstand der Plan mit der Lernpower-Kolumne, die 2010 im Zürcher *Tages-Anzeiger* jeden Montag auf der Seite »Bildung und Chancen« erschien. Das vorliegende Buch basiert auf diesen wöchentlichen Zeitungskolumnen. Auch die elf grundlegenden Übungen in diesem Band (für einen Überblick siehe Liste Seite 254) wurden zuvor im *Tages-Anzeiger* publiziert und die Leserinnen und Leser konnten ihre Erfahrungen mit diesen Methoden auf einem Messageboard mit anderen Interessierten teilen, siehe www.lernpower.tagesanzeiger.ch.
Mit diesem Buch möchte ich Sie alle ansprechen: Menschen wie Patrick, die einen Schub Lernpower gebrauchen können, Studierende, die mehr Schwung und Know-how in ihren Lernalltag bringen wollen, sowie Lerninteressierte jeglichen Alters, die sich lustvoller und effizienter neues Wissen aneignen und dazu auch noch ihre Lernkompetenzen weiterentwickeln möchten.
Sie werden das Lernen ebenfalls neu entdecken. Sie werden an Lernpower dazugewinnen und erleben, wie Lernen Freude macht, wenn man es noch besser kann. Das Schöne ist, dass sich durch Lernen, Dazulernen und Umlernen nicht nur vielfältigere Möglichkeiten im Beruf auftun, es bringt Sie auch in Ihrer persönlichen Entwicklung weiter. Denn mit jedem Lernprojekt lernen Sie sich selbst noch etwas besser kennen und können die Welt ein Stück weit besser verstehen.

Zürich, im November 2010 *Verena Steiner*

Einleitung

1

Das Lernpower-Konzept

Was ist Lernpower? Es ist die Energie und die Lust, die Sie verspüren, wenn Sie ein Lernvorhaben selbstbestimmt, mit vollem Einsatz und den nötigen Kompetenzen anzupacken wissen.
Sie spüren diese Power zum Beispiel bei der Beschäftigung mit einem Thema, auf das Sie derart neugierig sind, dass dessen Bearbeitung kaum Anstrengung bereitet. Oder wenn Sie beim Lernen plötzlich die Zusammenhänge sehen und Ihnen ein Licht aufgeht. Aber auch am Ende einer Lernsession, wenn Sie doppelt befriedigt sind, da Sie sich fürs Nachbearbeiten der Vorlesung entschieden und dabei einiges dazugelernt und verstanden haben, während sich Ihre WG-Kollegen einen freien Abend gönnten.
Vielleicht kennen Sie auch Menschen, die bereits über eine ganze Menge Lernpower verfügen und sich für jedes Fach begeistern können. Solche, die einen schwierigen Stoff mehr als Herausforderung denn als Problem betrachten und denen es nichts ausmacht, ellenlange Listen von chemischen Formeln oder Vokabeln auswendig zu lernen. Oder auch welche, die genügend Power haben, neben dem Beruf gezielt ihre Sprachkenntnisse zu vertiefen, sich im Selbststudium mit Sachbüchern und literarischen Werken weiterzubilden und ein Leben lang am Lernen dranzubleiben.

Das mag im ersten Moment nach Anstrengung klingen, doch wenn Sie an Ihrer Lernpower arbeiten, werden Unlust und Befürchtungen bald verschwinden und Sie werden Ihr Lernen von Mal zu Mal mit mehr Schwung angehen. Mit gut entwickelter Lernpower fühlt sich das Lernen auch ganz anders an: Sie gehen motivierter und mit wacherem Geist dahinter, Sie merken, wie Sie Ihr Tun im Griff haben und dass Sie Ihr eigener Chef oder Ihre eigene Chefin sind. Sie spüren zudem, dass Ihre Energie länger anhält. Lehrbücher durchzuarbeiten wird zu einem anregenden geistigen Abenteuer und Sie können sich auch besser an das Gelernte erinnern. Denn Lernpower bedeutet nicht nur Energie und Lust, sondern auch Können und Kompetenz. Deshalb werden Sie auch schwierige oder sehr umfangreiche Inhalte mögen, denn diese fordern Sie heraus, Ihr größer gewordenes Repertoire an Lernmethoden zu nutzen und je nach Bedarf eine geeignete Vorgehensweise aus dem Werkzeugkasten zu holen.

Mein Ziel mit diesem Buch ist klar: Ich möchte Sie zum Lernen anstiften. Ich möchte, dass Sie das Lernen neu entdecken und Ihre Lernpower spüren, dass Sie die Prozesse des Lernens und Speicherns besser verstehen, das Ruder selbst in die Hand nehmen und aktiv werden. Wenn Sie dieses Buch durcharbeiten und die vorgeschlagenen Übungen ausprobieren, werden Sie nicht nur Ihre methodische Kompetenz erweitern. Sie werden auch an Lernpower dazugewinnen und fortan selbstbestimmter, motivierter und engagierter lernen.

Erfolg – das bedeutet, unaufhörlich zu lernen, wie man es noch besser machen kann.
ANITA RODDIK

Die drei Ebenen der Lernpower

Lernpower resultiert aus dem Wechselspiel von drei Lernfeldern auf ganz unterschiedlichen Ebenen:

Selbstmanagement Auf dieser übergeordneten Ebene geht es darum, das Lernen selbstbestimmt und eigenverantwortlich anzugehen, für Ziele zu sorgen, zu planen, zu organisieren, die Vorhaben umzusetzen und zu kontrollieren – aber auch, sich zum Lernen zu überwinden, sich vor Ablenkungen und Verlockungen zu schützen und sich immer wieder neu zu motivieren.

Aktives Lernen Aktives Lernen befasst sich mit der Mikroebene des Wissenserwerbs. Sie werden wirkungsvolle Methoden für aktiveres Erarbeiten und besseres Behalten des Lernstoffs kennenlernen. Also vorbei mit Klagen wie »Jetzt habe ich den ganzen Nachmittag an diesem Kapitel gesessen und nichts ist hängen geblieben!«

Exploratives Lernen Explorieren heißt erforschen, erkunden und ausprobieren. Als explorative Lernerin oder explorativer Lerner erforschen Sie den Lernprozess: Sie lernen, sich beim Tun zu

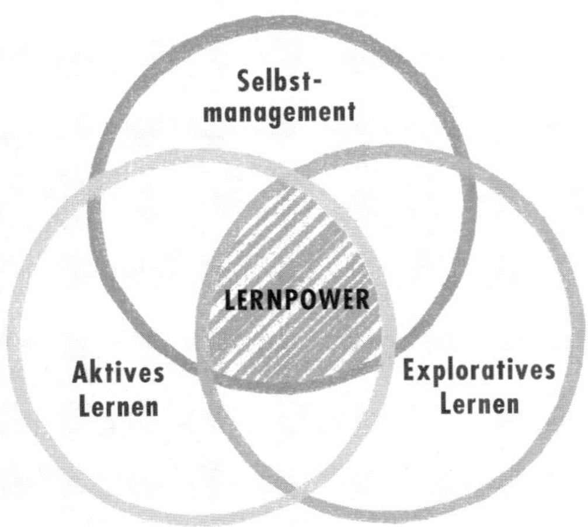

Abb. 1 **Die drei Ebenen des Lernpower-Konzepts.**

beobachten, darüber zu reflektieren, mit besseren Vorgehensweisen zu experimentieren und diese zu optimieren.[4] Sie werden dabei spannende Entdeckungen machen und Ihre Kompetenzen laufend weiterentwickeln. Wer weiß, vielleicht haben Sie das explorative Lernen bereits im Blut? Ansonsten werden Sie in Bälde mehr darüber hören.

Der Aufbau der Lernpower kann von verschiedenen Richtungen her angegangen werden. Wenn Sie an Ihren Selbstmanagement-Fähigkeiten feilen und gleich für einen kräftigen Schub an Lernpower sorgen wollen, können Sie direkt in Teil II einsteigen. Ist Ihnen der Sinn eher nach effizienten und wirkungsvollen Lernmethoden, werden Sie in Teil I und III fündig. Möchten Sie erst einmal wissen, was mit aktivem Lernen gemeint ist oder was exploratives Lernen bedeutet, werden Sie gleich im Anschluss mehr erfahren.

Der aktive und der passive Lernmodus

Zu meiner Studienzeit herrschte noch die Meinung vor, dass sich das Hirn im Erwachsenenalter nicht mehr weiterentwickelt. Um 1990 konnten jedoch verschiedene Forschungsgruppen zeigen, dass die Nervenzellen (Neuronen) in jedem Alter wachsen und neue und stärkere Kontakte zu den benachbarten Neuronen schaffen können – und zwar jeweils dann, wenn das Hirn etwas Neues lernt.
Dies wies zum Beispiel die kalifornische Forscherin Marian Diamond mit Rattenexperimenten nach.[5] Dabei wurden drei Gruppen von Ratten miteinander verglichen. Während die Tiere der einen Gruppe – später Superratten genannt – in einem stimulierenden Umfeld mit Laufrädern und anderem Spielzeug gehalten

wurden und eifrig davon Gebrauch machten, musste eine Kontrollgruppe ihr Dasein in einem öden Käfig fristen. Die Untersuchung eines spezifischen Hirnareals zeigte, dass bei den Superratten tatsächlich ein Wachstum der Neuronen zu beobachten war, und zwar um 25 Prozent im Vergleich zur passiven Kontrollgruppe.

Es gab in diesem Experiment noch eine weitere Gruppe, welche wie die Kontrollgruppe in öden Käfigen gehalten wurde. Doch die Tiere dieser dritten Gruppe konnten den Superratten beim Spielen zuschauen. Was meinen Sie, was die Autopsie dieser Zuschauerratten ergab? Nun, das Resultat war dasselbe wie bei der Kontrollgruppe. Das heißt, dass bloßes Zuschauen keine neuronale Entwicklung bewirkte. Dieses Experiment kam mir in den Sinn, als ich über das Thema ›Aktives Lernen‹ nachdachte, in das ich Sie nun einführen möchte.

Passives Lernen im Alltag

Wenn wir unseren Alltag ändern, ändern wir die Welt.
THICH NHAT HANH

Was mit aktivem Lernen gemeint ist, lässt sich am besten durch die Gegenüberstellung mit dem passiven Lernen erklären. Letzteres werden Sie wohl auch kennen. Man sitzt in der Vorlesung und hört zu, doch der Geist bleibt passiv und mag nicht mitdenken. Oder man ist im Fremdsprachenunterricht zu bequem, sich die neuen Wörter gleich einzuprägen, weil man sie zu Hause ohnehin nochmals lernen muss. Außerhalb des Schulzimmers, das heißt im Alltag, ist passives Lernen die natürlichste Form des Wissenserwerbs: Man hört oder liest etwas – sei es bei der Zeitungslektüre, im Kino oder am Arbeitsplatz –, die Information wird absorbiert, aber man engagiert sich geistig wenig dabei; man ist gleichsam in der Rolle der Zuschauerratten.

Dennoch kommt man im Alltag mit derart passivem Lernen ziemlich weit, denn besonders in denjenigen Lebensbereichen, in denen man sich bestens auskennt, bleibt gar manches hängen. Warum? Weil in diesen Fällen die Wissensstrukturen im Hirn bereits vorhanden sind und Neues leicht eingeordnet werden kann. Je mehr wir auf einem Gebiet wissen, desto müheloser lässt sich Neues integrieren und behalten.

Aktives Lernen für weniger vertraute Inhalte

Ganz anders sieht es bei weniger Vertrautem, bei noch kaum bekanntem Schulstoff und theoretischen Inhalten aus. Da müssen die entsprechenden Wissensstrukturen oder -netze zuerst aufgebaut werden. Die Aneignung von Wissen ist mit viel mehr Aufwand verbunden und wir tun gut daran, das Lernen aktiv anzugehen.

Wenn Sie im aktiven Lernmodus sind, verhalten Sie sich wie die Superratten: Sie schauen nicht bloß zu und nehmen die Information einfach auf, sondern Sie *machen* auch gleich etwas damit und verarbeiten den Input *aktiv*: Sie vollziehen das Gehörte oder Gelesene innerlich nach, Sie suchen nach den wesentlichen Aussagen und merken sich auch gleich noch die wichtigsten Fakten. Ihr Hirn arbeitet derart mit, dass Sie am Ende spontan einen kurzen Abriss des Inhalts geben könnten.

Aktives Lernen bedeutet also weniger äußerlich sichtbare Betriebsamkeit als vielmehr eine innere Dynamik: hohe Aufmerksamkeit verbunden mit geistiger Aktivität und Flexibilität.

Im aktiven Lernmodus haben Sie *eine ganz andere Haltung* als beim passiven Lernen: Sie sind am Ruder und darauf bedacht, in jeder Vorlesung, in jeder Unterrichtsstunde und in jeder Selbstlernsession möglichst viel mitzubekommen. Sie lieben die damit verbundene geistige Herausforderung und nehmen die Anstrengung sportlich. Sie bauen ganz bewusst an Ihrem Wissensnetz und überlegen sich auch immer wieder, wie Sie den Stoff am besten angehen, verarbeiten und speichern können.

Derart aktives Lernen will geübt sein. Mit den Übungen in Teil I und III dieses Buchs haben Sie Gelegenheit, sich aktive Lern- und Lesemethoden anzueignen.

Zur Selbstreflexion

1. **In welchen Interessenbereichen ist mein Wissensnetz bereits derart dicht, dass ich mir neue Information mühelos merken kann? Wo braucht es Anstrengung?**
2. **Ist mir klar, dass der Lernerfolg mehr von meinem engagierten Einsatz und weniger von meiner ursprünglichen Begabung abhängt?**
3. **Zu wie viel Prozent der Zeit bin ich im aktiven Lernmodus**

   a) in der Vorlesung / im Unterricht;

   b) beim Selbststudium?

Explorergeist entwickeln

Explorieren heißt erforschen, ausprobieren und auskundschaften. Als explorativer Lerner oder explorative Lernerin eignen Sie sich nicht nur neues Wissen an – Sie betrachten das Lernen auch als Experimentierfeld, auf dem Sie Ihre Lernkünste laufend verbessern können. Sie sind wie ein Hobbykoch, der mit Lust neue Rezepte und Kochtechniken ausprobiert und dabei immer mehr zum Profi wird. Auch das Explorieren mit neuen Lernmethoden wird Ihnen Spaß bereiten, denn Sie werden dabei Entdeckungen machen, neue Erfahrung sammeln und bei jedem einzelnen Versuch spüren, wie Sie an Lernpower dazugewinnen.

Wenn Sie sich derart mit dem Lernprozess befassen, entwickeln Sie Explorergeist. Ihr Vorgehensinteresse wird geweckt und macht die Lernsessionen spannender.

Der Gipfel der Weisheit ist, ernsthafte Ziele spielerisch zu verfolgen.
PLUTARCH

Tafel 1
Neugier

Haben Sie schon die Erfahrung gemacht, dass Neugier eine starke Triebkraft ist?
Oder dass man durch Neugier eine Situation, die einem etwas Angst macht, in einem neuen Licht sieht?[6]

Wenn ich auf etwas neugierig bin, dann bricht das Explorationsfeuer aus! Ich bin dann bereit, in eine Arbeit tief einzutauchen und mich intensiv damit zu befassen. Beispiel: Spanischaufenthalt in Bolivien. Ich habe am Anfang nichts verstanden. Im Gespräch am Küchentisch wurden von der Gastfamilie Begriffe verwendet, von denen ich stets wissen wollte, was sie bedeuten. Ich habe so durch Neugier in einem Monat fast fließend Spanisch gelernt, indem ich solche Begriffe immer gleich nachgeschlagen habe.

Ich habe die Neugier in der letzten Zeit als Motivationskraft fürs Lernen entdeckt. Bisher bin ich oft in eine Opferrolle verfallen: Man muss diesen Stoff erarbeiten. Eine neugierige Einstellung beim Lernen erleichtert das ganze Büffeln der Stofffülle ungemein.

Ich bin ein sehr neugieriger Mensch. Beispiel: Man kommt auf eine Party, kennt kaum jemanden, fühlt sich deshalb etwas unwohl. Aber die Neugier auf die Menschen, die auf der Party sind, lässt einen die Angst, jemanden anzusprechen, vergessen, man tut's dann einfach.

Als Ethnologe war ich in der Feldforschung in Neukaledonien: Die Neugier hilft, sich in einer neuen Kultur zurechtzufinden, und man vergisst damit seine Angst vor dem Fremden.

Ich werde dieses Jahr an einer Expedition auf einen Achttausender teilnehmen. Ein großer Motivationsfaktor ist meine Neugier, denn ich möchte erfahren, wie ich beziehungsweise mein Körper auf diese Extremsituation reagieren wird. Dies hilft auch, die Ängste, die ich im Zusammenhang mit diesem Abenteuer habe, zu relativieren.

Meine Großmutter war immer so neugierig, dass sie sogar noch mit 80 Jahren auf Safari ging und prompt in ein Wasserloch fiel, weil sie die Tiere so nahe wie möglich sehen wollte. Auf meine kindliche Frage, wieso sie denn ins Wasser gefallen sei, antwortete sie: »Weißt du, wenn du so alt bist wie ich, dann willst du auch auf dem Sterbebett sagen können, dass du das Spannende und Wichtige in deinem Leben erlebt und erfahren hast.«

Neugier kultivieren

Explorergeist setzt Neugier voraus. Aus verhaltensbiologischer Sicht ist Neugier ein Trieb, der hilft, Unsicherheit abzubauen und mehr Sicherheit zu gewinnen. Wenn Sie eine schwierige Lernsituation mit Neugier angehen (»Wie ich wohl diese Theorie am Ende verstehen werde?«), schaffen Sie bedeutend bessere Voraussetzungen, als wenn Sie sich Ihren Befürchtungen hingeben (»Dieses Thema werde ich nie begreifen«). Neugier ist der Motor, der Sie vorwärtsbringt, der Sie offen und kreativ macht und hilft, neue Inhalte, neue Sichtweisen und neue Welten zu entdecken.

Ich habe keine besondere Begabung, sondern bin nur leidenschaftlich neugierig.
ALBERT EINSTEIN

Neugier wirkt auf unterschiedlichen Ebenen. Auf der unmittelbaren Ebene des Tuns macht sie den Lernstoff spannender, stillt den Wissensdurst und hilft, bei schwierigen Inhalten dranzubleiben. Auf der übergeordneten Ebene, der Metaebene, können Sie ganz bewusst eine neugierige Haltung einnehmen – als Alternative zu Angst, Abwehr oder Unsicherheit. Es macht einen Unterschied, ob Sie in einer Prüfung oder in einem Bewerbungsgespräch ganz bewusst Ihre Neugier aufrechterhalten können (»Mal schauen, wie sich das Gespräch entwickelt«) oder ob Sie sich durch die Situation einschüchtern lassen.
Sowohl die spontane als auch die bewusst vorgenommene Neugier lassen sich kultivieren. Letztere zum Beispiel immer dann, wenn Sie Skepsis, Widerstände oder ein unangenehmes oder beängstigendes Gefühl verspüren. Versuchen Sie in solchen Situationen, eine neugierige und explorative Haltung einzunehmen und sich auf diese Weise dem Risiko – was immer dies auch sein mag – zu stellen. Sie finden auf Tafel 1 Beispiele aus einer meiner Umfragen an der ETH Zürich. Lassen Sie sich von den Aussagen der Studierenden zu mehr Neugier beim Lernen und überhaupt im Leben inspirieren und entwickeln Sie damit auch Ihren Explorergeist.

Bei Schwierigkeiten erfinderisch werden

Jedes Problem bietet dir
die Chance,
dein Bestes zu geben.
DUKE ELLINGTON

Auch bei Schwierigkeiten oder Motivationsproblemen verhalten Sie sich mit genügend Explorerspirit anders. Statt sich nur halbherzig zu engagieren oder gar in eine destruktive Opferhaltung zu geraten, werden Sie erfinderisch.

Zur Illustration ein Muster aus meiner eigenen Werkstatt: Ich besuche gerne Kurse in englischer Literatur, gerade weil bisweilen auch Werke besprochen werden, auf die man zunächst keine große Lust verspürt – wie es, was mich betrifft, ganz besonders bei *The Sea* von John Banville[7] der Fall war: Schon der Einband schien mir düster und der Anfang des ersten Kapitels war es ebenso. Ich las dann noch eine Seite mitten im Buch, um einen zusätzlichen Eindruck zu erhalten. Es ging auf dieser Seite um das angespannte Verhältnis des Ich-Erzählers zu seiner Tochter, was meine Motivation, das Buch zu lesen, auch nicht gerade förderte. Immerhin bemerkte ich die poetische Sprache des Autors, doch schob ich die Lektüre immer wieder hinaus. Ausgerechnet am Tag vor dem Literaturkurs brachte die Post das Buch *Stein on Writing.*[8] Ich hatte es sehnlichst erwartet und hätte es am liebsten gleich verschlungen. Doch an diesem Abend wollte wohl oder übel der erste Teil von *The Sea* gelesen sein und ich musste mir etwas einfallen lassen.

In der Not kam ich auf die Idee des Parallel-Lesens, das ich Ihnen auf Seite 49 als Übung vorschlagen werde: Ich las abwechselnd eine Seite des einen und dann eine Seite des anderen Buchs – so, wie wir als Kinder jeweils abwechselnd einen Löffel Spinat und einen Löffel Kartoffelbrei essen mussten und mit der Zeit auch den Spinat immer lieber mochten. Es funktionierte wie damals auch und im Laufe von vierzig Minuten wurde ich derart in Banvilles Werk hineingezogen, dass ich *Stein on Writing* zur Seite legen und in *The Sea* bis zur vorgegebenen Seitenzahl weiterlesen konnte.

Zur Selbstreflexion

1. **Gibt es Situationen, die ich das nächste Mal statt mit einem unangenehmen Gefühl und Befürchtungen ganz bewusst mit Neugier angehen könnte?**
2. **Habe ich auch schon Erfindungen oder Entdeckungen gemacht, die mir das Lernen oder die Motivation erleichtert haben?**
3. **Kenne ich bei mir den Explorergeist schon? Wo könnte ich ihn stärker kultivieren?**

Hin zur dynamischen Grundhaltung

Der Explorergeist ist mit einer dynamischen Grundhaltung verbunden. Das heißt, dass Sie tief in Ihrem Innern wissen, dass Sie Ihr Know-how und Ihre Begabungen weiterentwickeln können. Sie fragen sich eher »Wie gehe ich das an?« als »Kann ich das?«. Für Sie ist jede Aktivität, die Sie geistig fordert, jede neue Methode und jede Lernsession zugleich ein spielerischer Lernprozess, durch den Sie Ihre Kompetenzen erweitern und Ihre Talente entfalten können.

Wie zeigen sich solche Grundhaltungen im Handeln? Carol Dweck von der Stanford University ist dieser Frage nachgegangen und hat das Verhalten von Vierjährigen beim Spielen mit einfachen und schwierigeren Puzzles beobachtet.[9] Rund die Hälfte der Kleinen wollte kein Risiko eingehen und hielt sich an die einfachen Versionen. Wenn sie in Schwierigkeiten gerieten, gaben sie auf und versuchten ihr Glück mit einem neuen Set. Die Befragung dieser Kleinen brachte an den Tag, dass sie falsche Schritte und Fehler vermeiden wollten. Sie wichen den Mühen lieber aus und versuchten, mit schnellen Resultaten einen guten Eindruck zu erwecken.

Adventures don't begin until you get into the forest.
MICKEY HART

Ganz anders verhielten sich die Knirpse der mutigeren Sorte: Sie wählten nicht nur schwierigere Puzzles; sie blieben auch

unbekümmert und beharrlich dran. Sie liebten ganz einfach das Spiel. Und mit jedem Spiel entwickelten sie ihre innere Motivation und ihr Vertrauen in ihr Können ein kleines Stück weiter.
Das Spiel zu lieben und das Lernen spielerisch anzugehen – dies charakterisiert auch die explorativen Lernerinnen und Lerner. Nach Dwecks Theorie verfügen die mutigeren Knirpse über eine *dynamischere Grundhaltung*, während die der anderen eher *statisch* ist.
Eine *dynamische Grundhaltung* bedeutet, dass wir unsere Intelligenz und unsere Begabungen als etwas Veränderbares annehmen, etwas, das permanent weiterentwickelt werden kann. Dadurch trauen wir uns nicht nur mehr zu; wir gehen auch Probleme, Fehler und Niederlagen anders an und fühlen uns sogar herausgefordert (»Jetzt erst recht!«). So sehen wir Misserfolge als Gelegenheiten, uns zu verbessern. Mit einer dynamischen Einstellung lieben wir es, unsere Kräfte voll und ganz einzusetzen und uns auch in Gebieten, in denen wir Anfänger sind, anzustrengen und das Beste zu geben.

Der letzte Beweis von Größe liegt darin, Kritik ohne Groll zu ertragen.
VICTOR HUGO

Bei einer *statischen Grundhaltung* sehen wir unsere Intelligenz und unsere Talente als etwas Fixes und Naturgegebenes. Anstrengung und Beharrlichkeit stehen nicht so hoch im Kurs, denn derartiges Bemühen wird als Zeichen mangelnder Begabung gewertet. Bei großen Herausforderungen plagen uns oft Zweifel und Ängste; wir verlieren das Interesse und geben auf, denn wir wollen uns weder vor uns selbst noch vor anderen blamieren.
Unsere Grundhaltung ist uns oft gar nicht bewusst. Es kann zudem sein, dass wir im einen Bereich eine eher statische und in einem anderen Bereich eine eher dynamische Haltung haben. Diese Haltungen sind jedoch veränderbar und darauf baue ich, wenn ich Sie zum Explorieren ermuntere. Allerspätestens bei den im weiteren Text vorgeschlagenen Übungen werden Sie Ihre Grundhaltung spüren und auch merken, wie weit Ihr Explorergeist entwickelt ist.

Zur Selbstreflexion

1. **Glaube ich, dass ich meine Intelligenz weiterentwickeln kann? Wenn ja, in welchem Bereich?**
2. **Wie oft frage ich mich »Wie gehe ich das klug an?« im Gegensatz zu einem verzagten »Kann ich das?«?**
3. **Wo in meiner Lernbiografie hat sich Anstrengung gelohnt?**

Was Sie in den Teilen I bis III des Buchs erwartet

Die drei Teile dieses Buchs bilden einen Lehrgang, der als Lernspirale aufgebaut ist. Ein wichtiger Bestandteil sind die elf Übungen (siehe Liste Seite 254), mithilfe derer Sie wirkungsvolle Methoden kennenlernen können.

Teil I: Grundkompetenzen verbessern

Die erste Runde auf der Spirale bildet die Aufwärmphase: Sie soll Ihnen zunächst Lust aufs Experimentieren, aufs Verbessern der Vorgehensweisen und auf mehr Lernpower machen. Der Schwerpunkt liegt auf der Ebene des *aktiven Lernens:* Lesen, Zuhören und Notizenmachen werden als wichtige Grundkompetenzen des Lernens unter die Lupe genommen und anhand von Übungen exploriert und optimiert. Gerade bei diesen Fertigkeiten ist das Verbesserungspotenzial enorm. Sie sollen frischen Input erhalten und Lust bekommen, fortan häufiger von einem passiven in einen aktiveren geistigen Modus umzuschalten.

Teil II: Das Lernen und sich selber führen

Hier ist *Selbstmanagement* angesagt: Sie werden lernen, sich besser zu organisieren, zum Handeln zu überwinden und sich immer wieder neu zu motivieren. Erkenntnisse aus der Handlungspsychologie werden Ihnen helfen, Ihre Absichten auch wirklich umzusetzen. Auch nie hinterfragte negative Einstellungen, Befürchtungen und Verhaltensweisen, die Sie am Lernen und an Ihrer Entwicklung hindern, werden diskutiert.

Teil III: *Lern- und Gedächtnisstrategien optimieren*
Die dritte Runde steht nochmals im Zeichen des *aktiven Lernens.* Sie werden wirkungsvolle Methoden für effizienteres Erarbeiten, besseres Verstehen und lustvolleres Memorieren kennenlernen. Einleuchtende Modellvorstellungen zum Speichervorgang und zu den Wissensstrukturen im Kopf werden Ihnen beim Lernen und Repetieren behilflich sein. Sie erfahren zudem, was die vorgeschlagenen Methoden bringen und warum sie wirken, und können deren Anwendung in den Übungen explorieren und reflektieren.

Aktiv werden, die Methoden ausprobieren und Lernpower spüren

Es gibt tausend Möglichkeiten, mehr Lernfreude und Lernpower zu entwickeln. Wichtig ist jedoch stets das eine: dass Sie aktiv werden. Dass Sie die Ideen aufgreifen und die in den Übungen vorgeschlagenen Methoden ausprobieren und sie in Ihren Lernalltag integrieren. Dann – und nur dann – werden Sie einen dramatischen Anstieg Ihrer Lernpower spüren.
Das Buch einfach zu lesen hat etwa dieselbe Wirkung, als würden Sie sich in einen Reiseführer über Mexiko vertiefen. Sie erfahren Neues über Land und Leute, Sie lesen über die mexikanische Küche und über die Geschichte – Sie finden manches interessant und werden vieles bald wieder vergessen haben. Wie ganz anders fühlt es sich doch an, wenn Sie sich entscheiden, die Reise nach

Mexiko – oder die Übungen – nicht bloß im Kopf, sondern auch in der Wirklichkeit zu machen! Sie werden nun das Unterfangen am eigenen Leib und mit allen Sinnen erfahren, Sie werden überraschende Entdeckungen machen und das Land, beziehungsweise das Lernen, mit ganz anderen Augen sehen und sich noch lange daran erinnern.

Wenn Sie eine neue Methode einüben, bahnen Sie im Hirn die neue Verhaltensweise vor; Sie legen in Ihrem *prozeduralen Gedächtnis* eine neue Spur. Damit erweitern Sie Ihr methodisches Repertoire und werden immer wieder auf diese Erfahrung zurückgreifen können. Haben Sie mit den Übungen experimentiert, werden Sie mir zustimmen: An jede einzelne dieser Methoden und auch an die Erkenntnisse erinnert man sich wie an ein Reiseabenteuer.

Wir müssen erkennen, dass wir die Welt nur durch Handeln begreifen können.
JACOB BRONOWSKY

Die Übungen werden auch Ihren Geist beleben. Sie werden frischen Schwung in Ihre grauen Zellen bringen. Deshalb sind sie auch dann zu empfehlen, wenn Sie kein konkretes Lernprojekt haben. Denn geistig fit und flexibel bleibt man nur, wenn man die eingeschliffenen Gleise verlässt und immer wieder etwas Neues ausprobiert.

Teil I

GRUNDKOMPETENZEN VERBESSERN

Teil I Grundkompetenzen verbessern

2

Frischen Wind ins Lesen bringen

Die guten Leutchen wissen nicht, was es einen für Zeit und Mühe kostet, um Lesen zu lernen. Ich habe achtzig Jahre dafür gebraucht und kann auch jetzt nicht sagen, dass ich am Ziel wäre.
JOHANN WOLFGANG VON GOETHE

Sie wissen nun, dass Sie für den Aufbau von Lernpower eine spielerische Haltung, Neugier und Explorergeist benötigen. In diesem Kapitel können Sie entsprechend aktiv werden und frischen Wind in Ihr Lesen bringen. Ich möchte Sie ermuntern, Ihre Lesegewohnheiten zu hinterfragen, zu verbessern und auch mit neuen Vorgehensweisen zu experimentieren.
Bereitet es Ihnen bisweilen Mühe, beim Lesen konzentriert zu sein? Gerät manches von dem, was Sie gelesen haben, bald wieder in Vergessenheit? Passiert es Ihnen ab und zu, dass Sie den Überblick verlieren oder dass Sie die Personen in einem Krimi verwechseln? Dann werden die nun folgenden Übungen und Erläuterungen einiges bewirken können.
Je häufiger Sie Ihr Wissen im Selbststudium erwerben, desto wichtiger ist die Informationsaufnahme durch Lesen. Aber nicht jeder Text will gleich angegangen sein. Der Schwerpunkt liegt im Weiteren zwar bei den Lehr- und Sachbüchern, doch vieles lässt sich auch auf andere Texte übertragen.

Detektiv spielen und die Struktur des Textes knacken

Ob Sie Lust auf ein Skript oder ein Lehrbuch haben oder ob die anstehende Lektüre eher Befürchtungen weckt: Bevor Sie mit dem eigentlichen Lesen beginnen, lohnt es sich, Detektiv zu spielen. Versuchen Sie vorab, möglichst viel Information über den Inhalt und die Motive des Autors in Erfahrung zu bringen, den Schwierigkeitsgrad zu beurteilen und die Struktur des Textes zu knacken. So werden Sie ein gutes Bild vom jeweiligen »Fall« gewinnen – und auch Ihr Vorwissen aktivieren.

Das Vorwissen aktivieren

Wenn Sie ein Buch wie ein Detektiv erkunden, schon mal darin schmökern, Umschlagtext und Einführung lesen sowie Inhaltsverzeichnis und Stichwortregister durchgehen, erfahren Sie nicht nur einiges – Sie reaktivieren gleichzeitig auch Ihr bereits vorhandenes Wissen, das *Vorwissen.* Das heißt, Sie holen dieses Wissen aus den Tiefen des Gedächtnisses wieder an die Oberfläche und in Ihr Bewusstsein zurück. Damit erhöhen Sie seine Verfügbarkeit. Je mehr Vorwissen Sie bereits haben und je mehr davon aktiviert ist, desto leichter wird Ihnen das Lernen und Verstehen eines Textes fallen. Warum?

Verstehen wird als stimmige Integration der neuen Information in die bestehenden Vorwissensstrukturen gesehen.[10] Diese Integration ist kein Alles-oder-nichts-Prozess; sie kann oberflächlicherer oder tieferer Natur sein. Das Verständnis kann sich kontinuierlich oder in Stufen (Aha-Erlebnisse) entwickeln und sich auch auf die größeren Zusammenhänge erstrecken.

Lernen geht noch ein Stück weiter: Beim Lernen wird nicht nur neue Information integriert, sondern auch *neues Wissen konstruiert.* Dadurch wird bereits vorhandenes Wissen stärker verändert;

das Wissensnetz wird neu strukturiert, verdichtet und erweitert. Bei gänzlich neuen Inhalten müssen die Wissensstrukturen sogar erst noch aufgebaut werden. Dies ist oft nur durch umfassendes Erarbeiten eines Themas zu bewerkstelligen. In Teil III dieses Buchs werden Sie mehr darüber erfahren.
Die Aktivierung des Vorwissens ist nicht nur für das Lesen, Lernen und Verstehen von Bedeutung. Auch alle anderen Denk- und Entscheidungsprozesse sowie das Problemlösen fallen leichter, wenn das bereits vorhandene Wissen aktiviert und somit für das Arbeitsgedächtnis besser verfügbar gemacht wird.

Frei vom Druck, gleich lernen zu müssen

Zurück zur Detektivarbeit vor dem eigentlichen Lesen: Nehmen Sie sich genügend Zeit dafür und denken Sie daran, dass Sie damit nicht nur nützliche Information erhalten, sondern dass Sie gleichzeitig auch Ihr Vorwissen aktivieren.
Wo Sie mit Ihren Ermittlungen beginnen wollen, können Sie nach Lust und Laune wählen – und zwar völlig frei von dem Druck, den Inhalt gleich lernen und behalten zu müssen:

Der wichtigste Schritt zum Erfolg ist, sich überhaupt dafür zu interessieren.
WILLIAM OSLER

Titel und Umschlagtext Bereits durch den Titel und die Texte auf dem Buchumschlag erhalten Sie einen ersten Eindruck und oft auch eine Zusammenfassung von dem, was Sie im Werk erwartet. Sie sehen auch, ob es eher eine leicht verständliche Einführung ins Thema oder ein Text für eine fortgeschrittene Leserschaft ist.

Inhaltsverzeichnis Hier erfahren Sie präziser, was im Buch genau für Themen behandelt werden. Das Inhaltsverzeichnis zeigt Ihnen zudem in groben Zügen, wie der Autor das Werk strukturiert hat. Die Struktur kann zum Beispiel aus einer Aneinanderreihung von unterschiedlichen Aspekten zum Hauptthema bestehen. In geschichtlichen Abhandlungen findet man oft einen zeitlichen Verlauf. Andere Werke halten sich eher an eine Hierarchie, welche vom Überblick zu den Details oder umgekehrt verläuft. Kennen Sie die Struktur, haben Sie einen wichtigen Schlüssel für das bessere Verständnis der Inhalte zur Hand.

Sachwortverzeichnis Das Sachwort- oder Stichwortverzeichnis ist äußerst hilfreich, wenn man mehr zu einem bestimmten Thema wissen will. Vielleicht werfen Sie auch beim Lesen ab und zu einen Blick darauf, wenn Sie auf einen unklaren Begriff stoßen oder einen bestimmten Begriff näher kennenlernen möchten. Wenn Sie bei einer Literaturrecherche viele bekannte Begriffe im Sachwortverzeichnis finden, ist das Buch für Ihr Thema relevant und Sie werden es auch ohne große Schwierigkeiten lesen können. Je mehr unbekannte Begriffe hingegen darin vorkommen, desto eher gilt es, sich auf eine anspruchsvolle Lektüre einzustellen.

Glossar Besonders für die Prüfungsvorbereitung sind die Definitionen im Glossar eine große Hilfe. Das Nachschlagen im Glossar ist zudem weit zeitsparender als eine Suche im Internet, denn Sie können sich in Ersterem kaum verlieren.

Datum der Erstveröffentlichung Auf einem Gebiet, das sich so rasant wie Informatik oder Hirnforschung entwickelt, spielt es eine Rolle, ob das Buch erst kürzlich herausgekommen ist oder ob es bereits seit zehn Jahren existiert. Daneben gibt es aber auch Domänen, die beinahe zeitlos sind. Vor zwanzig Jahren verfasste Bücher über Zeitmanagement oder Lernstrategien sind zum Beispiel noch längst nicht veraltet und können genau so viel Nützliches enthalten wie die allerneusten Werke.

Biografie des Autors/der Autorin Es ist von Vorteil, den Bildungshintergrund und die Expertise der Verfasser zu kennen und auch zu wissen, welchem Kulturkreis sie entstammen. Ein Buch über die neuere Weltgeschichte von Vladimir Putin sähe wohl etwas anders aus als ein Werk von George Bush – selbst bei genau gleichlautendem Titel.

Vorwort und Einleitung Das Vorwort und bisweilen auch die Einleitung werden von manchen Lesern übergangen, weil sie sich ohne Umschweife dem Inhalt widmen wollen. Lassen Sie sich diese Seiten jedoch nicht entgehen. Vorwort und Einleitung können das Verständnis des Inhalts enorm erleichtern und auch falsche Erwartungen und Frustrationen verhindern. Sie finden zudem selbst in sehr sachlich verfassten Werken oft persönliche Anmerkungen der Autoren und erfahren, warum sie das Buch geschrieben haben und was sie damit bewirken wollen. Dies zu wissen erleichtert den stillen Dialog mit dem Verfasser oder der Verfasserin. Schon aus diesem Grund ist es empfehlenswert, Vorwort und Einleitung stets zu lesen.

Die Struktur knacken

Die Detektivarbeit geht nun weiter mit dem Knacken der Struktur. Diese Analyse umfasst zwei Schritte:

Schritt 1: Ermittlung der Textstruktur Betrachten Sie zunächst die äußerlich sichtbare Struktur: Aus wie vielen Kapiteln besteht der Text? Wie sind die einzelnen Kapitel unterteilt? Gibt es Haupttitel, Untertitel, größere Abschnitte und Absätze? Sind einzelne Begriffe hervorgehoben? Gibt es Bilder?

Die Schrift ist ein toter Buchstabe, den nur die Einbildungskraft und der Verstand des Lesens beleben kann.
CHRISTIAN GARVE

Schritt 2: Klären der Inhaltsstruktur Lesen Sie noch nicht, sondern überfliegen Sie den Text lediglich, um nach Elementen zu suchen, die bestimmte Funktionen haben: Wo gibt es Einleitungen?

Wo Zusammenfassungen? Wo systematische Überblicke? Sind an bestimmter Stelle Schlussfolgerungen zu finden? Gibt es noch andere Textteile, die sich vom Hauptteil unterscheiden? Achten Sie zudem auf die Titel in derselben Schriftgröße: Wie unterscheiden sich deren Inhalte voneinander? Es kann sehr wohl sein, dass bei fünf gleich aussehenden Kapiteln zum Beispiel eines davon einen Überblick über drei andere gibt und ein weiteres noch ein Beispiel aus der Praxis enthält.

Das Klären der Struktur verschafft Ihnen zusätzliches *Orientierungswissen*: Sie wissen so schon von Anfang an, wie das Buch und die einzelnen Kapitel gegliedert sind und wo Sie was finden.

Durch dieses Orientierungswissen gewinnen Sie auch an Sicherheit. Statt sich von den 500 Seiten des Lehrbuchs überwältigen zu lassen oder sich gar als Opfer zu fühlen, kommen Sie durch die Detektivarbeit in einen aktiveren und selbstbestimmteren geistigen Modus. Es werden dabei immer wieder unwillkürlich Fragen auftauchen und Sie zunehmend neugieriger auf den Inhalt machen.

Doch halten Sie sich mit dem Lesen noch zurück. Bevor Sie beginnen, sollten Sie sich nebst dem strukturellen Aufbau des Buchs auch noch ein Bild vom Inhalt machen. Die Einscannen-plus-Methode ist eine gute Möglichkeit dafür.

Die Einscannen-plus-Methode

Was man früher unter Überfliegen oder Diagonallesen des Textes verstand, wird heute in Anlehnung an das elektronische Einlesen oft Scannen oder Einscannen genannt: Man gleitet beim Einscannen mit den Augen aufmerksam von oben nach unten über den Text, nimmt dabei Titel, Schlüsselwörter, Satzteile und hervorgehobene Textstellen wahr und hat am Ende eine erste Vorstellung vom Inhalt dieser Seite.

Mehr als alles andere ist Aufmerksamkeit ein Akt des sich Verbindens.
JULIA CAMERON

Die von mir entwickelte *Einscannen-plus-Methode* bringt noch mehr. Dazu müssen Sie zunächst wissen, dass in einem klar strukturierten Text oft jeder wichtige Punkt einen eigenen Absatz erhält – und dass häufig der erste Satz des Absatzes aufzeigt, worum es darin geht. Dieser Sachverhalt wird beim Einscannen-plus genutzt: Sie *lesen* – neben Titeln und Untertiteln – jeweils auch den ersten Satz eines Absatzes und *gleiten* dann mit den Augen über den restlichen Absatz und scannen ihn ein. Durch das Lesen des ersten Satzes ist Ihr Hirn bereits auf das Kommende eingestellt. Dadurch wird beim Einscannen noch bedeutend mehr vom Inhalt aufgenommen und Sie können mithilfe der Einscannen-plus-Methode ein noch präziseres erstes Bild vom Inhalt gewinnen.

Ungeübte fallen bei interessanten Textstellen oft in den normalen Lesemodus. Um dies zu verhindern, begrenzen Sie am besten die Zeit. Zum Beispiel, indem Sie mittels der Einscannen-plus-Methode ein Buch in einer Stunde lesen. Warum Sie im Übrigen den normalen Lesemodus erst mal vermeiden sollten, werden Sie gleich nach der Übung vernehmen.

Die 1-Stunde-pro-Buch-Methode ausprobieren

In dieser ersten von elf grundlegenden Übungen geht es darum, in einer Stunde ein Buch zu lesen. Ganz klar, diese Art des Lesens ist etwas anders als gewohnt. Sie werden nicht nur einen Überblick über den Inhalt des gewählten Werks gewinnen, sondern auch gleich die Einscannen-plus-Methode einüben und dazu noch einige neue Erfahrungen machen.

Wenn du willst, was du noch nie gehabt hast, dann tu, was du noch nie getan hast.
NOSSRAT PESESCHKIAN

Übung 1
Die 1-Stunde-pro-Buch-Methode

Für die 1-Stunde-pro-Buch-Methode benötigen Sie ein Sachbuch, das Sie noch nicht oder vor langer Zeit gelesen haben.

So gehen Sie vor: Machen Sie sich zunächst neugierig auf das Werk, indem Sie Umschlag und Inhaltsverzeichnis betrachten, den Klappentext, das Vorwort und die anderen informativen Elemente lesen und dann das Buch durchblättern, um erst die Text- und dann die Inhaltsstruktur zu analysieren.

Zählen Sie dann, wie viele Kapitel das Buch hat, und rechnen Sie aus, wie viele Minuten Ihnen während dieser Stunde pro Kapitel zur Verfügung stehen. Diese Minuten müssen genügen, um a) das Kapitel zu überfliegen (mithilfe der Einscannen-plus-Methode) und b) anschließend ein paar Stichworte zu notieren.

Widerstehen Sie der Versuchung, interessante Abschnitte Satz für Satz zu lesen. Halten Sie sich an die vorgegebene Zeit und vergessen Sie nicht, nach jedem Kapitel kurz Notizen zum Inhalt zu machen.

Welches sind die ersten Erfahrungen meiner Übungsteilnehmer und -teilnehmerinnen? Manche hat die Angabe ›1 Stunde‹ motiviert, ein Buch überhaupt erst in die Hand zu nehmen, das sonst ungelesen im Regal verstaubt wäre. Eine einzige Stunde wird auch eher in ein Werk investiert, auf das man eigentlich keine Lust hat, das man aber trotzdem kennen möchte.

Einige Übungsteilnehmer haben sich allerdings von der Art meiner Zeitvorgabe unter Druck setzen lassen. So hatte ich angegeben, man solle aus der Anzahl Kapitel ausrechnen, wie viele Minuten pro Kapitel zur Verfügung stünden. Dies ist so zu verstehen, wie wenn in einem Kuchenrezept »Backzeit 45 Minuten bei 200 Grad« steht: Die Angaben wollen je nach Teigmenge, Form des Backgefäßes und Ofen – beziehungsweise Seitenzahl, Schriftgröße und Geübtheit im Einscannen-plus – angepasst sein. Falls es Ihnen ähnlich ergangen ist, schauen Sie vielleicht einfach einmal, wie weit Sie in einer Stunde kommen.

Jeder Schaden macht dich etwas klüger.
CHINESISCHES SPRICHWORT

Denn das Ziel ist weniger, für jedes Kapitel gleich viele Minuten aufzuwenden und das Buch in genau einer Stunde zu schaffen.

Das Ziel der Übung ist vielmehr, eine Vorstellung von der Struktur des Buchs zu erhalten, ein Vorverständnis vom Inhalt zu gewinnen und schon mal zu erkennen, welche Stellen wichtig und welche weniger wichtig sind – und auch, durch das Einscannen die Neugier zu wecken und so den Text emotional aufzuladen.
Die Begrenzung der Zeit soll Sie vor der Versuchung schützen, Interessantes gleich komplett zu lesen. Sie sollen die Neugier erst in der nächsten Runde stillen – sofern Sie eine solche vorsehen. Wenn der Inhalt nicht erarbeitet und gelernt sein will, sondern wenn es einfach darum geht, sich mit vernünftigem zeitlichem Aufwand über Neuigkeiten im eigenen Fachgebiet zu informieren, kann diese Überblicksrunde reichen.
Mit zunehmender Routine wird das Einscannen-plus automatischer vonstattengehen. Die Automatisierung entlastet das Arbeitsgedächtnis und erleichtert so die Verarbeitung der Information zu einem sinnvollen Ganzen. Dazu kommt mit zunehmender Fertigkeit im Einscannen-plus, dass es trotz der Intensität gelingt, laufend Assoziationen herzustellen und eigene Ideen hervorzubringen.
Mit der 1-Stunde-pro-Buch-Methode lässt sich frischer Wind in die Lesegewohnheiten bringen. Ein Buch in einer Stunde durchzugehen stimuliert Gehirn und Geist auf ungeahnte Weise. Sie werden fasziniert sein, wie intensiv man in den Inhalt eintaucht, wie kreativ das Hirn dabei ist und wie rasend schnell es vorwärtsgeht.

In Kürze zu Übung 1

Der Nutzen der 1-Stunde-pro-Buch-Methode

Mit der 1-Stunde-pro-Buch-Methode können Sie erleben, wie sich Ihr Wissensdurst entwickelt. Sie

- werden eher ein Buch zur Hand nehmen, da mit einer einzigen Stunde Aufwand die Hemmschwelle deutlich geringer liegt
- erhalten durch die Kombination von Strukturanalyse und Einscannen-plus einen souveränen Überblick über das Werk
- werden neugierig auf den Inhalt und entwickeln große Lust aufs gründliche Lesen und Lernen.

In drei Runden klüger werden

Machen wir uns klar: Aus Lehrbuchtexten klüger werden ist ähnlich wie ein neues Musikstück einüben – einmal durchspielen genügt bei Weitem nicht. Es gibt schwer erschließbare Stellen und welche, die man rascher versteht. Doch stets braucht es mehrere Runden bis zum Erfolg.
Wenn Sie sich intensiv mit den Inhalten eines Kapitels auseinandersetzen wollen, gehen Sie am besten in drei Runden vor: Die erste Runde soll Ihnen einen ersten Überblick von Struktur und Inhalt vermitteln und Sie neugierig machen; ich nenne sie die *Adlerrunde*. Dann folgt die fleißige *Ameisenrunde*, in welcher Sie den Text sorgfältig lesen und je nach Lernziel mehr oder weniger tief erarbeiten und verstehen. Den Abschluss bildet die *Eichhörnchenrunde*, in der Sie das neue Wissen einheimsen und horten, das heißt, es überblicken, strukturieren und memorieren.
Schauen wir uns die 3-Runden-Strategie etwas detaillierter an:

Runde 1, Adlerrunde: Einen ersten Überblick gewinnen und sich neugierig machen Die Vorgehensweise kennen Sie bereits: Sie blättern das jeweilige Kapitel durch und knacken zunächst die Struktur, indem Sie auf die Einteilung in Kapitel und Unterkapitel achten und Textelemente wie Einleitung und Zusammenfassung suchen. Dann wird das Kapitel eingescannt – also jeweils der erste Satz eines Absatzes gelesen und über den Rest nur noch geglitten. Skizzieren Sie am Ende auch noch die Grobstruktur einer Mindmap, um sie in den weiteren Runden zu vervollständigen.
Ich habe Ihnen bereits nahegelegt, sich zu hüten, beim Einscannen-plus in den normalen Lesemodus zu fallen. Warum? Wenn Sie ein Kapitel zu Beginn gleich durchlesen, wird jeder weitere Durchgang langweilig sein, weil es nichts Neues mehr zu entdecken gibt. Es bringt mehr, zunächst eine gewisse Spannung aufzubauen. Ein wichtiger Grund ist auch der, dass Sie nicht zu tief in

den Inhalt eintauchen sollten, denn am Anfang ist noch eine gewisse Distanz vonnöten.
In dieser Runde wird nämlich nicht nur die Neugier geweckt und ein Vorverständnis und eine erste Vorstellung vom Inhalt geschaffen – Sie haben auch noch den souveränen Überblick des Adlers. Fragen Sie sich aus dieser Perspektive: »Was will ich am Ende wissen? Was braucht es für die Prüfung? Was kann ich weglassen?« Entscheiden Sie sich, solange Sie noch Distanz und Weitblick haben. Überlegen Sie auch, in welchem Detaillierungsgrad Sie lernen, wie Sie vorgehen und wie viel Zeit Sie einsetzen wollen.

Erst der Enthusiasmus, dann erst der Fleiß.
STEFAN ZWEIG

Runde 2, Ameisenrunde: Lesen und erarbeiten Vom Weitblick geht es in dieser Runde in die Einzelheiten, in denen man sich rasch verlieren kann. Ein neuer Absatz kündigt in der Regel einen neuen Aspekt oder eine neue Idee an. Lesen Sie deshalb absatzweise und achten Sie auf den jeweiligen Kerngedanken. Schalten Sie nach jedem längeren Absatz oder spätestens nach jeder Seite eine Denkpause ein, um das Gelesene zu rekapitulieren und sich Fragen zu stellen. Markieren Sie Wichtiges, bringen Sie Randbemerkungen an, machen Sie wenn nötig Skizzen und Notizen und ergänzen Sie die Mindmap. Soll der Stoff gründlich erarbeitet sein, ist zudem Übung 8 auf Seite 173 (Aktivierung durch Fragen) von großem Nutzen.

Runde 3, Eichhörnchenrunde: Nochmals überblicken, einprägen und abrufen Bevor Sie den Schreibtisch verlassen, verschaffen Sie sich nochmals einen Überblick über das neu erworbene Wissen – die Mindmap kann dabei eine große Hilfe sein. Prägen Sie sich dann den Überblick und die nötigen Details ein. Rufen Sie am Schluss alles noch einmal frei aus dem Gedächtnis ab, indem Sie zum Beispiel die Mindmap ein zweites Mal skizzieren und dazu die Dinge – wenn Sie mögen dem Teddybär (Übung 9, Seite 190) – laut erläutern oder eine Zusammenfassung schreiben.

Die Eichhörnchenrunde wird von Ungeübten oft als mühsam erlebt, denn sie haben ihre Neugier bereits gestillt und erhellende Aha-Erlebnisse sind auch keine mehr zu erwarten. Geübte hingegen wissen, dass diese Runde für gutes Behalten unerlässlich ist – und dass es für langzeitliches Speichern noch weitere Repetierrunden braucht.

Übung 2
Die 3-Runden-Strategie

Wählen Sie ein neues Kapitel aus einem Lehr- oder Sachbuch oder einen wissenschaftlichen Artikel. Gehen Sie in den drei Runden wie zuvor beschrieben vor. Später können Sie dann immer noch nach eigenem Gusto variieren.

Achten Sie während der Übung auch auf Ihre Wahrnehmung des jeweiligen mentalen Modus sowie das Umschalten auf einen anderen Modus: Spüren Sie zum Beispiel während der Adlerrunde, dass Sie Überblick gewinnen und das Ganze aus einer gelasseneren Distanz beurteilen können? Merken Sie, dass es Ihnen aus dieser Perspektive leichter fällt zu entscheiden, was Sie weglassen wollen? Und wie ist es, in der Ameisenrunde das Lesen zu unterbrechen und aufs Rekapitulieren umzuschalten? Oder gar in der Eichhörnchenrunde, wo Sie vom Überblick auf Einprägen und vom Einprägen auf freies Abrufen und Erläutern umschalten müssen?

Ich liebe neue Aufgaben, denn sie spornen mich an.
LOUIS PASTEUR

Eigentlich ist die 3-Runden-Strategie eher eine Lern- als eine Lesestrategie. Sie ist äußerst hilfreich, um sich den Stoff aus Lehrbüchern anzueignen. Die drei Runden bringen Ihnen jedoch auch Gewinn, wenn Sie sich zum Beispiel mit den Inhalten von psychologischen Sachbüchern befassen, um in Ihrer ganz persönlichen Entwicklung weiterzukommen.

Die Adlerrunde kann Ihnen die Inangriffnahme eines Textes erleichtern, denn in dieser Runde *müssen* Sie noch nichts: Sie müssen noch nichts erarbeiten, noch nichts verstehen und noch nichts lernen. Ganz frei von solchen Ansprüchen können Sie einfach einmal schauen, worum es im Text überhaupt geht. Sollte Ihnen das Überfliegen zunächst schwerfallen und Sie öfter in Versuchung führen, gleich richtig zu lesen, statt einzuscannen: Geben Sie dem Hirn explizit die Erlaubnis, das Einscannen-plus zu praktizieren. So wird es besser gelingen und die Schlüsselbegriffe werden Ihnen bald schneller ins Auge springen.

Wenn Sie am Ende der Adlerrunde schon mal die Grobstruktur einer Mindmap aufzeichnen, werden Sie sich später weniger in den Details verlieren.

Das Einschwenken von der Adler- in die Ameisenrunde wird einfach sein, da das Einscannen-plus die Neugier weckt. Was jedoch in der Ameisenrunde bei Ungeübten zunächst Disziplin erfordert, ist das Umschalten vom Lesen aufs Rekapitulieren nach jedem Absatz. Sie werden allerdings bald merken, wie wirkungsvoll dieses Wiedergeben ist und es wird Ihnen leichter fallen. Zudem sehen Sie, dass Sie damit auch Ordnung in Ihr neues Wissen bringen und Ihre Mindmap ergänzen können.

Manche möchten sich die Eichhörnchenrunde ersparen, doch gerade diese letzte Runde ist für die Konstruktion der Wissensstruktur und für das längerfristige Behalten unumgänglich. Denn wer hat nicht schon die Erfahrung gemacht, dass man selbst bei Büchern, die man mit großem Interesse liest, nach kurzer Zeit kaum mehr die Kerngedanken wiedergeben kann. Die Bedeutung dieser dritten und letzten Runde hat einer meiner Übungsteilnehmer sehr schön charakterisiert. Er hat das Buch *Die 6 Säulen des Selbstwertgefühls* von Nathaniel Branden[11] Kapitel um Kapitel in drei Runden studiert und fühlte sich jeweils in der letzten Runde »wie ein Eichhörnchen, das die goldenen Wissensnüsse einsammelt«. Zur 3-Runden-Strategie meinte er: »Ich habe mich viel stärker mit dem Gelesenen auseinandergesetzt; es war ein belebendes intellektuelles Vergnügen und ich spüre noch jetzt eine tiefe Befriedigung.« Da kann ich nur zustimmen. Sie werden diese Befriedigung auch erleben, wenn Sie sich die Mühe machen und sich neue Inhalte auf diese Weise einverleiben.

Die Erfahrungen sind die Samenkörner, aus denen die Klugheit emporwächst.
KONRAD ADENAUER

In Kürze zu Übung 2
Der Nutzen der 3-Runden-Lesestrategie

Die 3-Runden-Lesestrategie ist eine äußerst wirkungsvolle Methode, um Lehr- und Sachbücher zu bearbeiten und sich die Inhalte dauerhafter anzueignen. Sie hilft Ihnen, drei unterschiedliche Denkmodi und -perspektiven einzunehmen, indem Sie

- in der Adlerrunde mit souveränem Überblick entscheiden, was Sie lernen und was Sie gleich weglassen wollen
- mit frisch gewecktem Interesse in die Ameisenrunde gehen und die Inhalte je nach Lernziel mehr oder weniger gründlich erarbeiten
- in der Eichhörnchenrunde dafür sorgen, dass das neue Wissen eingesammelt und derart gut strukturiert gehortet wird, dass es nicht so rasch wieder vergessen geht.

Freies Abrufen pflegen

Wer einen Text einfach liest und sich die Rekapitulation erspart, vergisst das Gelesene bedeutend schneller. Dies zeigte auch eine Studie des Teams um Henry Roedinger von der Washington University.[12] Angenommen, Sie bekommen – wie die Probanden dieser Untersuchung – einen halbseitigen Text über den Seeotter und haben eine Viertelstunde Zeit, um sich über diese putzigen Tierchen schlauzumachen, also den Text mehrmals zu lesen und sich die Fakten zu merken. Dann werden Sie fünf Minuten mit etwas anderem beschäftigt und anschließend getestet: Sie erhalten ein leeres Blatt und müssen alles, woran Sie sich erinnern, frei aus dem Gedächtnis notieren, wobei die Reihenfolge oder der genaue Wortlaut keine Rolle spielen. Was schätzen Sie, wie viel Prozent des Inhalts Sie bei diesem Test wiedergeben können? Und angenommen, Sie würden erst nach einer Woche getestet, wie viel Prozent der aufgenommenen Fakten hätten Sie wohl vergessen?
Von den 60 Probanden wurden 20 nach fünf Minuten, 20 nach zwei Tagen und 20 nach einer Woche getestet. Resultat: Der Test

gleich fünf Minuten nach der Lesephase zeigte, dass durchschnittlich 80 Prozent des Gelesenen erinnert wurde. Innerhalb von zwei Tagen waren rund 33 Prozent und nach einer Woche rund 50 Prozent davon vergessen.

In einer Woche ging also die Hälfte des erworbenen Wissens verloren. Dies erinnert mich an das Ergebnis meiner Umfragen an der ETH Zürich.[13] Nach Verbesserungswünschen bezüglich des eigenen Lernens gefragt, nannten die 318 befragten Studierenden nämlich mit Abstand am häufigsten ein besseres Gedächtnis (weitere Resultate siehe Seite 67). Dies ist auf den ersten Blick erstaunlich und für ältere Semester vielleicht auch tröstlich. Geht man dem scheinbar schlechten Gedächtnis nach, merkt man bald, wo der Hund begraben liegt: Viele Studierende lernen nämlich noch genauso wie während der Schulzeit, wo man sich oft am Vortag auf den anstehenden Test vorbereitet hat. Die Unterlagen wurden ein paar Mal durchgelesen und die Prüfung ohne große Probleme geschafft. Den Stoff durchlesen mag für einen Test am folgenden Tag reichen.

Aber für *längeres Behalten* genügt es nicht. Die Dinge ein paar Mal lesen – ein paar Mal bloß konsumieren – ist für gute Speicherung im Langzeitgedächtnis zu wenig wirkungsvoll. Natürlich kann man dem Vergessen mit rechtzeitigem Repetieren zuvorkommen. Man kann aber auch gleich zu Beginn aktivere Lernstrategien nutzen und produktiv werden: zum Beispiel, indem man das Gelesene *frei aus dem Gedächtnis abruft,* statt es einfach nochmals zu lesen.

Langeweile ist nicht Mangel an Ereignis, sondern Mangel an Interesse.
ELMAR KUPKE

Genau dies wurde in der erwähnten Studie in einem zweiten Teil mit 60 weiteren Probanden gemacht. Sie erinnern sich, wie die Probanden – ich nenne sie im Weiteren die *Lesegruppe* – im ersten Teil während einer ganzen Viertelstunde den Text wieder und wieder lesen konnten. Für die neuen Teilnehmer – im Folgenden die *Abrufgruppe* genannt – bestand die Aufgabe aus sieben Minuten Textstudium gefolgt von zehn Minuten freiem

Aus-dem-Gedächtnis-Abrufen und Notieren. Dann ging es weiter wie zuvor: 20 Probanden wurden fünf Minuten später, 20 nach zwei Tagen und 20 nach einer Woche getestet.

Wie unterschied sich das Ergebnis der Lesegruppe von demjenigen der Abrufgruppe? Fünf Minuten nach der Studierphase konnte die Lesegruppe 80 Prozent der im Text gebotenen Information frei aus dem Gedächtnis abrufen. Die Abrufgruppe kam auf 75 Prozent. Doch das Bild drehte sich nach zwei Tagen komplett: Während die Lesegruppe bereits 33 Prozent des Gelernten (verglichen mit den Fünf-Minuten-Resultaten) vergessen hatte, waren es bei der Abrufgruppe bloß 10 Prozent. Nach einer Woche war das Resultat noch deutlicher: 50 Prozent Vergessen bei der Lesegruppe stand 25 Prozent Vergessen bei der Abrufgruppe gegenüber. Wohl gemerkt: Die Abrufgruppe hat mit praktisch demselben Zeitaufwand nur ein Viertel statt der Hälfte der aufgenommenen Information vergessen!

Auf den Punkt gebracht: Passive Lernstrategien wie »nochmals lesen« reichen wohl für kurzfristiges Behalten und für Prüfungen am anderen Tag aus. Muss das Wissen aber – wie im Studium – für längere Zeit und für unterschiedliche Zwecke gespeichert werden, sind aktivere Strategien, die auch *freies Abrufen* beinhalten, angesagt. Ihr Hirn will häufiger vom rezeptiven in den *aktiven Modus* gebracht werden.

Dies kann nicht genug betont werden, denn »nochmals lesen« sitzt tief in den Köpfen drin. So mussten in der erwähnten Studie die Probanden der Lese- und der Abrufgruppe auf einer Skala von 1 bis 7 einschätzen, wie gut sie sich nach einer Woche an den Text erinnern würden (1 = nicht sehr gut; 7 = sehr gut). Prompt schätzten die Probanden der Lesegruppe die Erinnerungsfähigkeit höher ein. Sie kamen auf 4.8 Punkte, während die Vermutung der Abrufgruppe durchschnittlich nur 4.2 Punkte betrug. Tatsache ist jedoch, dass nach einer Woche bei bloßem Lesen sehr viel mehr vergessen geht.

Abrufen statt nochmals lesen heißt die Devise, wenn Sie dauerhaftere Gedächtnisstrukturen schaffen wollen. Aktives Lesen mit der 3-Runden-Strategie fördert diese Prozesse. Doch das Umschalten vom passiven Lesemodus des Alltags zu einem aktiveren Modus ist für Ungeübte mit Anstrengung verbunden. Wenn Sie sich jedoch dieser Aufgabe stellen, wird es bald leichter gehen und Sie werden zusätzlich an Energie und Lernpower gewinnen.

Der Wille bestimmt die Bewegung.
OSWALD SPENGLER

Zur Selbstreflexion

1. **Ist es mir gelungen, offen und mit genügend Explorergeist an die 1-Stunde-pro-Buch-Übung und an die 3-Runden-Strategie heranzugehen?**
2. **Spüre ich bei diesen aktiven Vorgehensweisen meine neu hinzugewonnene Lernpower?**
3. **Wo im Lernalltag könnte ich öfter freies Abrufen praktizieren?**

Beim Lesen flexibel bleiben

Es gibt ganz unterschiedliche Gründe, warum wir lesen – wir lesen, um uns zu informieren und zu unterhalten (Zeitungen, Online-News, Romane), um bestimmte Interessengebiete besser zu verstehen und uns Rat zu holen (Sachbücher und Online-Texte), um uns für einen Vortrag oder die neusten Entwicklungen auf unserem Fachgebiet schlauzumachen (Fachartikel), um für eine Prüfung oder aus persönlichem und beruflichem Interesse zu lernen (Lehr- und Fachbücher), oder auch, um uns an der Schönheit von Gedichten und literarischen Texten zu erfreuen.
Auch wenn wir aus verschiedenen Gründen lesen: Unsere Lesegewohnheiten sind stark durch die Lektüre des Alltags geprägt. Diese Texte – von Kurzmeldungen über Zeitungsartikel bis hin zu ganzen Romanen – lesen wir in der Regel linear von Anfang bis

Ende durch und sind dabei in einem rezeptiven Modus. Das heißt, wir nehmen das Gebotene eher passiv auf und wollen zudem gut unterhalten werden.
Geht man dann Lehrbücher und Skripte in derselben Manier und mit denselben Erwartungen an, führt dies oft zu Frustration.

Lesefrusts ausräumen

Ein Verstand, der die Füße in einem Sack von Vorurteilen stecken hat, kann nicht nach dem Ziele laufen.
BETTINA VON ARNIM

Eine Umfrage, die ich vor ein paar Jahren an der ETH Zürich zum Thema Lernfrusts gemacht habe, zeigte dies deutlich auf.[14] Die Frage lautete: »Wann ist Lernen frustrierend?« und die Teilnehmenden wurden gebeten, eine typische frustrierende Lernsituation zu beschreiben.
Ich will Ihnen drei häufig genannte Beispiele und deren Lösung schildern:

»Strukturell hoch komplizierte Texte bereiten mir Mühe, zumal sie mit vielen Fremdwörtern gespickt sind. Das Lesen wird zur Qual und ist nicht mehr das spannende Erlebnis, das es eigentlich sein sollte.« Meiner Erfahrung nach ist bei derartigen Texten eine Struktur- und Inhaltsanalyse unumgänglich. Fremdwörter können wie ein Detektiv angegangen und geknackt werden. Mit einer solchen Haltung kann man selbst für Spannung sorgen.

»Ich lese von Anfang an jedes Detail, sodass ich den Überblick verliere und in Zeitnot gerate.« Vor lauter Details den Überblick zu verlieren ist ein Phänomen, das viele kennen. Wer sich mit der 1-Stunde-pro-Buch-Methode gleich als Erstes einen Überblick verschafft, kann selektiver vorgehen und hat gleichsam einen Raster, um Details sowie deren Wichtigkeit oder Unwichtigkeit besser einzuordnen.

»Man liest Seite um Seite und weiß nachher nicht einmal mehr, worum es im Einzelnen ging. Es bleibt zu wenig hängen.« Hier ist es dringend nötig, mit den alten Lesegewohnheiten Schluss zu machen und sich die 3-Runden-Lesestrategie anzueignen. Auch die tief verwurzelte Annahme, dass man das Gelesene automatisch im Kopf behält, wenn man sich beim Lesen bloß genügend konzentriert, gilt es ein für alle Mal zu relativieren: Für wenig Stoff und kurzfristiges Behalten mag es stimmen, doch um die Dinge längerfristig einzuspeichern, müssen sie nicht nur gelesen, sondern im Anschluss daran auch derart gelernt und repetiert werden, dass sie im Gedächtnis *dauerhafte* Spuren hinterlassen.

Falls Sie öfter Lese- oder Lernfrusts erleben, bedenken Sie: Frustriert ist man dann, wenn eine Situation nicht den eigenen Erwartungen entspricht. Sie können sich sehr viel Frustration ersparen, wenn Sie Ihre Erwartungen besser den tatsächlichen Gegebenheiten anpassen und generell realistischer werden. Versuchen Sie, eine Situation so zu sehen, wie sie ist, und nicht so, wie Sie diese gerne haben möchten. Statt sich zu ärgern, weil ein Text schlecht erschließbar ist, Sie einen Sachverhalt immer noch nicht verstehen oder Sie das vor einer Woche Gelernte schon wieder vergessen haben, ziehen Sie besser die Konsequenzen: Überlegen Sie sich ganz pragmatisch, wie Sie die Sache fortan besser angehen könnten. Probieren Sie wirkungsvollere Vorgehensweisen aus und versuchen Sie generell, die Herausforderungen sachlich und nüchtern einzuschätzen und das Beste daraus zu machen.

Reif sein heißt mit Dingen, die wir nicht ändern können, in Frieden leben.
ANN LANDERS

Je nachdem, aus welchem Grund Sie lesen, gilt es, flexibel zu agieren und die Lesestrategie dem Schwierigkeitsgrad und dem Ziel anzupassen. Einzig das Lesen zum Vergnügen benötigt keine Strategie – es sei denn, Sie wollen auch da mehr vom Geschriebenen haben.

Sich zuvor die Lesestrategie überlegen

Man darf nie so viel zu tun haben, dass man zum Nachdenken keine Zeit mehr hat.
ROBINSON JEFFERS

Eine Strategie ist der mit Bedacht gewählte Weg zum Ziel. Wenn Sie eine Strategie festlegen, fragen Sie sich zunächst:
»Was will ich?« (Ziel) und dann:
»Wie gehe ich es an?« (Weg).

Angenommen, Sie haben eine Menge Fachliteratur vor sich, die Sie für eine schriftliche Arbeit sichten wollen. Statt gleich mit dem Lesen zu beginnen, nehmen Sie etwas Distanz und schalten eine kurze Denkpause ein. Überlegen Sie als Erstes, was genau Sie aus all diesen Büchern und Artikeln erfahren wollen. Wenn Sie dies geklärt haben, fragen Sie sich, wie Sie es effizient angehen können. Sie wollen vermutlich möglichst bald auf das Wesentliche stoßen und zusätzliche, interessante Ideen finden. Wie gehen Sie es an? Bei einigen Abschnitten reicht kurzes Durchblättern oder Einscannen-plus aus, während andere sorgfältig gelesen werden wollen. Vergessen Sie dabei auf keinen Fall, die Textstellen, die Sie gebrauchen können, zu markieren sowie Ideen und Querbezüge, die Ihnen während des Durchgehens einfallen, sogleich zu notieren. Denn während dieser Input-Phase wird Ihr Geist sehr angeregt sein und viele Assoziationen machen. Wenn Sie diese schriftlich festhalten, werden Sie später beim Verfassen der Arbeit noch dankbar für diese Notizen sein.
Beim Lesen flexibel bleiben heißt umschalten und mit den unterschiedlichen Varianten spielen können – vom Lesen zurück aufs Einscannen, vom Detail auf den Blick fürs Ganze oder vom rezeptiven Modus der Informationsaufnahme zum produktiven Modus des Notierens oder Rekapitulierens. Wenn Sie sich gleich zu Beginn über Ziel und Vorgehensweisen Gedanken machen, sind Sie besser auf das Umschalten vorbereitet und können das Lesen flexibler gestalten. Apropos geistige Flexibilität: Diese lässt sich mit der gleich folgenden Übung testen.

Zur Selbstreflexion

1. **Welche meiner Lesegewohnheiten könnten etwas frischen Wind vertragen?**
2. **Gibt es bei mir stets wiederkehrende Lesefrusts? Wenn ja, wie lassen sich diese ausräumen?**
3. **Welches Buch will ich mir als Nächstes mithilfe der 1-Stunde-pro-Buch-Methode vornehmen?**

Übung 3
Parallel-Lesen

Diese – ganz anders als die beiden ersten geartete – Übung soll Ihre Selbstbeobachtung schulen, Ihnen das Explorieren näherbringen und zusätzlichen Wind in Ihre Lesegewohnheiten bringen. Sie benötigen dafür eine Stunde Zeit sowie zwei unterschiedliche Bücher. Zum Beispiel einen Roman und ein Sachbuch oder ein Werk, das Sie brennend interessiert, und eines, das bloß Pflichtlektüre ist. Schreiben Sie dann auf zwei Haftnotizzettel das Wort »Stopp« und heften diese jeweils unter die erste Textseite der Werke.

Das Parallel-Lesen ist einfach: Seite 1 von Buch 1, dann Seite 1 von Buch 2 lesen, gefolgt von Seite 2 von Buch 1 und Seite 2 von Buch 2 und so fort. Die Stopp-Zettel jeweils um eine Seite vorrücken, bevor das andere Buch zur Hand genommen wird.

Bevor Sie mit dem Parallel-Lesen beginnen, sollten Sie sich zunächst auf eine spielerische und neugierige Herangehensweise einstellen. Achten Sie dann während des Lesens periodisch darauf, was in Ihrem Kopf und in Ihrer Gefühlswelt vor sich geht. Ist das Lesen anders als sonst, wenn Sie schon zu Beginn wissen, dass Sie am Ende der Seite unterbrechen müssen? Wie empfinden Sie die Unterbrüche? Wie das Weiterlesen im anderen Buch? Was fällt Ihnen sonst noch alles auf? Beobachten Sie sich ganz neutral, als wären Sie eine Verhaltensforscherin, die Erdhörnchen oder Elefanten beobachtet.

Lesen Sie während etwa 45 Minuten und geben Sie sich dann noch eine Viertelstunde Zeit, um Ihr Denken, Fühlen und Handeln während der Übung zu reflektieren.

Wie im Film *Short cuts* gibt es in dieser Übung nach jeder Seite einen Szenenwechsel. Ein solcher Wechsel sorgt für Spannung und führt dazu, dass man neugieriger und bedeutend aufmerksamer als gewöhnlich liest. Wenn Sie todernst statt spielerisch hinter die Übung gehen, werden Sie allerdings die ständigen Wechsel weniger mögen.
Diese Übung will mit genügend Explorerspirit angegangen werden. So kann sie Ihnen auch bewusst machen, bei welchen geistigen Aktivitäten Sie noch etwas zulegen können. Schließlich geht es darum, mehr Lernpower aufzubauen.
Zwei geistige Tätigkeiten sind bei dieser Übung besonders gefordert:

Die Seele denkt nie ohne ein Bild.
ARISTOTELES

Erstens, die Merkfähigkeit Dies bedeutet *aktive* Verarbeitung der Information: Es gilt, das Wesentliche zu erkennen, es nachzuvollziehen, es zu verstehen, sich eine innere Vorstellung davon zu machen und sich diese einzuprägen – das heißt, den Dingen auch im Kopf Existenz zu verschaffen. Mit der Parallel-Lese-Übung lässt sich besonders gut erleben, wie aktiv das Hirn werden muss, wenn es sich beim Lesen die Essenz des Textes laufend merken will. Beim derart aktiven Lesen spüren Sie, wie es sich anfühlt, wenn das Hirn intensiv arbeitet. Sie merken auch, wie es zwischen Lesen und Verarbeiten hin und her springt und wie anstrengend es ist, wenn man darin nicht geübt ist – oder wie sehr es anregt, wenn die Merkfähigkeit besser entwickelt ist.

Zweitens, die geistige Flexibilität Diese Fähigkeit wird beim Umschalten vom einen zum anderen Text immer wieder auf die Probe gestellt. Es gilt, sich vom vorhergehenden Inhalt zu lösen und sich voll und ganz auf den nächsten Text einzustellen. Das Parallel-Lesen zeigt Ihnen, wie es mit der geistigen Flexibilität steht. Falls Sie die steten Wechsel, wie es eine Übungsteilnehmerin ausdrückte, »extrem lästig« finden, gilt es, sich spielerischer auf die Übung einzulassen und geistig flexibler zu reagieren. Die Fähigkeit, sich wechselnden Situationen anzupassen und geistig umzuschalten, ist generell bei der Kopfarbeit von Bedeutung und will geübt sein. Beim Umschalten von einem Inhalt, einer Aktivität oder einem geistigen Modus auf einen anderen müssen wir uns zum einen vom Vorherigen lösen und es ausblenden können, damit es nicht mit dem Folgenden interferiert. Als Zweites gilt es dann, die geistigen Ressourcen neu zu aktivieren und sich voll auf das Folgende einzustellen. Dieser Löse- und Neueinstellungsprozess gelingt in der Regel am besten, wenn man von vornherein weiß, dass ein Wechsel kommt, wenn man dazu bereit ist und wenn man diesem Umschalten gegenüber eine positive Haltung einnimmt.[15]

Bei der Parallel-Lese-Übung wird zudem auch der Explorergeist gefordert. Bei manchen meiner Übungsteilnehmer war die damit verbundene, unvoreingenommene und spielerische Haltung noch nicht ganz da. Sie waren skeptisch und fragen sich, was das Ganze soll. Andere fühlen sich gehetzt und gefordert und setzen sich unter Druck. Immer wieder mit den Übungen zu spielen und experimentieren würde in diesen Fällen einiges bringen.
Natürlich ist das Parallel-Lesen nicht für die alltägliche Lektüre geeignet. Aber es ist eine starke Methode, wenn es darum geht, die Konzentration und die Merkfähigkeit zu trainieren und die geistige Flexibilität zu verbessern. Sie können zudem mit dem

Du öffnest die Bücher und sie öffnen dich.
TSCHINGIS AITMATOV

Zur Selbstreflexion

1. **Ist es mir auch bei dieser Übung gelungen, sie mit einer neugierigen und spielerischen Explorerhaltung (statt mit Skepsis oder Befürchtungen) anzugehen?**
2. **Ist mir nach der Parallel-Lese-Übung klar, was genau das Hirn tun muss, wenn es sich das Gelesene merken will?**
3. **Wie leicht ist mir das Umschalten jeweils gefallen?**

Parallel-Lesen Ihrem Explorergeist und Ihrer Experimentierlust frönen. Und wenn es Texte zu bewältigen gibt, auf die Sie zunächst keine Lust verspüren, kann das Parallel-Lesen zusammen mit der Lieblingslektüre ebenfalls hilfreich sein.

In Kürze zu Übung 3

Der Nutzen des Parallel-Lesens

Das Parallel-Lesen ist keine Lernmethode im üblichen Sinn.

Aber Sie können damit Ihren Explorergeist entwickeln und sehen, ob es Ihnen gelingt, neugierig und offen an die Aufgabe heranzugehen und damit zu spielen, statt sich unter Druck zu setzen. Sie werden zudem

- merken, wie es sich anfühlt, wenn der Geist wirklich aktiv ist
- Konzentration und Merkfähigkeit trainieren
- die geistige Flexibilität verbessern.

3

Die Weichen auf aktives Zuhören stellen

Stellen Sie sich vor, Ihr Wissen würde nach jeder Vorlesung, nach jedem Vortrag oder nach jeder Hör-Übung im Fremdsprachenunterricht sogleich getestet: Sie müssten das Gehörte – ohne Ihre Notizen zu konsultieren – zusammenfassen, die wichtigsten Punkte und darüber hinaus auch Details und Zahlen nennen. Alles klar? Nun, um einen derartigen Test mit Erfolg zu bestehen, braucht es Übung im aktiven Zuhören. Daran mangelt es bisweilen. Man hört eher passiv zu, begnügt sich mit oberflächlichem Verstehen, lässt sich unterhalten, statt mitzudenken, und hinterfragt diese ungünstige Gewohnheit kaum. Ist dann einmal aktives Zuhören vonnöten, fällt das Umschalten auf den geistig anspruchsvolleren Modus schwer.

Wir müssen nur unsere Augen öffnen, nur aufmerksam zuhören, um den Reichtum des Lebens genießen zu können.
THICH NHAT HANH

Vom passiven zum aktiven Zuhören wechseln

In einem Französischkurs in der Provence habe ich diese Schwierigkeit des Umschaltens auf aktives Zuhören kürzlich selbst erfahren. In den Monaten zuvor polierte ich brav meine eingerosteten Kenntnisse auf und schaute auch täglich den französischen

Sender TV5. Dieser Medienkonsum war rein passiver Natur – im Gegensatz zum aktiven Grammatik- und Wortschatzlernen. Ich genoss es einfach, mich dem Klang der französischen Sprache hinzugeben. Dabei habe ich mir jedoch auch passives Hören angewöhnt. Als dann im Kurs die Hörverständnis-Übungen folgten, empfand ich das Zuhören als unangenehm anstrengend und schnitt auch nicht prächtig ab. Denn ich überhörte oft ganze Satzteile und Sätze und machte mir von Zahlen – *mille neuf cent quatre-vingt-onze* – gar keine Vorstellung, sodass ich sie mir auch nicht merken konnte.

Wieder zu Hause, begann ich, aktives Zuhören zu trainieren. Ich sah mir jeweils abends um zwanzig Uhr das Nachrichtenjournal auf dem französischen Sender TV2 an, hörte etwa zwanzig Minuten lang aufmerksam zu, notierte ab und zu ein unbekanntes Wort und schlug es am Ende nach. Um halb neun schaltete ich auf TV5, wo um diese Zeit das Journal erneut ausgestrahlt wird. Die Wiederholung gab mir dann Feedback darüber, was ich nicht oder falsch verstanden hatte.

Die Wirkung dieser aktiven Zuhör-Übung war ähnlich, wie wenn man sich beim Joggen für ein Intervalltraining aufrafft: Sie gab stets einen spürbaren Schub an Energie und aktivierte auch den Geist. Ich entdeckte zudem jedes Mal nützliche Wörter und Wendungen und hatte auch immer wieder kleine Erfolgserlebnisse, weil ich durch die erhöhte Aufmerksamkeit mehr von den Nachrichten verstand.

Bald zeigte sich noch ein weiterer Nebeneffekt: Ich hörte nämlich ganz automatisch auch bei allen anderen französischen TV-Sendungen aktiver zu – und zwar völlig mühelos. Es machte sogar mehr Spaß als das gänzlich passive Absorbieren von früher und auch der Kopf war wacher dabei – und ist es heute noch. Das Zuhören hat seither eine ganz neue Qualität erhalten.

Abgesehen vom Fremdsprachenlernen reicht in vielen Situationen des Alltags mehr oder weniger passives Zuhören oft aus, weil man von den vertrauten Inhalten genug mitbekommt. Für den Unterricht und die Vorlesungen ist es jedoch ratsam, auf aktives Zuhören umzuschalten. Bevor wir uns näher mit Letzterem befassen, sollen Sie aber erst einmal die Ohren öffnen und die Sinneserfahrung des Hörens machen.

Übung 4
Hör-Experiment

Am besten machen Sie dieses Experiment zu zweit, damit Sie Ihre Erlebnisse anschließend gleich austauschen und vergleichen können.

Die Übung sieht so aus: Sie gehen spazieren, walken oder joggen und wählen für das Experiment einen abwechslungsreichen, aber trotzdem ruhigen Streckenabschnitt in der Natur, auf dem Sie etwa 10 bis 15 Minuten unterwegs sind; es kann auch eine Runde auf der Finnenbahn sein. Auf dieser Strecke wird geschwiegen; jeder konzentriert sich voll und ganz aufs Hören der leisen Geräusche rundherum. Die Augen sind offen, aber Sie richten Ihre Aufmerksamkeit aufs Hören und saugen achtsam alles auf, was in Ihre Ohren kommt. Sollten Sie vom Hören abschweifen, holen Sie sich wieder zurück. Beim Endpunkt der Strecke können Sie dann diesen rezeptiven Modus verlassen und zusammen über die Beobachtungen diskutieren.

Nur der Tag bricht für uns an, den wir wachen Sinnes erleben.
HENRY DAVID THOREAU

Die Erfahrungen mit dieser Übung sind äußerst vielfältig und manche Übungsteilnehmer haben eine neue Dimension des Hörens entdeckt. Meine Absicht mit diesem Experiment war denn auch, dass es Ihnen die Ohren öffnet, dass Sie Ihren Hörsinn aktivieren und wieder einmal realisieren, wozu Ihre Ohren fähig sind. So lässt sich das Gehör auf unterschiedliche Distanzen ausrichten. Die Ohren lassen sich in dieser Hinsicht mit den Augen vergleichen. So, wie wir die Augen in alle Richtungen bewegen und sie auf nähere oder weitere Objekte einstellen können, lässt sich auch das Gehör ganz bewusst auf etwas richten. Das Ohr ist nicht bloß ein passives Mikrofon, sondern ein aktives Organ, das – sofern wir wollen – gezielt zuhören, differenzieren und auch ausblenden kann.

Für manche hatte das achtsame Hören in diesem Experiment auch eine sinnliche Qualität. Es beglückte und entspannte und gab das Gefühl, ganz nahe bei sich zu sein. Insbesondere Vogel- und Kinderstimmen sowie das Murmeln eines Bachs oder das Rauschen des Windes in den Blättern lösten Gefühle der Freude aus. Angenehme Geräusche und vor allem schöne Stimmen und Gesang können auch unglaublich energetisieren – dies umso mehr, je bewusster wir es wahrnehmen. Der Hörpionier Alfred Tomatis schätzt, dass bis zu 90 Prozent der Sinnesenergie vom Hören stammt.[16] Schöne Töne wahrzunehmen ist wie eine innere Massage, welche den Körper entspannt und zugleich auch den Geist stimuliert.

Was das Herz nicht aufnimmt, lässt der Verstand nicht rein.
ARTHUR SCHOPENHAUER

Die achtsame Art des Hörens öffnet also nicht nur die Ohren und die anderen Sinne – es aktiviert auch das Gehirn. In der Kinesiologie kennt man dieses Phänomen schon lange, und auch die Neurowissenschaften bestätigen es: Körper, Sinne, Gefühle, Denken und Erinnerung sind viel stärker miteinander verbunden, als man bisher angenommen hat.

Bisweilen werden die optischen und akustischen Sinneseindrücke unwillkürlich miteinander verbunden und man erinnert sich an den Ort mit dem Baum, auf dem der Vogel so schön sang, oder man sieht vor dem geistigen Auge die Weggabelung, von wo aus man unvermittelt Motorengeräusche vernommen hat. Mit dem Aufbau derartiger innerer Bilder beginnt das aktive Zuhören und damit die geistige Arbeit.

In Kürze zu Übung 4

Der Nutzen des Hör-Experiments

Wenn Sie sich in der stillen Natur eine Weile ausschließlich auf das Hören konzentrieren, können Sie das Hören als Sinneserfahrung ganz neu erleben und

- sich entspannen und in Kontakt mit sich selber kommen
- die Ohren aktivieren und differenzierter hören
- lernen, die Aufmerksamkeit willentlich zu lenken.

Aktives Zuhören üben

Hören heißt, etwas durch die Sinne wahrnehmen und gefühlsmäßig erleben, wie im vorherigen Experiment. Das *aktive Zuhören* beginnt, wenn wir den Geist zuschalten, das Gehörte innerlich nachvollziehen, es mit dem Verstand ordnen und willkürlich ein inneres Bild aufbauen, das wir später wieder abrufen können.

Hören ist eine Funktion der Ohren. Zuhören ist eine Funktion unseres Geistes.
JOYCE WYCOFF

Aktives Zuhören ist für Ungeübte anstrengend und benötigt Energie. Sie können sich Energie verschaffen, indem Sie in der Vorlesung die Ohren öffnen und auf die Stimme des Dozenten ausrichten. Beim Selbststudium lässt sich der energetisierende Effekt erzeugen, wenn Sie sich eine Textpassage laut vorlesen und dabei bewusst auf den Klang Ihrer Stimme achten. Gönnen Sie sich auch immer wieder den Gang hinaus in die stille Natur, nehmen Sie die Stimmen der Vögel wahr und aktivieren Sie Ihre Ohren mithilfe des Hör-Experiments stets von Neuem.

Ob Vorlesung, Unterricht oder auch ein Radio- oder TV-Vortrag – so können Sie aktives Zuhören üben:

1. Nehmen Sie sich ganz bewusst vor, sich in aktivem Zuhören zu üben. Sie kennen das jeweilige Nahziel: Die Information soll nicht nur so gut als möglich aufgenommen, sondern auch gleich derart selektiert und verarbeitet werden, dass Sie anschließend – ohne Ihre Notizen konsultieren zu müssen – darüber referieren oder eine Prüfung bestehen könnten.

2. Stimmen Sie sich auf die sprechende Person ein. Achten Sie auf Gestik und Mimik und auf den Klang der Stimme. So hören Sie automatisch aufmerksamer zu und können Ablenkungen besser ignorieren. Setzen Sie sich im Hörsaal stets nach vorne. In den ersten Rängen ist es am ruhigsten, Sie können den Dozenten oder die Dozentin am besten sehen und hören und haben Augenkontakt. So sind Sie auch gefühlsmäßig stärker involviert und es wird

Ihnen zudem leichter fallen, während oder nach der Vorlesung Fragen zu stellen.

3. Stellen Sie sich auf Struktur und Stil des Vortrags ein. Dozierende haben bekanntlich ganz unterschiedliche Stile. Ob Ihnen die Art des Vortrags zusagt oder nicht: Stellen Sie sich ohne Federlesens darauf ein, denn innere Abwehr frisst bloß Energie. Versuchen Sie, geistig und emotional flexibel zu sein und wie ein echter Profi zu reagieren. Achten Sie auch auf die Struktur des Vortrags. Gibt es eine Einleitung in die Thematik? Auf welche Weise drückt die Dozentin oder der Dozent aus, was besonders wichtig ist? Zieht er oder sie am Ende irgendwelche Schlussfolgerungen?

4. Versuchen Sie, während der Vorlesung Antworten zu finden. Gehen Sie stets mit grundsätzlichen Fragen im Hinterkopf in die Vorlesung. Fragen Sie sich zum Beispiel Folgendes:

- *a* Worum geht es in dieser Vorlesung?
- *b* Welches sind die wichtigsten Punkte?
- *c* Welche Argumente, Beispiele oder Zahlen stützen sie?
- *d* Was ist unklar? Was lässt sich kritisch hinterfragen?
- *e* Wie wichtig ist das Thema im Gesamtzusammenhang?

Machen Sie dabei auch gleich noch die klügsten Notizen Ihres Lebens.

5. Vollziehen Sie das Gehörte innerlich nach. Dies ist entscheidend. Konzentrieren Sie sich derart, dass Sie das Wesentliche heraushören und Antworten auf die Fragen finden. Sie sollten das Ganze am Ende gleich weitererzählen oder darüber eine kleine Prüfung ablegen können – zumindest dann, wenn die Vorlesung nicht allzu schwierig war.

Vielleicht finden Sie es völlig übertrieben, sich in jeder Vorlesung wie für eine Prüfung ins Zeug zu legen. Man vergisst ohnehin vieles wieder. Es geht jedoch um sehr viel mehr: Es geht darum, sich eine wirkungsvollere Verhaltensweise – aktives Zuhören – anzutrainieren. Sie brauchen für dieses Training nicht einmal zusätzliche Zeit. Lediglich die Entscheidung und den Willen, die Weichen auf aktives Zuhören umzustellen. Sind Sie dabei?

Gewohnheiten sind die Fingerabdrücke des Charakters.
ALFRED POLGAR

Zur Selbstreflexion

1. **Wo auf einer Skala vom passiven (0%) zum aktiven (100%) Zuhören liegt schätzungsweise mein gewohnheitsmäßiges Niveau in der Vorlesung/im Unterricht?**
2. **Versuche ich bereits, während des Zuhörens möglichst viel mitzukommen, statt es auf die Nachbearbeitung zu Hause zu verschieben?**
3. **Wie könnte ich vorgehen, um mir in den Vorlesungen systematisch möglichst aktives Zuhören anzugewöhnen?**

4

Klug Notizen machen

Im letzten Kapitel habe ich Ihnen empfohlen, beim Zuhören auch gleich noch die klügsten Notizen Ihres Lebens zu machen. Natürlich ist dies etwas übertrieben. Doch sicherlich schadet es nichts, das Notizenmachen hin und wieder unter die Lupe zu nehmen. Was heißt es, kluge Notizen zu machen?
Sie schreiben vielleicht bereits im Telegrammstil und gebrauchen Schlüsselwörter, Abkürzungen und Symbole. Sie sparen hoffentlich nicht mit Papier, verwenden nur eine Seite des Blattes und lassen außerdem genügend Platz, um Ergänzungen anzubringen. Wahrscheinlich haben Sie auch schon mit der günstigsten Blattaufteilung und mit breiten Rändern für Anmerkungen experimentiert. Und Sie nummerieren wohl die Seiten stets, schreiben Thema und Datum sowie bei Lesenotizen die Quelle dazu, nicht wahr?
Ansonsten gibt es wohl keine allgemeingültigen Regeln für Notizen. Doch es gibt Notizen, die lernwirksamer sind als andere.

Lernwirksame Notizen erstellen

Denn was wir nicht aufschreiben, bleibt oft in unserem Gefühl ziemlich unbestimmt.
ANAIS NIN

In einer in Finnland durchgeführten Untersuchung mussten Medizinstudenten einen anspruchsvollen 18-seitigen Text lesen, um anschließend schriftlich darüber befragt zu werden.[17] Die

Studierenden durften während des Lesens Stellen im Text markieren und zusätzliche Notizen machen. Text und Notizen mussten sie vor der schriftlichen Prüfung abgeben und diese Blätter wurden ebenfalls ausgewertet. Dabei wurden zwei Kategorien unterschieden: Unterstrichenes, Markiertes und wörtlich Zitiertes kam in Kategorie 1, während Zusammenfassungen, Mindmaps oder schematische Skizzen der Kategorie 2 zugeordnet wurden. Der Unterschied zwischen den beiden Kategorien ist der, dass Notizen der zweiten Kategorie einen zusätzlichen geistigen Verarbeitungsschritt erfordern. Und dieser Aufwand zahlt sich aus: Diejenigen Studierenden, die neben Notizen der Kategorie 1 auch kleine Zusammenfassungen, Mindmaps oder Skizzen erstellten, erreichten signifikant bessere Prüfungsresultate. Geistig aktiv zu sein, statt eher passiv anzustreichen oder zu notieren, lohnt sich also.

Ob Ihre Aufzeichnungen als Mindmap, in linearer Form oder als Mix daherkommen: Gute Notizen enthalten nicht nur die Essenz eines Textes oder eines Vortrags, sondern auch Hinweise auf Besonderheiten und Beispiele und haben oft auch eine persönliche Note. Notieren Sie lieber zu viel als zu wenig und markieren Sie die Stellen, bei denen Sie unsicher sind, mit einem Fragezeichen.

Achten Sie ansonsten stets auf die Qualität des Geschriebenen. Stellen Sie sich vor, Sie müssten Ihre Notizen nachher noch einer erkrankten Freundin, welche sonst stets die vorbildlichsten Notizen macht, zum Kopieren geben. Diese Vorstellung kann hilfreich sein. Sie sorgen so eher für eine gute Struktur, in der die Kernaussagen sofort erkennbar sind. Sie schreiben auch lesbarer, denn nichts ist unangenehmer, als wenn das Geschriebene nur mit Mühe entziffert werden kann. Zudem lassen Sie besondere Vorsicht bei Zahlen und Formeln walten, denn wenn diese falsch geschrieben sind, merkt man es nicht so leicht wie bei einem falsch geschriebenen Wort.

Vergleichen Sie Ihre Notizen auch ab und zu mit denjenigen Ihrer Studienkollegen und lassen Sie sich durch gute Ideen anregen.

Die simultane Anfertigung von Notizen während der Vorlesungen ist besonders anspruchsvoll und gleicht bisweilen einer Fließbandarbeit: Das Band läuft und läuft und lässt sich weder verlangsamen noch beschleunigen. Ist das Präsentierte einfach, kann es bald langweilig werden, denn ein Sprecher produziert etwa 125 bis 175 Wörter pro Minute, während wir etwa 400 Wörter pro Minute verarbeiten können.[18] Meist geht es jedoch eher zu schnell voran und es gilt, rasch zu entscheiden, was wichtig ist und was nicht – selbst wenn man nicht alles verstanden hat. Die Kunst besteht darin, sich sowohl emotional wie auch mental auf die unterschiedlichen Anforderungen und Tempi einzustellen und möglichst viel mitzubekommen.
Doch gleichzeitig aufmerksam zuzuhören, die Dinge nachzuvollziehen, zu begreifen, Wichtiges von Unwichtigem zu unterscheiden und das Wesentliche ansprechend zu notieren ist nicht einfach. Bei schwierigen Inhalten kommt das Arbeitsgedächtnis oft an die Grenzen seiner Kapazität. Deshalb können Kursunterlagen und Skripte das Zuhören ungemein erleichtern. Doch Vorsicht: Riesenfalle! Skripte verleiten allzu oft zu geistiger Bequemlichkeit. In einer meiner Befragungen meinte ein Student exemplarisch: »Ich muss mich (in der Vorlesung) nicht so sehr konzentrieren, da ich ein Skript habe und es zu Hause nachlesen kann.« Mal ehrlich: Kennen Sie das?
Manche geben sich zudem Illusionen hin und meinen, alles Wichtige sei im Skript zu finden. Sie versäumen deshalb, die Ohren zu spitzen und darauf zu achten, was der Dozent oder die Dozentin besonders betont und verpassen oft auch prüfungsrelevante Information.

Skripte anreichern

Skripte sind ein Segen, wenn Sie die Blätter für zusätzliche Notizen nutzen, um das Skript damit anzureichern. Bei einem einfacheren Fach können Sie als Variante auch ausprobieren, wie es ist, wenn Sie von jeder Lektion gleich eine gute Mindmap zeichnen. Oder Sie versuchen es eine Weile mit *Freenoting*: Schreiben Sie dabei in einem Fluss *sämtliche* Assoziationen, Fragen und persönlichen Kommentare, alles, was beim Zuhören im Kopf auftaucht, ohne Unterbrechung in das Skript – selbst wenn ein Gedankenblitz wenig mit dem Thema zu tun hat. Gebrauchen Sie dafür einen feinen Bleistift, damit Sie später Unnötiges radieren können. Durch dieses *Freenoting* vernetzen Sie den Stoff mit bereits Bekanntem und schaffen einen starken persönlichen Bezug dazu. Gerade in Fächern, die schwer zu erschließen sind, kann sich der Versuch lohnen. Falls Sie Bedenken haben und meinen, dadurch einiges zu verpassen, können Sie auch eine Vorlesung aufzeichnen und das *Freenoting* zu Hause beim Abspielen ausprobieren.

Notizen nachbearbeiten

Niemand ist so beflissen, immer neue Eindrücke zu sammeln, wie der, der die alten nicht zu verarbeiten versteht.
MARIE VON EBNER-ESCHENBACH

Notizen sind wie ein externes Gedächtnis, auf das man immer wieder zurückgreifen kann. Doch darin liegt auch eine Gefahr, denn es reicht nicht, das Gehörte bloß auf Papier zu haben. Irgendwann sollte es in den internen Speicher gelangen. Mit dem Nachbearbeiten machen Sie den ersten Schritt.

Beim Nachbearbeiten lässt sich Unverstandenes klären, Unterschiede können herausgearbeitet, Fragen beantwortet, Ergänzungen angebracht und allfällige Fehler bereinigt werden. Beim ruhigen Überdenken sieht man oft auch Bezüge zu anderen Wissensgebieten oder zu persönlichen Erfahrungen. Dadurch wird das neue Wissen besser ins Wissensnetz integriert. Auch wenn Sie

den Inhalt in Zusammenhang mit früheren Vorlesungen bringen und sich fragen, warum dieses Thema für das Fach und für die ganze Domäne von Interesse ist, fördern Sie diese Vernetzung. Ebenso, wenn Sie die Dinge hinterfragen – kurz, wenn Sie das Gebotene nach bestem Wissen und Gewissen studieren.
Oft fehlt die Zeit, die Vorlesungsnotizen gleich im Nachhinein zu bearbeiten. Es gilt, die richtigen Prioritäten zu setzen. Nicht das Lieblingsfach, sondern die besonders anspruchsvollen Fächer sollten den Zuschlag erhalten. Bei diesen ist die Nachbearbeitung ein Muss, denn es ist *der* entscheidende Verarbeitungsschritt, der das Verständnis vertieft und die Grundlage für besseres Behalten schafft. Gehen Sie die Notizen wann immer möglich innerhalb von 24 Stunden durch, dann ist die Erinnerung noch frisch genug (siehe auch Seite 231). Sie wissen wohl aus eigener Erfahrung: Wartet man zu lange, wird man aus manchen Aufzeichnungen nicht mehr schlau.

Nur wenn man auswählt, weglässt, Schwerpunkte setzt, stößt man zur wahren Bedeutung der Dinge vor.
GEORGIA O'KEEFFE

Zur Selbstreflexion

1. **Wie aktiv ist mein Geist in Vorlesungen, bei denen ich über ein Skript verfüge?**
2. **Sind meine Notizen derart ordentlich, dass ich sie mit gutem Gefühl jederzeit einer erkrankten Studienkollegin zur Verfügung stellen könnte?**
3. **Leuchtet es mir ein, dass es mir bei Zeitknappheit am Ende mehr bringt, in besonders schwierigen Fächern statt im Lieblingsfach für baldiges Nachbearbeiten zu sorgen?**

5

Sich besser konzentrieren

Fragt man Studierende nach ihren Verbesserungswünschen beim Lernen, wird oft bessere Konzentration genannt. In Abbildung 2 sehen Sie die Resultate einer Umfrage an der ETH Zürich. Auf den Wunsch nach einem besseren Gedächtnis folgen fast gleichauf höhere Effizienz und Konzentration.

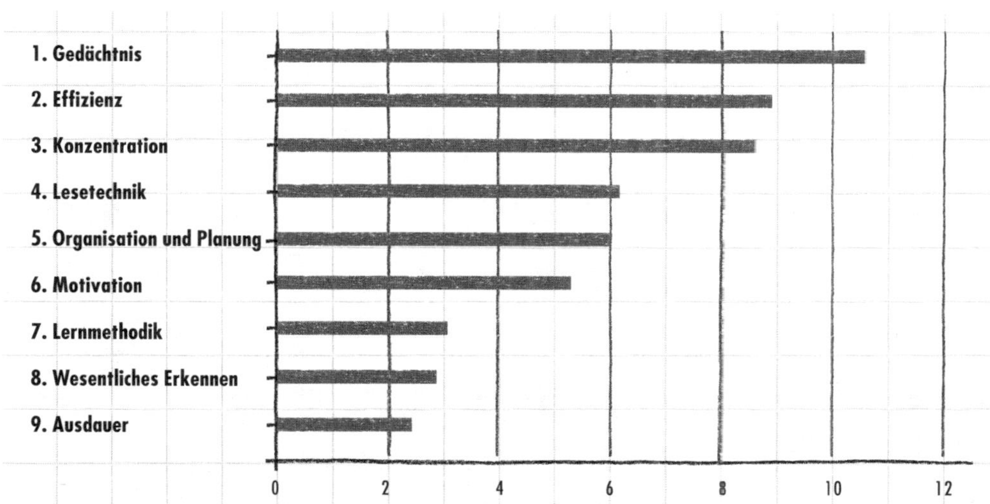

Abb.2 **Verbesserungswünsche von Studierenden: »Ich möchte mich noch in Folgendem verbessern«.** 318 Fragebögen ausgewertet, keine Antworten vorgegeben, mehrere Antworten möglich. V. Steiner, unpublizierte Daten (1998).

Bildung erfordert vor allem und zunächst die instinktsichere Abwehr überzähliger Informationen.
HANS KASPER

Die Umfrage stammt aus dem Jahr 1998 und zu jener Zeit verfügten die Lernenden weder über Mobil- noch Bildtelefone, manche hatten auch noch keinen Internetanschluss und das Surfen lag noch in der Ferne. Im Vergleich zu damals sind heutzutage die Ablenkungen und Verlockungen durch die modernen Medien bedeutend größer und schon aus diesem Grund ist die Verbesserung der Konzentration dringlicher denn je.

Doch Konzentration ist nicht gleich Konzentration: »Beim Videospiel kann er sich stundenlang konzentrieren«, empörte sich kürzlich eine Mutter über ihren Junior, »aber wenn er sich bei den Hausaufgaben konzentrieren müsste, geht es plötzlich nicht mehr.« Der Unterschied ist der, dass das Videospiel die Aufmerksamkeit fast magisch auf sich zieht. Bei den Hausaufgaben muss sie hingegen *willentlich* auf die Dinge gelenkt werden. Und da liegt die Schwierigkeit. Denn dieses willentliche Lenken der Aufmerksamkeit will geübt sein.
Oft ist mangelhafte Konzentration ganz einfach eine schlechte Gewohnheit und es gilt, sich diesen Automatismus bewusster zu machen und sich eine Weile systematisch zu beobachten.

Selbstbeobachtung üben

Was auch immer Sie explorieren und verbessern möchten, sei es Ihre Konzentration während der Selbstlernsessionen oder im Unterricht, sei es eine mühselige Verhaltensweise wie das Aufstehen am Morgen oder eine ungünstige Gewohnheit in der Ernährung: Der Schlüssel dazu ist stets die Beobachtung des Ist-Zustandes. Denn jegliche Verbesserung beginnt damit.

Wo der Knackpunkt liegt

Geht es um eigene Verhaltensweisen, ist man gleichzeitig Beobachterin und Beobachtete – was gar nicht so einfach ist. Ob Sie Ihr Tun oder Ihre Gedanken beobachten oder ob Sie Ihre Aufmerksamkeit auf Ihr Befinden richten: Der Knackpunkt ist, sich während des Beobachtens *ganz neutral* zu verhalten und wie eine Verhaltensforscherin *einfach zu registrieren und festzustellen, was ist.* Also nicht gleich zu kommentieren, zu kritisieren oder sich selbst zu verurteilen. Die Beurteilung kann später, beim Auswerten und Reflektieren, erfolgen.

Achtsame Betrachtung ist wie eine Lampe; sie erhellt, ohne zu urteilen.
THICH NHAT HANH

In einem Seminar haben wir die systematische Selbstbeobachtung vier Wochen lang zum Thema »Konzentration beobachten« eingeübt. Die Studierenden wurden angewiesen, während der Vorlesungen auf ihre Konzentration zu achten und diese anschließend auf einer Skala von ein bis fünf Punkten (1 = schwächste, 5 = höchste Konzentration) zu bewerten. Die Anzahl Punkte sowie zusätzliche Beobachtungen mussten sie zudem Abend für Abend in ein Tagebuch eintragen.

Eine solche Aufgabe ist leichter gesagt als getan. »Wie denke ich während jeder Vorlesung daran, auf meine Konzentration zu achten?«, »Was unternehme ich, um am Abend den Eintrag nicht zu vergessen?«, dies waren Fragen, die in der ersten wöchentlichen Besprechung geklärt werden mussten. Erinnerungskleber sowie kleine Tagebuchrituale, wie stets nach dem Abendessen den Eintrag machen, bewährten sich.

Bei der Zusammenkunft in der zweiten Woche zeigten sich dann die meisten Teilnehmer ernüchtert über ihre tiefen Punktzahlen. Den jungen Leuten war zuvor nicht bewusst, wie schlecht es um ihre Konzentration während der Vorlesungen stand.

Enttäuschungen bei der systematischen Selbstbeobachtung lassen sich ersparen, wenn die Sache mit der Neugier und dem Entdeckungsdrang der explorativen Lerner angegangen wird. Mit einer explorativen Haltung ist jede Beobachtung ganz einfach interessant und macht Lust aufs Experimentieren und Spielen mit Verbesserungen. Die Benützung von Skalen hilft zusätzlich, auf der sachlichen Ebene zu bleiben und die Dinge aus einer gelasseneren und objektiveren Distanz zu sehen – statt sie allzu persönlich zu nehmen und sich deswegen schlecht zu fühlen. In Übung 7 (Skalen nutzen) auf Seite 158 können Sie den Gebrauch von solchen Skalen ausprobieren.

Zurück zu den Seminarteilnehmern, die ernüchtert waren ob der schlechten Konzentrationswerte. Ich erinnere mich noch gut an den Anblick der Teilnehmerinnen und Teilnehmer; sie saßen da wie junge Hunde, die Schelte bekommen haben. Es sah rührend aus, und mir kam dabei eine Idee, die ich den Studierenden seither stets mitgebe:

Gehen Sie mit sich selbst um wie mit einem jungen Hund: *liebevoll*, aber *konsequent!*

Dies möchte ich auch Ihnen ans Herz legen. Seien Sie so lieb und geduldig mit sich selbst wie mit einem tappigen Vierbeiner – auch dann, wenn Sie sich nicht so verhalten haben, wie Sie es sich vorgenommen haben, und über sich selbst enttäuscht sind. Trösten Sie den jungen Hund und machen Sie nichtsdestotrotz mit dem guten Vorsatz weiter.

Geduld ist so etwas wie ›praktische Liebe‹.
WALTER HILSBECHER

Sich die Dinge bewusster machen und immer wieder reflektieren

Im Laufe der vier Seminarwochen zeichnete sich bei den engagierteren Teilnehmern eine Entwicklung ab: Ihre Beobachtungen wurden von Woche zu Woche differenzierter, die Tagebucheinträge wurden länger – und die Konzentration selbst verbesserte sich. Warum?

Wenn wir die Aufmerksamkeit systematisch auf etwas ganz Bestimmtes – wie in diesem Fall auf die Konzentration während der Vorlesung – richten, nehmen wir es *bewusster* wahr; wir machen uns die Verbesserung der Konzentration zum Thema und denken auch häufiger darüber nach. Wir merken öfter, dass wir in Gedanken schon wieder ganz woanders sind, oder realisieren eher, dass nun Zeit für eine Pause ist. »Interessant finde ich vor allem das Phänomen, dass sich bereits durch genaues Beobachten und tägliches Aufschreiben die Konzentrationsfähigkeit deutlich verbessert hat«, schrieb eine Studentin am Schluss des Seminars. Die erhöhte Bewusstheit, die sich durch das systematische Beobachten eingestellt hat, führte automatisch zu einer Verbesserung.

Denken ist Reden mit sich selbst.
IMMANUEL KANT

So ist zum Beispiel auch das systematische Beobachten und Notieren des Zeitaufwandes für die unterschiedlichen alltäglichen Aktivitäten für viele ein Augenöffner. Wann immer sich Studierende oder Manager über Zeitmangel beklagen und sich verbessern möchten, rate ich ihnen zu einem einwöchigen Zeitprotokoll, in dem sie genau aufschreiben, was sie zu welcher Stunde gemacht haben. Nichts macht einem die Realität bewusster als systematische schriftliche Aufzeichnungen. Wer schwarz auf weiß den Tatsachen ins Auge blickt, beginnt auch eher zu reflektieren und zu überlegen, wie ein Problem gelöst werden kann.

Mit zunehmender Bewusstheit können wir uns auch nicht mehr so einfach Illusionen hingeben und uns etwas vormachen. Wir realisieren eher, dass wir viel Zeit für Unnötiges verschwenden, dass wir die Dinge allzu oft aufschieben oder dass wir einen Sachverhalt nicht verstanden haben. Wir merken besser, wo unsere Grenzen liegen, und auch, ob wir willens sind, diese auszuweiten. Kurz, wir schaffen die Grundlage, um unser Verhalten in positiver Richtung zu verändern.

Falls Sie zum Perfektionismus neigen, seien Sie gewarnt: Es kann sein, dass Ihnen durch häufigere Selbstbeobachtung aufgezeigt wird, dass Sie nicht so perfekt sind, wie Sie gerne wären. Machen

Sie sich deshalb immer wieder klar, dass man nicht sogleich ein Meister auf seinem Gebiet sein muss, und seien Sie lieb mit dem jungen Hund in Ihnen.

Erkenne dich selbst – dieser Imperativ ist fast so alt wie die Menschheit. Je besser wir uns selber kennen, umso leichter können wir unsere Stärken pflegen und an unseren Schwächen arbeiten. Durch die erhöhte Bewusstheit der systematischen Selbstbeobachtung und die anschließende Reflexion lässt sich die nötige Einsicht gewinnen, um dazuzulernen und uns weiterzuentwickeln. Und dies ist es doch, was letzten Endes das Leben spannend macht.

Um sich selbst zu erkennen, muss man handeln.
ALBERT CAMUS

Zur Selbstreflexion

1. **Welche ungünstige Verhaltensweise könnte ich mir durch systematische Selbstbeobachtung bewusster machen, um sie zu korrigieren?**
2. **Wie liebevoll gehe ich mit mir selbst um, wenn ich Fehler mache?**
3. **Kenne ich die Erfahrung, dass das Aufschreiben (von Beobachtungen, Zeiten, Zielen und Gedanken) besonders wirkungsvoll ist?**

Die Bedingungen für gute Konzentration beachten

Sich konzentrieren heißt, *ganz* bei *einer* Sache zu sein. Es bedeutet, die Aufmerksamkeit – das heißt die psychische und geistige Energie – auf die optimale Ausführung einer Aufgabe auszurichten und dranzubleiben. Für gute Konzentration braucht der Geist eine konkrete Herausforderung. Sind dazu noch Interesse, Motivation und der nötige Wille da, fällt die Konzentration umso leichter – zumindest dann, wenn wir auch für innere und äußere Ruhe sorgen. Sehen wir uns diese Bedingungen etwas genauer an:

Geistige Herausforderung Unser Hirn arbeitet am effizientesten, wenn es ganz klar weiß,

- *a* was es zu tun hat,
- *b* warum es dies tun muss,
- *c* wie es vorgehen soll und
- *d* wie viel Zeit es zur Verfügung hat.

Setzen Sie sich bei ungenügender Konzentration ein herausforderndes Nahziel wie in Übung 5 (Seite 91) beschrieben und beschäftigen Sie damit Ihren Geist derart, dass zwar noch kein Stress aufkommt, Sie aber auch keine Kapazität übrig haben, um an etwas anderes zu denken. Ihr Arbeitsgedächtnis muss voll ausgelastet sein, aber Sie sollen das Ganze noch gut unter Kontrolle haben. Bei *einfachen Aufgaben* erreichen Sie dies, wenn Sie die Zeit möglichst knapp vorgeben. *Schwierige Aufgaben* werden am besten in gut verdaubare Happen oder Häppchen aufgeteilt.
Geistig genügend fordern können Sie sich auch mit der 3-Runden-Stragegie (Seite 38), der Teddybär-Methode, die Sie im Teil III kennenlernen werden (Seite 190) oder mit anderen aktiven Strategien. Aktive Vorgehensweisen binden die Aufmerksamkeit viel stärker und die Konzentration stellt sich wie von alleine ein.

Interesse, Liebe zur Sache und Motivation Wenn uns etwas brennend interessiert, wird die Aufmerksamkeit ganz automatisch auf den Inhalt gelenkt und die Konzentration ist kein Problem. Interesse bedeutet Liebe zur Sache, Zuwendung und innere Beteiligung – und all dies lässt sich entwickeln. Sie können ganz bewusst probieren, eine persönliche Beziehung, einen Link zum Stoff aufzubauen. Falls es Ihnen schwerfällt, suchen Sie im Stoff nach irgendetwas, das Ihnen sympathisch ist. Achten Sie auch darauf, ob Sie innere Vorbehalte oder Widerstände haben. Wenn Sie sich ständig einreden, wie öde doch Statistik sei, wird sich Ihre Motivation für dieses Fach kaum vergrößern. Versuchen Sie es lieber mit einer konstruktiveren und unvoreingenommeren Einstellung (siehe auch Seite 148). Überlisten Sie sich selbst und tun Sie so, als ob das Fach das wichtigste und interessanteste des ganzen Studiums wäre. Früher oder später werden Ihre Anstrengungen Früchte tragen. Denn Studien zeigen, dass sowohl die unmittelbare Motivation vor Beginn einer Lernsession als auch die generelle Motivation für ein Gebiet förderlich sind für den Flow-Zustand (Seite 76) und damit fürs Lernen.[19]

Der Wille bestimmt die Bewegung.
OSWALD SPENGLER

Wille Sie werden beim handlungspsychologischen Phasenabfolgemodell (Seite 116) sehen, dass der Wille einsetzt, sobald wir uns klipp und klar für etwas entschieden haben. Manche Lernerinnen und Lerner sind jedoch immer wieder von Neuem von Zielkonflikten hin- und hergerissen, sind bloß halbherzig bei der Sache oder hoffen insgeheim auf eine rettende Ablenkung. Doch so kann man sich nie voll konzentrieren. Dazu kommt, dass ein solches Hin und Her emotionale und mentale Energie verzehrt, die man für Besseres gebrauchen könnte. Wie steht es mit Ihrem Willen, sich zu konzentrieren und Ihr Nahziel für die Lernsession zu erreichen? Entscheiden Sie sich unmissverständlich und klar dafür und halten Sie sich daran.

Die Gnade der Ruhe und Gelassenheit ist besonders notwendig. Mit ihr lassen sich alle Übel in Freude ertragen.
PAPST JOHANNES XXIII.

Innere Ruhe Im Stress und mit zu vielen Dingen im Kopf lässt es sich nur schlecht konzentrieren. Konzentration benötigt innere Ruhe. Und diese innere Ruhe lässt sich ein gutes Stück weit organisieren. Es gilt, Gedanken an Vergangenes und Zukünftiges temporär wegzustecken – so, wie es ein Physiker beschreibt, der sich beim Bergsteigen voll konzentrieren kann: »Wenn ich anfange zu klettern, ist es, als wäre meine Erinnerung abgeschnitten. Alles, woran ich mich erinnern kann, sind die zurückliegenden 30 Sekunden, und vorausdenken kann ich nur für die nächsten fünf Minuten.«[20] Wie lässt sich dies erreichen? Listen Sie die Aufgaben, die sonst noch verrichtet sein wollen, auf, und legen Sie auch gleich einen Zeitpunkt für deren Erledigung fest. So müssen

Sie beim Lernen nicht mehr daran denken. Verfahren Sie ebenso mit Sorgen und Ängsten: Räumen Sie auch ihnen einen Termin ein, damit Sie diese wie ein Profi während den Lernsessionen wegstecken können. Sorgen Sie darüber hinaus für einen guten Rhythmus: Fixieren Sie ganz bestimmte Stunden im Wochenverlauf, die stets dem Lernen und nichts anderem gewidmet sind. So sind Sie in diesen Stunden rascher auf innere Sammlung eingestellt, Sie werden sogleich bei der Sache sein und können sich mit Kopf und Herz darin versenken.

Äußere Ruhe Für gute Konzentration ist auch äußere Ruhe nötig. Damit ist nicht nur Stille gemeint, sondern auch das Fehlen von Ablenkungen und Unterbrechungen. Suchen Sie sich fürs Lernen einen ruhigen Ort oder behelfen Sie sich mit Ohrenstöpseln. Organisieren Sie sich so, dass Sie wenn möglich nicht unterbrochen werden. Schalten Sie Ihr Mobiltelefon *immer* aus. Dies selbst dann, wenn der Lernstoff nicht besonders anspruchsvoll ist. Warum? Weil es um mehr geht, als um die Vermeidung einer Störung. Es geht auch darum, Ihre Fähigkeit zur *vertieften* Konzentration zu fördern. Nur wenn Sie sich darauf verlassen können, dass Sie nicht gestört werden, lässt sich überhaupt die Erfahrung machen, wie es ist, durch eine Tätigkeit hundertprozentig absorbiert zu sein, sich selbst und die Zeit zu vergessen und in den *Flow* zu kommen.

Zur Selbstreflexion

1. **Habe ich beim Parallel-Lesen oder bei der 1-Stunde-pro-Buch-Methode erlebt, wie sich die Konzentration von alleine einstellt, wenn der Geist genügend beschäftigt und gefordert ist?**
2. **Gibt es bei mir Lernbereiche, bei denen Vorbehalte und innere Widerstände Grund für die fehlende Konzentration sein könnten?**
3. **Wie könnte ich bei mir konkret für innere und äußere Ruhe sorgen?**

Flow anstreben

Je besser Ihre Fähigkeit zur Konzentration entwickelt ist und auch die inneren und äußeren Bedingungen stimmen, umso häufiger werden Sie den Flow-Zustand erleben. Im Flow kommt die Konzentration von selbst, es braucht keine willentliche Anstrengung mehr, Sie sind entspannt, geistig wach und es »fließt« – ein wunderbares Gefühl!

Mihaly Csikszentmihalyi, der Begründer der Flow-Theorie, hat nachgewiesen, dass sich Flow stets dann einstellt, wenn uns eine Tätigkeit herausfordert, aber nicht überfordert oder stresst.[21] So erleben Rennfahrer oder Chirurgen während ihres Einsatzes öfters Flow. Aber auch beim Klettern, Rock-and-Roll-Tanzen oder Schachspiel sowie beim Lernen und Arbeiten konnte das Flow-Erleben nachgewiesen werden.

Das Ich-Bewusstsein ist im Flow-Zustand ausgeschaltet. Das heißt, dass wir in diesem selbstvergessenen Zustand auch frei von Befangenheit, innerer Kritik oder irgendwelchen Befürchtungen sind und unsere Aufmerksamkeit voll und ganz auf das Tun richten können.

Im Flow arbeitet unser Gehirn zudem sehr ökonomisch. Wir ermüden weniger, werden doch nur die nötigen Bereiche des Gehirns aktiviert. Eine Studie zeigte außerdem, dass die sehr guten Lerner unter den Probanden durchschnittlich während 40 Prozent der Lernzeit im Flow-Zustand waren, während die Ungeübteren bloß auf 16 Prozent kamen.[22]

Auch nur fünf Minuten wirklich da zu sein, kann ein Geschenk sein.
THICH NHAT HANH

Der größte Gewinn des Flows liegt auf der emotionalen Ebene. Denn der Flow-Zustand wird als sehr angenehm empfunden und zeigt sich als Glücksgefühl, tiefe innere Zufriedenheit und bisweilen sogar als Euphorie. Mihaly Csikszentmihalyi erklärt dies mit der Ordnung im Bewusstsein: Im Flow ist unsere geistige, psychische und physische Aufmerksamkeit, ist unser Denken, Wünschen und Wollen ganz auf die Aufgabe fokussiert. Die Bünde-

lung gleicht einem geordneten Fließen in dieselbe Richtung und diese Kohärenz vermittelt ein Gefühl der inneren Harmonie.
Sich derart konzentrieren zu können ist schön. Achten Sie auf gute Konzentration. So werden Sie den stillen Stunden des Lernens und des Absorbiertseins mehr und mehr Freude abgewinnen.

Zur Selbstreflexion

1. **Schalte ich vor einer Lernsession jeweils mein Mobiltelefon aus?**
2. **Kenne ich das Gefühl von Ordnung im Bewusstsein und innerer Harmonie im Flow-Zustand?**
3. **Wie hoch schätze ich bei mir den prozentualen Flow-Anteil beim Lernen ein?**

Weitere Faktoren kennen

Neben den diskutierten fünf Bedingungen gibt es noch viele Maßnahmen, welche die Konzentration begünstigen. In meinem kleinen Band *Sich besser konzentrieren heißt ...*[23] gehe ich auf insgesamt 18 Punkte genauer ein. Diese Punkte erläuterte ich einmal meinen Studierenden an der Universität für Bodenkultur in Wien und wollte anschließend wissen, bei welchen dieser Punkte sie sich verbessern könnten. Zu diesem Zweck bekam jede und jeder eine Liste und musste von den 18 Faktoren diejenigen drei ankreuzen, bei denen sie oder er für sich selbst am meisten Handlungsbedarf sah. Das Resultat sehen Sie in der folgenden Tabelle, Abbildung 3, Seite 78.
Manche dieser Maßnahmen sind im vorliegenden Buch an anderer Stelle beschrieben. Auf einige der übrigen Punkte soll jedoch gleich noch kurz eingegangen werden.

Anzahl der Nennungen	Handlungsbedarf	Siehe im Buch
19	Ganz bei einer Sache sein	
19	Innerlich zur Ruhe kommen	Seite 74
17	Sich nicht unterbrechen lassen	
17	Sich intelligent organisieren	Seite 85 ff.
17	Ausdauer entwickeln	
15	Die Primetime nutzen	Seite 94 f.
15	Ein forderndes Nahziel setzen	Seite 88 ff.
13	Eine Beziehung zur Sache schaffen	Seite 147
11	Flow anstreben	Seite 76
7	Sich klug konditionieren	
6	Sich rechtzeitig eine Pause gönnen	Seite 105 ff.
5	Für äußere Ruhe sorgen	Seite 75
5	Eins nach dem anderen tun	
4	Sich durch Visualisierung vorbereiten	
4	Einen kühlen Kopf bewahren	
4	Mit einem inneren Ruck beginnen	Seite 143
3	Geistig flexibel bleiben	Seite 50
2	Mit sich allein sein können	

Abb.3 **Handlungsbedarf für bessere Konzentration.** Ergebnis einer Umfrage bei 61 Studierenden. Je drei Nennungen; insgesamt 183 Nennungen. V. Steiner, unpublizierte Daten (2007).

Sich klug konditionieren Durch Konditionierung können Dinge, die nichts miteinander zu tun haben, verknüpft werden: So, wie beim Pavlow'schen Hund ein Glockenton den Speichelfluss auslösen konnte, kann der gewohnte Platz in der Bibliothek die innere Sammlung erleichtern (siehe auch Seite 142). Dieses Phänomen der Konditionierung können wir nutzen, um uns bessere Gewohnheiten anzueignen. Wenn Sie sich auch zu Hause besser konzentrieren möchten, sollten Sie mit aller Konsequenz darauf achten, den Lernplatz *ausschließlich* für konzentriertes Arbeiten zu nutzen, und für alles andere an einen anderen Platz wechseln. So werden im Hirn die entsprechenden neuronalen Verbindungen gefestigt und Sie sind bald auch auf gute Konzentration am eigenen Schreibtisch konditioniert.

Sich durch Visualisierung vorbereiten Mit Visualisierung ist hier mentales Training oder geistiges Probehandeln gemeint. So, wie der Skirennfahrer im Geist die Abfahrt simuliert, können Sie sich am Abend vor dem Zubettgehen in allen Details vorstellen, wie Sie sich am Morgen voll motiviert und konzentriert an den Schreibtisch setzen, das Buch zur Hand nehmen und Kapitel 17 mit der 3-Runden-Strategie anpacken. Durch die Visualisierung wird der Handlungsablauf schon mal im Hirn vorgebahnt. Dadurch ist dann in der realen Situation die Schwelle kleiner und der konzentrierte Start wird bedeutend leichter fallen.

Einen kühlen Kopf bewahren Oft kommt alles zusammen: der Abgabetermin für die Semesterarbeit, Liebeskummer und der Computer, der auch noch aussteigt. In solchen Situationen können wir buchstäblich den Kopf verlieren: Die höheren Denkfunktionen des Großhirns werden dabei unterdrückt und stattdessen werden entwicklungsgeschichtlich ältere, primitive Regionen aktiviert – das Hirn schaltet auf den *Survival Mode*. In diesem Modus reagieren wir impulsiv statt überlegt und verlieren Umsicht und Flexibilität. Versuchen Sie, im Stress einen kühlen Kopf zu bewahren, zu sich zu kommen und Abstand zu gewinnen. Selbst wenn Sie meinen, Sie müssten in einer Krise sofort handeln, tun Sie gut daran, sich zuerst zu beruhigen, spazieren zu gehen, die Sache mit jemandem zu besprechen und sie dann zu überschlafen.

Wenn wir Ärger, Angst oder Aufregung spüren, müssen wir diese Gefühle nicht wegwerfen. Wir müssen nur bewusst ein- und ausatmen, und das allein genügt, um den Sturm zu besänftigen.
THICH NHAT HANH

Mit sich allein sein können Als soziale Wesen haben wir ein Bedürfnis nach Kontakt mit anderen Menschen. Nicht dabei zu sein und nicht dazuzugehören macht oft Angst. Doch Konzentration auf Anspruchsvolles erträgt keine Ablenkungen von Kollegen. Ob im Hörsaal, im Unterricht oder beim Selbststudium zu Hause – lernen Sie, sich ganz bewusst für eine bestimmte Zeit vom Umfeld abzukoppeln und den Fokus nach innen zu richten. Dies bewirkt nicht nur bessere Konzentration. Es ermöglicht Ihnen auch, sich selbst zu beobachten, sich besser zu spüren und die eigenen Gefühle bewusster wahrzunehmen. Sich periodisch zurückzuziehen verhilft zudem zu mehr Ruhe, Gelassenheit und innerer Stabilität.

Es gibt noch weitere Möglichkeiten, um die Konzentration zu verbessern. Wichtig ist jedoch stets das eine: dass Sie im Großen und im Kleinen wissen, was sie wollen – und sich dann voll darauf einstellen. So, wie Fabienne Reuteler, die bei den Olympischen Spielen 2002 in Salt Lake City in der Halfpipe Bronze gewann und neben dem Profi-Training noch studiert. In einem Interview sagte sie: »Ich habe mich bewusst fürs Snowboarden als Beruf entschieden. Und für die Fern-Uni; ich studiere Wirtschaft. Was mir dabei zugutekommt, ist, dass ich mich auf etwas einstellen kann. Diese mentale Stärke hockt, wie soll ich sagen? – in meinem Bauch drin. Schon in der Schule habe ich dem Prüfungsdruck standgehalten; ich konnte mich hinsetzen und ganz konzentriert lernen.«[24]

Diese mentale Stärke aufzubauen, die im Bauch drin hockt und macht, dass man sich auf etwas einstellen kann, sollte auch Ihr Ziel sein.

Schlusswort Teil I – Grundkompetenzen verbessern

Sie wissen nun, wie Sie die Grundkompetenzen des Lernens aktiv angehen und verbessern können. Beim Ausprobieren der Einscannen-plus-Methode, der 1-Stunde-pro-Buch-Übung und der 3-Runden-Strategie konnten Sie erleben, was aktive Vorgehensweisen bewirken: Sie wecken Neugier und Explorerlust, beleben den Geist und lassen einen Lernpower spüren. Auch beim Parallel-Lesen haben Sie wohl diese unbändige Kraft verspürt.

Solange man Leidenschaften hat, wird man nicht aufhören, die Welt zu entdecken.
CESARE PAVESE

Versuchen Sie, sich diese energiegeladenen Momente noch einmal zu vergegenwärtigen: Wie fühlten sie sich im Kopf an? Und was haben Sie auf der emotionalen Ebene verspürt? Vertiefen Sie sich eine Weile in Ihrer Erinnerung und entwickeln Sie ein Gespür dafür, wie gut sich Lernpower anfühlt.

Dieses gute Gefühl ist das Wichtigste. Denn mehr Lernpower bedeutet nicht nur Antrieb, Einsatz und Kompetenz. Lernpower zeigt sich auch in einem guten Gefühl, in der Motivation und in der Freude am Tun. Und sie offenbart sich immer wieder in der Lust am Ausprobieren und Explorieren. Die Übungen haben, so hoffe ich, wohl auch Ihren Explorergeist geweckt und Sie inspiriert, mit den neuen Vorgehensweisen zu spielen und zu experimentieren und sie in Ihren Lernalltag zu integrieren.

Zum Explorieren gehört auch die Selbstbeobachtung. Sie werden sich beim Lesen, Zuhören und Notizenmachen wohl fortan besser auf die Finger schauen und auch eher merken, wenn der Geist abschweift und die Konzentration zu wünschen übrig lässt.

Das Sich-auf-die-Finger-Schauen, die Sicht von der Metaebene aus, wird auch im kommenden Teil »Das Lernen und sich selber steuern« ein Thema sein. Die größte Herausforderung ist jedoch, stets die volle Verantwortung für sein Handeln zu übernehmen. Das heißt, zum eigenen Chef oder zur eigenen Chefin zu werden und aus dieser selbstbestimmten Haltung heraus das Lernen und sich selbst zu führen und vorwärtszubringen.

Teil II

DAS LERNEN UND SICH SELBER STEUERN

Teil II Das Lernen und sich selber steuern

6

Sich wirkungsvoll organisieren

Eine Studentin meinte kürzlich in einem Interview, statt besserer Lernmethoden hätte sie lieber eine Art von Mami, welche sie immer wieder zum Lernen pushe. Tatsächlich ist es für manche ein böses Erwachen, wenn sie zu Beginn des Studiums realisieren, dass sie nun ganz allein für ihr Lernen verantwortlich sind. Sie kommen nicht umhin, selbst die Initiative zu ergreifen und das Lernen und sich selbst zu organisieren und zu führen.

Machen wir uns keine Illusionen: Ob wir erfolgreich sind, hängt weniger von unserem Intelligenzquotienten ab als vielmehr davon, in welchem Maß wir die Verantwortung für das Lernen übernehmen, Freude, Fleiß und eine dynamische Haltung zeigen und unser Lernen lenken und gestalten. Manchen Studienanfängern fällt diese Einsicht bisweilen schwer. Sie fühlen sich fremdbestimmt, fallen in eine destruktive Opferhaltung und stehen so sich selbst im Weg.

Wenn es Ihnen gelingt, die Regie voll und ganz zu übernehmen und Ihr Lernen wirkungsvoll zu organisieren, haben Sie schon viel gewonnen. Sie werden den Herausforderungen des selbstbestimmten Lernens mehr und mehr Befriedigung abgewinnen und mit zunehmender Autonomie auch mehr Lernpower verspüren.

Tafel 2
Selbstmanagement

Beschreiben Sie möglichst präzise eine typische Situation oder ein Verhalten, das Sie noch nicht beherrschen oder das Sie frustriert.[25]

Ich mache am Vorabend oder am Morgen zuversichtlich einen Tagesplan, was ich alles lernen und erledigen möchte, und bin eigentlich überzeugt davon, dass ich ihn einhalten kann. Während des Tages habe ich irgendwann aber die große Krise. Ich kann mich nicht mehr motivieren, weiter meine »To-do's« zu erledigen. Ich setze mich dann meistens vor den Fernseher, um mich für zirka 15 Minuten abzulenken. Daraus werden schnell 60 Minuten oder mehr und nachher habe ich trotzdem keine Lust mehr zum Weitermachen. Ich bin dann immer richtig frustriert, weil ich den Plan nicht einhalten konnte und meine »To-do's« immer noch zu erledigen sind.

Wenn ich plane, nehme ich mir oft zu viel vor. Ich stecke mir Ziele, die nicht erreicht werden können, und habe dann am Abend ein frustriertes Gefühl trotz guter Arbeit. Kleine Erfolge werden so abgeschwächt.

Ich habe den Kopf voll mit Verpflichtungen, die noch dringend anstehen, sodass ich mich nicht konzentrieren kann.

Ich hätte zwar genügend Zeit, um meine Aufgaben zu bewältigen, schiebe diese aber immer so lange hinaus, bis ich sie schließlich unter Zeitdruck bewältigen muss. Ich habe zwar das Gefühl, unter Druck besser arbeiten zu können als ohne, aber der entstehende Stress wirkt sich wiederum negativ auf mein Wohlbefinden aus.

Ich schiebe unangenehme Aufgaben vor mich her, weil ich es perfekt machen möchte. Dann habe ich eine solche Angst vor den Aufgaben, dass ich gar nicht anfange.

Häufig schaffe ich es nicht, abends den Fernseher auszuschalten, und schaue dann noch bis zwei oder drei Uhr einen Film, ohne den es problemlos auch gehen würde. In der Folge stehe ich am nächsten Tag nicht so gut auf, bin müde und unmotiviert. Das gibt dann so was wie einen Teufelskreis, aus dem ich jeweils nur mit Mühe wieder herauskomme.

Ich nehme mir in den Winter-Semesterferien vor, einiges zu lernen. Doch schon mit dem rechtzeitigen Aufstehen klappt es nicht. Ich nehme mir gemütlich Zeit zum Duschen und Frühstücken, sodass es 11 Uhr ist. Man kann sich vorstellen, wie es weitergeht: Schlussendlich ist es 13 Uhr, wenn ich mit Lernen beginne.

Die Herausforderungen kennen

Was sind generell die großen Herausforderungen, wenn es gilt, das Lernen selbstbestimmt anzugehen und zu gestalten? Nach einem Kurstag zum Thema Zeit- und Selbstmanagement an der ETH Zürich wollte ich von den Teilnehmerinnen und Teilnehmern wissen, womit sie noch Probleme haben. Sie wurden gebeten, eine bestimmte Situation oder Aktivität zu beschreiben, die sie noch nicht beherrschen oder die sie frustriert. Auf Seite 86 finden Sie auf Tafel 2 eine Auswahl typischer Antworten. Die insgesamt 243 auswertbaren Beiträge wurden zudem für eine quantitative Auswertung in Kategorien eingeteilt. Das Resultat in der unten stehenden Tabelle zeigt, wo die größten Herausforderungen für die Teilnehmer lagen.

Anzahl Nennungen	Problemfeld
42	Störungen, innere und äußere Ablenkungen
40	Planen und Umsetzen
40	Aufschieben
39	Prioritäten einhalten
28	Sich zum Hinsetzen überwinden, beginnen
15	Perfektionismus, zu detailorientiert
7	Neigung zu Exzessen, Lernmarathon
5	Vorurteil gegen Planen
5	Aufgabe nicht zu Ende führen
22	andere

Abb.4 **Die größten Herausforderungen beim Zeit- und Selbstmanagement.** Insgesamt 243 Beiträge von Studierenden. V. Steiner, unveröffentlichte Erhebung an der ETH Zürich (2000).

Es gibt dabei einen gemeinsamen Nenner, der vor allem auch beim Lesen der Beiträge durchscheint: Lernen ist eine der schwierigsten Aufgaben in unserem Alltag und ist daher auch nicht so einfach zu planen, anzugehen und durchzuziehen wie die meisten anderen Aktivitäten.
Denn neben Erfahrung in Planung und Organisation braucht es oft noch verstärkte Motivation, Selbstdisziplin, einen gesunden Ehrgeiz sowie tiefere Einsichten in hemmende und fördernde Mechanismen. Sie werden in Kapitel 9 erfahren, wie Sie sich immer wieder neu motivieren, wie Sie eine positivere Einstellung zum Lernen gewinnen und Hemmnisse abbauen können. Um besser zu verstehen, wie man sich zum Handeln überwinden und größere Vorhaben erfolgreich umsetzen kann, gibt es interessante handlungspsychologische Erkenntnisse, die ich in Kapitel 8 erläutern werde.
Für kleinere Vorhaben ist vor allem eine ganz konkrete Absicht nützlich, und damit wollen wir beginnen.

Nahziele setzen und erreichen

Nichts existiert ohne Ziel.
CHARLES BAUDELAIRE

Packen wir es gleich an: Sie sollen für kleine, konkrete Ziele und deren Umsetzung sorgen und dabei einen ersten Schub an Lernpower spüren.

Konkrete versus weniger konkrete Ziele

Was ein konkretes Ziel im Gegensatz zu einer weniger klaren Absicht bewirken kann, demonstriere ich in meinen Seminaren jeweils mit einem kleinen Experiment. Ich projiziere zunächst einen blühenden Riesenkaktus an die Wand und fordere die Teilneh-

menden auf, sich während zwei Minuten voll aufs Bild zu konzentrieren und dabei ihre Gedanken zu beobachten. Was geht in diesen zwei Minuten in den Köpfen vor? »Sich konzentrieren« ist ja alles andere als eine konkrete Anleitung und die Leute merken, wie ihre Gedanken immer wieder vom Bild abschweifen. Manche zählen die Stacheln, Rillen oder Blüten, doch auch ihr Hirn weiß nicht so recht, wie es die Vorgabe, sich zu konzentrieren, umsetzen soll. Die zwei Minuten werden als lange und langweilig empfunden. Dies ist der erste Teil des Experiments.
Anschließend wird ein konkretes Ziel vorgegeben: Ich lasse die Leute wissen, dass sie nun während zwei Minuten ein anderes Bild sehen werden und dass sie es im Anschluss daran möglichst naturgetreu nachzeichnen müssen. Dann wird ein Bild mit einem Baum auf einer grünen Weide mit einem Holzzaun im Vordergrund gezeigt. Diesmal empfindet keiner die zwei Minuten als langweilig, im Gegenteil: Jede und jeder ist voll auf das Bild konzentriert und die Zeit vergeht wie im Flug.
Warum dieser Umschwung? Unser Hirn liebt Herausforderung und durch eine konkrete Zielvorgabe weiß es, *was* es tun muss und *worauf* es ankommt. Das ist der springende Punkt. Je präziser wir unserem Hirn sagen, was wir erreichen wollen und wie die Aufgabe angepackt werden soll, desto gezielter kann es aktiv werden.

Ganz konkrete Nahziele setzen

Das Ziel muss man früher kennen als die Bahn.
JEAN PAUL

Für den Lernalltag bedeutet dies, dass Sie sich für jede Lernsession – egal, ob diese nur ein paar Minuten oder eine volle Stunde dauert – jeweils ein ganz konkretes und herausforderndes *Nahziel* setzen sollten.
Sie können sich beispielsweise vornehmen: »Morgen früh in der Bahn will ich zehn Minuten lang meine Liste mit den chemischen

Formeln repetieren (statt zu dösen). Was noch nicht sitzt, will ich markieren und mir nochmals einprägen.« Oder wie wär's, sich in aktivem Lernen zu üben und sich Folgendes vorzunehmen: »In den kommenden sechzig Minuten will ich das Kapitel 14 erarbeiten, am Ende eine stichwortartige Zusammenfassung machen und mir diese einprägen – und zwar so, dass ich nachher gleich einen kleinen Prüfungs-Aufsatz darüber schreiben könnte.« Selbst das folgende Nahziel ist konkret genug, um den Geist gezielt zu aktivieren: »Ich gebe mir genau eine Viertelstunde Zeit, um das neue Lehrbuch zu beschnuppern, mir zu merken, wie es strukturiert ist, und mich neugierig auf den Inhalt zu machen.« Falls Sie es aktiver haben wollen, geben Sie noch einen drauf: »Wenn ich auf unbekannte Begriffe stoße, notiere ich mir diese schon mal auf einen Haftzettel.«

Fassen wir zusammen: Wenn Sie ein Nahziel setzen, soll Ihr Hirn nicht nur klare Anleitung erhalten, *was* es tun muss und *wie* es vorgehen soll, sondern auch, *wie viel Zeit* es zur Verfügung hat. Geben Sie die Zeit knapp vor (zumindest wenn der Lernstoff nicht allzu schwierig ist), denn das Nahziel soll den Geist voll fordern und beschäftigen.

Mit einem derartigen Nahziel tun Sie den Tiger in den Tank. Es aktiviert und motiviert und spornt zum Handeln an. Doch damit nicht genug: Sie werden mit einem fordernden Nahziel ... nein, halt! Sie sollen weitere positive Effekte selbst herausfinden, indem Sie zunächst reflektieren und dann die Übung machen.

Zur Selbstreflexion

1. **Wo habe ich mir schon einmal derart konkrete Nahziele gesetzt?**
2. **Wozu muss ich mich immer wieder überwinden?**
3. **Was für ein Nahziel könnte ich als Erstes ausprobieren?**

Übung 5
Die Methode des Nahzielsetzens

Bei dieser Methode geht es darum, das Nahzielsetzen konsequent und nach allen Regeln der Kunst einzuüben und die Auswirkungen des Vorgehens mit offenem Geist und wachen Sinnen wahrzunehmen.

Setzen Sie sich für die nächste Kopfarbeits-Session (oder für eine andere Aktivität, zu der Sie sich überwinden müssen, wie Aufräumen oder Staubsaugen) ein ganz konkretes, forderndes und auch zeitlich begrenztes Nahziel.

Legen Sie genau fest, **was** und **wie viel** Sie machen, **wie Sie dabei vorgehen** und **wie viel Zeit** Sie sich geben wollen. Überlegen Sie sich auch, wie Sie das Nahziel herausfordernd genug gestalten und wenn nötig einen Zacken zulegen können. Zum Beispiel beim Englischlernen: »Morgen früh von 07.30 bis 08.15 Uhr bearbeite ich den Text auf Seite 76. In einer ersten Runde lese ich ihn halblaut und achte auf eine flüssige Sprache sowie aufs Verstehen des Inhalts. Dann schlage ich die wichtigsten unbekannten Begriffe nach, schreibe die Übersetzung dazu und präge sie mir ein. Schließlich übe ich den Text, bis ich ihn frei aus dem Gedächtnis nacherzählen kann.« Zusätzliche Herausforderungen sind hier, die Stimme zu gebrauchen, sich wichtige Wörter gleich zu merken oder den Abschnitt frei aus dem Gedächtnis nachzuerzählen.

Was bewirkt ein derart präzises, zeitlich knapp gehaltenes und forderndes – aber dem Können angepasstes – Nahziel? Nach Erfahrungen mit dieser Übung gefragt, bekam ich interessante Antworten. Das vorgegebene Zeitlimit bewirkt flinkeres Tun und mehr Effizienz. Der kleine Wettbewerb gegen die Uhr hat zur Folge, dass eine ungeliebte Routineaufgabe, wie zum Beispiel das Aufräumen, plötzlich interessanter und amüsanter wird. Bei manchen weckt die Aufgabe auch den Spieltrieb – es sei denn, sie setzen sich durch ein allzu enges Zeitlimit unter Druck.

Auch die Konzentration ist besser, denn die konkrete und fordernde Absicht des Nahziels macht aufmerksamer und fokussierter – der Geist hat schlicht keine Zeit, an etwas anderes zu denken. Mit der Klarheit des Nahziels geben wir uns eine Richtung und schaffen Ordnung im Bewusstsein. Und diese Ordnung ist das A und O für gute Konzentration.

Das Schönste an der Übung ist der Abschluss, denn dann lässt sich die Power und die Freude des selbstbestimmten Handelns erleben. Das kann die Stimmung heben, man fühlt sich befriedigt und erleichtert nach vollbrachter Tat. Selbstbestimmtes Handeln ist nicht länger wie bei der eingangs zitierten Studentin eine Bürde, sondern eine Quelle der Energie, der Freude und des Selbstvertrauens. Je besser Sie Ihren Handlungswillen mobilisieren können, desto stärker werden Sie dieses kraftvolle Gefühl von Freiheit und innerer Motivation verspüren.
Wenn Sie sich in den unterschiedlichsten Bereichen immer wieder Nahziele setzen, werden Sie des Weiteren mehr und mehr an *Überwindungserfahrung* gewinnen. Damit schließt sich der Kreis und es wird Ihnen zunehmend leichter fallen, sich fürs Handeln zu aktivieren, die Dinge anzupacken und umzusetzen.
Natürlich braucht es Selbstdisziplin, um das Nahzielsetzen konsequent durchzuziehen. Aber weniger, als manche meinen. Es gibt interessante handlungspsychologische Erkenntnisse, welche die Überwindung erleichtern. Sie werden bald mehr über diese Mechanismen der Selbststeuerung erfahren.

Wer alle seine Ziele erreicht, hat sie zu niedrig gewählt.
HERBERT VON KARAJAN

Was lässt sich jetzt schon tun, um sich zum Umsetzen der Nahziele zu überwinden?

- Wählen Sie für Ihr Vorhaben die Tageszeit, in der Ihr Energiepegel am höchsten ist, denn Überwindung kostet zunächst Energie (siehe auch Primetime, Seite 94).
- Fixieren Sie dazu noch ein Datum; Ihr Hirn soll klipp und klar wissen, dass zum Beispiel am nächsten Samstag um zehn Uhr morgens für eine Viertelstunde Aufräumen angesagt ist.
- Bemessen Sie den Nahziel-Happen nicht zu groß, sondern nur gerade so, dass Sie sich dazu noch überwinden können. Auch fünf Minuten Vokabeln lernen, Unterlagen bereitstellen oder staubsaugen sind bereits wirkungsvoll. Wenn es mit den fünf Minuten klappt, können Sie immer noch verlängern.

Der Grundbaustein für besseres Selbstmanagement

Große Seelen haben nicht etwa weniger Leidenschaften und mehr Tugenden als die gewöhnlichen, sondern nur größere Ziele.
FRANÇOIS DE LA ROCHEFOUCAULD

Die Nahziel-Methode ist *der* Grundbaustein für besseres Selbstmanagement. Denn die ganz große Herausforderung beim selbstbestimmten Lernen ist weniger, zu planen und zu organisieren, als vielmehr, diese Pläne auch *umzusetzen*, das heißt, sich zum Handeln zu überwinden, sich zum Lernen hinzusetzen und mit der nötigen Konzentration dranzubleiben. Mit der Nahziel-Methode machen Sie einen Anfang. Wenn Sie sich öfter Nahziele setzen und diese mit Erfolg angehen und zu Ende bringen, werden Sie auch längerfristige Projekte vorwärtstreiben und ambitiösere Ziele erreichen können. Denn alle diese Vorhaben beruhen auf den zahllosen kleinen und oft fordernden Schritten, für die wir uns Tag für Tag entscheiden und mit denen wir jedes Mal ein kleines Stück dem großen Ziel näher kommen.
Eine kleine Warnung noch: Ich plädiere hier für intensives, konzentriertes Tun. Diese Intensität hat bisweilen etwas Berauschendes und für manche ist es schwierig, rechtzeitig aufzuhören. Doch Kopfarbeit braucht auch kleinere und größere Pausen; Geist und Körper müssen sich immer wieder entspannen können. Es bedarf zudem immer wieder Phasen des Tagträumens, des stillen Sinnierens und des Spielens. Vergessen Sie dies nicht. Sollten Sie zum ›Durchfräsen‹ neigen (wie dies eine Freundin nennt), planen Sie beim Nahzielsetzen auch gleich die Pausen ein – und halten Sie sich daran!

In Kürze zu Übung 5
Der Nutzen die Methode des Nahzielsetzens

Die Nahziel-Methode ist die Methode, um sich in selbstbestimmtem Handeln zu üben und die darin innewohnende Power zu spüren. Sie

- aktivieren sich für Aufgaben, die Überwindung brauchen
- erledigen langweilige Tätigkeiten rascher, besser und lustvoller
- gewöhnen sich effizienteres Handeln an.

Den Tag nach dem inneren Rhythmus gestalten

Du bist weniger vom morgigen Tag abhängig, wenn du den heutigen in die Hand nimmst.
SENECA

Lernen ist wie gesagt eine Aufgabe, die zu den schwierigsten im Alltag gehört. Es erfordert Energie, einen wachen Kopf und gute Konzentration. Dies ist der Grund, warum Sie die Organisation des Tages am besten auf Ihrem inneren Rhythmus aufbauen. Falls Sie mehr darüber wissen möchten, als ich Ihnen in diesem Kapitel sowie in Kapitel 7 erläutere, verweise ich Sie auf mein Buch *Energiekompetenz*.[26]

Mit dem inneren Rhythmus sind die Phasen von höherer und tieferer Energie im Wachzustand gemeint. Diese Phasen kennen Sie wohl auch: Je nachdem, ob Sie eher ein Morgen- oder ein Abendmensch sind, kann Ihr Energiepegel in den Morgenstunden, am Nachmittag oder gar mitten in der Nacht am höchsten sein, dies ist von Individuum zu Individuum verschieden. Die paar besonders wachen Stunden, während deren die Kopfarbeit am leichtesten fällt, nenne ich die *Primetime*.

Bei vielen Menschen liegt die Primetime in den früheren oder späteren Morgenstunden, bei Abendmenschen kann sie aber auch viel später oder sogar in der Nacht sein. Wann immer bei Ihnen diese besonders wache Phase ist: Ihre Primetime ist die kostbarste Zeit des Tages und diese gilt es klug zu nutzen. Halten Sie Ihre Primetime stets für das mühsamste Fach, die anspruchsvollsten Aufgaben und auch die ungeliebtesten Tätigkeiten frei. Warum? Während der Primetime verfügen Sie über mehr Energie als zu den anderen Tagesstunden und die Dinge lassen sich bedeutend rascher erledigen. Sie können besser denken und entscheiden, sind mutiger und auch besser gestimmt. Und all dies brauchen Sie, um Schwieriges und Unangenehmes anzupacken und so effizient wie möglich umzusetzen.

Bei tieferem Energiepegel – bei manchen Individuen nachmittags oder abends – lassen sich einfachere Aufgaben bearbeiten, Übungen machen sowie Karteizettel verfertigen und die Dinge memo-

rieren. Sie können sich auch hinlegen und das Gelernte im Geist nochmals abrufen und repetieren. Wenn Sie nachher schlafen gehen oder ein Nickerchen machen, ist das Memorieren besonders wirkungsvoll.
Eine ganz spezielle Qualität hat der Zeitraum nach dem Aufwachen. Wenn noch alles ruhig ist, sind Sie im sogenannten *Alpha-Zustand.* Die Bezeichnung stammt aus der Hirnwellenmessung, weil in dieser Phase zwischen Tag und Traum die Alpha-Wellen vorherrschen. Im Alpha-Zustand geht das kreative Denken besonders leicht. Wenn Sie nach Lösungen suchen, Ideen generieren und Konzepte entwerfen müssen, werden Sie in der Stille dieser Alpha-Phase am produktivsten sein. Auch das Lesen ist in dieser Phase ergiebig, denn die Assoziationsfähigkeit ist besonders hoch. Sie werden schwierige Texte eher verstehen, mehr Querbezüge finden, Zusammenhänge sehen und eigene Einfälle haben.
Organisieren Sie den Tag wann immer möglich nach den verschiedenen Phasen. Auch wenn Sie eine To-do-Liste nutzen, sollten Sie bei der Reihenfolge der Bearbeitung die Phasen berücksichtigen. Sie werden bald sehen, dass Sie so spürbar produktiver werden, rascher vorwärtskommen und mehr abhaken können.
Und noch etwas: Falls es gilt, nach einem ganzen Tag an der Uni oder in der Firma noch zu lernen, kann ein Abendschläfchen (Seite 110) die Lebensgeister wieder wecken.

Zur Selbstreflexion

1. **In welchen Tagesstunden habe ich meine Primetime?**
2. **An welchen Wochentagen kann ich frei über meine Primetime verfügen? Wie nutze ich sie?**
3. **Wenn ich meine aktuelle To-do-Liste betrachte: Welche Aufgaben erledige ich idealerweise in der Primetime, welche im Alpha-Zustand und welche in Phasen tieferer Energie?**

Einen klugen Wochenplan entwickeln

Die Woche ist ein ganz besonderer Zeitraum. Dieser siebentägige Zyklus ist wie ein Scharnier, das die Kurzfristigkeit der einzelnen Tage mit der Langfristigkeit von Monaten verbindet.

Die Woche ist aus diesem Grund auch der Zeitraum der genutzten oder der verpassten Chancen. Warum? Die Woche ist so etwas wie das Leben *en miniature*. Die Art und Weise, wie Sie die Woche verbringen, wie viel Sie für Ihr Lernprojekt arbeiten und was Sie am Wochenende tun, spiegelt Ihr Selbstmangement und Ihre Lebensführung wider. Wenn Sie es schaffen, sich während einer Woche auf die wichtigen Dinge zu fokussieren, sich gut zu organisieren und Ihre Vorhaben umzusetzen, wird es Ihnen wohl auch über längere Zeit gelingen.

Doch wie lässt sich diese Konzentration und die Fokussierung auf das Wichtigste erreichen? Dies fragte sich auch einer der Teilnehmer an der zuvor erwähnten Umfrage (Seite 87) über die größte Herausforderung beim Zeit- und Selbstmanagement. Er schrieb: »Mit dem Setzen von Prioritäten ist es so eine Sache; es sind die längerfristigen und größeren Projekte und Ziele, die wichtig sind, aber sie haben nicht immer die höchste Dringlichkeitsstufe. Wie lässt sich verhindern, dass immer wieder kleinere und dringlichere Aufgaben so dazwischen drängen, dass man gar nie dazukommt, das größere Projekt (in meinem Fall die Dissertation) voranzutreiben?«

Pläne sind die Träume der Verständigen.
ERNST VON FEUCHTERSLEBEN

Der Doktorand weiß, dass seine Dissertation eigentlich eine hohe Priorität hat, aber er bringt es nicht fertig, ihr diese auch einzuräumen. Woran könnte dies liegen? Vermutlich erscheint ihm seine Doktorarbeit wie ein bedrohlich hoher Berg und er hat sich noch nie überlegt, wie er sie am besten angehen könnte. Sobald er sich damit befasst, die ersten Zwischenziele setzt und sich ganz konkrete kleine Arbeitshappen schafft, kann er diese in die Woche integrieren und sein Projekt vorwärts bringen.

Ganz klar, wenn es Ihnen keine Mühe macht, sich hinter das Lernen oder an die Arbeit an der Dissertation zu machen und Sie auch inhaltlich die richtigen Prioritäten zu setzen wissen, braucht es keinen großen Plan. Es ergeben sich in diesem Fall ganz von selbst gewisse Tagesstunden, freie Abende oder Halbtage, die Sie regelmäßig Ihren wichtigen Vorhaben widmen. Sollten sich diese Phasen jedoch nicht von selbst ergeben, ist ein Wochenplan von allergrößtem Nutzen.

Grundsätze für den Wochenplan

Die Woche ist ein Zeitraum, der sich gut überblicken lässt und der sich während eines Semesters in der Regel wenig ändert. Schon aus diesen Gründen ist der Zeitraum der Woche für die Planung ideal.
Für Regelmäßigkeit zu sorgen ist auch die Idee, die hinter dem Wochenplan steckt. Ein weiteres Prinzip ist, die Anzahl der Lernstunden wann immer möglich zu begrenzen, aber auch noch optionale Zeitpuffer einzubauen. Schließlich sollten Sie sich unbedingt auch inhaltlich festlegen und das, was Sie in diesen Stunden tun und erreichen wollen – Ihr Tagesziel – im Voraus bestimmen. Betrachten wir diese drei Grundsätze etwas genauer:

Die Anzahl der Stunden begrenzen Besonders im Studium ist das Lernen nie zu Ende und bisweilen lässt sich auch schlecht abschätzen, wie lange das Erarbeiten eines Kapitels oder das Lösen einer Aufgabe braucht. Dennoch empfehle ich Ihnen, die Zeit, die Sie pro Woche dem Selbststudium widmen wollen, wann immer möglich zu begrenzen. Legen Sie zu Beginn des Semesters schon mal die minimal nötige Anzahl an wöchentlichen Lernstunden fest. Bei Bedarf kann die Zahl später immer noch aufgestockt werden.

Was bringt es, die Anzahl der Stunden zu begrenzen? Erstens sind Sie bei knapper Zeit eher gezwungen, sich im Voraus zu überlegen, was Sie in der kommenden Lernsession angehen und wie Sie es am besten angehen wollen. Zweitens arbeiten Sie bei begrenzter Zeit automatisch effizienter; Sie verlieren sich weniger in Details und konzentrieren sich auch besser. Drittens schützen Sie sich so vor allzu großer geistiger Ermattung, bei der die Leistung rapide sinkt und auch die Motivation verloren geht. Viertens können Sie nach den vorgenommenen Stunden mit gutem Gewissen aufhören und die Freizeit umso mehr genießen.

Optionale Zeitpuffer einplanen Sollte in intensiven Zeiten die minimale Zahl an wöchentlichen Lernstunden nicht praktikabel sein, planen Sie noch Jokerstunden als Zeitpuffer ein. Diese können zum Beispiel an die vorgesehenen Lernblöcke angehängt und je nach Bedarf genutzt oder mit gutem Gewissen weggelassen werden. Bei manchen Inhalten ist ein offenes Ende angenehmer, während bei andern ein fixes Ende entlastend ist.

Die Gewohnheit ist so mächtig, dass sie uns selbst aus dem Bösen ein Bedürfnis macht.
THÉODORE JOUFFROI

Stets zu denselben Zeiten lernen Ganz egal, zu welcher Tages- oder Nachtzeit Sie Ihre Lernstunden vorsehen: Wichtig ist, für Regelmäßigkeit zu sorgen und stets dieselben Zeiten im Wochenverlauf für das Lernen zu nutzen – zum Beispiel den Montagnachmittag und -abend, den Mittwochnachmittag und -abend, den Freitagmorgen und -nachmittag sowie den Samstagmorgen mit *open end* – und diese Lernstruktur zu verinnerlichen. Zeichnen Sie zu Beginn des Semesters einen Stundenplan, der alle Wochentage inklusive Sonntag enthält.

Zwar soll der Sonntag – außer in besonders intensiven Zeiten – frei gehalten werden, er kommt jedoch aus psychologischen Gründen auf den Plan, denn Sie sollen auch die freien Stunden sehen können. Zeichnen Sie schon mal die Vorlesungs- und

Seminarstunden ein. Schraffieren Sie dann mit unterschiedlichen Farben die Alpha-Phasen sowie die Primetime. Vor allem die Primetime sollten Sie nicht ungenutzt lassen – selbst wenn Sie nur samstags darüber verfügen können. Überlegen Sie sich anschließend, wie Sie Ihre vorgesehene minimale Zahl an Lernstunden am besten verteilen, und tragen Sie diese farbig ein. Probieren Sie sodann aus, ob diese Grundstruktur von festgelegten Lernzeiten umsetzbar ist. Nehmen Sie so lange Anpassungen vor, bis Sie einen praktikablen Zeitplan entwickelt haben.
Was bringt es, stets zu ganz bestimmten Zeiten im Wochenverlauf zu lernen? Der Mensch ist ein Gewohnheitstier und je stärker Sie sich daran gewöhnen, sich in diesen Stunden unbeirrt dem Selbststudium zu widmen, desto leichter wird es Ihnen fallen, mit dem Lernen zu beginnen und konzentriert dranzubleiben. Die fixen Stunden schützen gegen Ablenkungen und auch Ihr Umfeld wird sich bald anpassen und Ihren Rhythmus respektieren.

Das Tagesziel im Voraus festlegen Legen Sie spätestens am Vorabend fest, was Sie anderntags lernen und wie Sie es angehen möchten. So sind Sie beim Start bereits eingestimmt und sowohl das Einsteigen als auch das Durchhalten wird Ihnen leichter fallen. In Prüfungsvorbereitungsphasen wollen Stoff und Zeit noch weitsichtiger in Einklang gebracht werden (siehe nächstes Kapitel).

Ein kluger Wochenplan erleichtert das Lernen ungemein. Der Plan sorgt dafür, dass Sie dem Lernen die nötige Zeit einräumen und auch wissen, wann Sie Schluss machen können. Er bringt Regelmäßigkeit und Rhythmus in die Woche und spart so mentale Energie.
Der Plan ist auch ein psychischer Schutz, denn er hält Sie von Versuchungen und Ablenkungen ab und lässt Sie konzentrierter arbeiten – zumindest, wenn Sie die Grundstruktur mit den fest-

gelegten Sessionen hoch und heilig halten. Dann werden Sie nicht nur produktiver sein, sondern sich auch Zeitinseln schaffen, wo Sie das Lernen und die stillen Stunden mehr und mehr genießen können.

Zur Selbstreflexion

1. **Wie stark ist mir bewusst, dass die Woche der Zeitraum für genutzte oder verpasste Chancen sein kann?**
2. **Habe ich meine verfügbaren Lernstunden optimal auf die Woche verteilt?**
3. **Habe ich auch schon erfahren, dass ich mich durch die Begrenzung der Zeit automatisch auf das Wichtigste konzentrierte und mich weniger verzettelte?**

Die Prüfungsvorbereitung planen

Wenn Sie sich auf eine wichtige Prüfung vorbereiten, werden Sie gleich auf mehreren Ebenen dazulernen. Neben den Inhalten werden Sie Erfahrungen im Organisieren, im Selbstmanagement und Projektmanagement machen – zumindest wenn Sie die Prüfungsvorbereitung gut organisiert angehen, statt einfach drauflos zu lernen. Eine Prüfungsvorbereitungsphase ist nicht zuletzt auch eine Lebensschule, gilt es doch, dranzubleiben und bei Schwierigkeiten nicht gleich aufzugeben, sich immer wieder neu zu motivieren sowie eine gute Balance zwischen Kopfarbeit und seelischem und körperlichem Ausgleich zu finden.
Worauf gilt es bei der Planung eines solchen Lernprojekts zu achten? Planung hat generell den Zweck, ein klares Bild von dem, was zu tun ist, zu schaffen. Der Plan soll Ihnen Woche für Woche zeigen, welche Inhalte es zu lernen gilt. Und am Ende soll er aufgehen und zu einer erfolgreichen Prüfung verhelfen.

Als Leitstern für die Planung gelten die Prüfungsanforderungen. Kennen Sie diese gut genug? Haben Sie eine Ahnung, *was* und *wie* gefragt wird? Wissen Sie, ob in der mündlichen Physikprüfung Berechnungen verlangt werden oder nicht? Wenn nicht, machen Sie sich bei Lehrkräften und erfahrenen Kollegen schlau.
Dann sollten Sie auch die maximale Anzahl Lernstunden pro Tag bedenken. Machen Sie sich klar: Sich auf eine Prüfung vorzubereiten ist geistige Schwerarbeit. Nicht nur Ihre Konzentrationsfähigkeit ist Tag für Tag gefragt, Sie müssen auch noch genügend leistungsfähig sein, um die erforderlichen Gedächtnisstrukturen aufzubauen. Zu viele Lernstunden pro Tag lassen nicht nur den Geist zu stark ermüden, sondern ersticken bald auch Ihre Motivation. Hören Sie nicht auf Kollegen, die vermeintliche Heldentaten vollbringen, indem sie acht, neun oder gar zehn Stunden täglich mit dem Lernen verbringen.
Orientieren Sie sich stattdessen an den Arbeitszeiten in Berufen, die ähnlich hohe geistige Anforderungen stellen wie eine intensive Prüfungsvorbereitung. Bei Konferenzdolmetschern zum Beispiel sagt der Verhaltenskodex des internationalen Verbandes, dass die tägliche Arbeitszeit zwei Teilsitzungen à zweieinhalb bis drei Stunden nicht übersteigen darf. Auch der Einsatz von Fluglotsen liegt in einem ähnlichen Rahmen. Ihr Arbeitstag besteht in der Regel aus drei Schichten von maximal 100 bis 120 Minuten, gefolgt von einer mindestens 30-minütigen Pause. Seien Sie sich also bewusst: Sechs Lernstunden täglich oder 30 bis 33 Stunden wöchentlich ist auch der maximale Einsatz, der in Prüfungsvorbereitungsphasen noch vernünftig ist. Alles darüber hinaus ist kontraproduktiv und dient höchstens der Beruhigung Ihres unnötig schlechten Gewissens.
Als Nächstes gilt es, sich ein erstes Bild von der Anzahl der Lernstunden zu machen, die Sie pro Fach aufwenden können. Ein Blick auf den Kalender zeigt, wie viele Wochen Ihnen – mit oder ohne Zeitpuffer – zum Lernen zur Verfügung stehen. Wenn Sie

zum Beispiel pro Woche mit netto 30 Lernstunden rechnen, kommen Sie bei neun Lernwochen auf 270 Stunden. Diese Stunden gilt es nun intelligent auf die Prüfungsfächer aufzuteilen. Nicht das interessanteste Fach soll am meisten Stunden erhalten, sondern eher das schwierigste. Angenommen, Sie werden in fünf Fächern geprüft, kann die Zuteilung zum Beispiel so aussehen:
90 / 20 / 50 / 40 / 70.
Oder in Lerntagen à 6 Lernstunden ausgedrückt:
15 / 3,5 / 8 / 7 / 12.

Man verachtet kühne Pläne, wenn man sich große Erfolge nicht zutraut.
LUC DE CLAPIERS

Nun kommt der entscheidende Schritt, und da müssen Sie durch. Nehmen Sie sich für jedes Fach genügend Zeit und blättern Sie mit der jeweiligen Tageszahl vor Augen die Unterlagen durch. Bleiben Sie trotz großer Stoffmenge gelassen. Entscheiden Sie aus der souveränen Adler-Perspektive, was Sie gleich weglassen und was Sie in welchem Detaillierungsgrad lernen wollen. Es kann sein, dass Sie nach diesem Schritt die Aufteilung der Stunden auf die einzelnen Fächer noch etwas modifizieren müssen.
Weiter gilt es festzulegen, ob Sie ein Fach nach dem anderen oder zwei oder mehrere parallel bearbeiten wollen. Dies ist Geschmackssache und kommt auch auf die Fächer an. Typische Auswendiglernfächer verteilt man besser über einen längeren Zeitraum; anspruchsvolle Fächer, bei denen es ums tiefere Verstehen geht, erfordern eher ganze oder zumindest halbe Lerntage. Dann stellt sich auch die Frage nach der Kombination der Fächer. Hilfreich ist zum Beispiel, ein schwieriges und ein einfacheres Fach pro Tag zu kombinieren. Wenn Sie jeweils am Morgen Ihre Primetime haben, lernen Sie mit Vorteil morgens das schwierigere und nachmittags das einfachere Fach. Und nicht zuletzt gilt es noch, die Repetierzeit einzukalkulieren. Ich empfehle Ihnen, das Repetieren gleich in Ihre Lerntage einzubauen (siehe Kapitel 13) sowie in den Tagen vor den Prüfungen noch einige Repetierstunden einzuplanen.

Geben Sie nun jedem Fach eine Farbe und zeichnen Sie einen übersichtlichen Verteilungsplan über sämtliche Lernwochen auf.
Wir sind fast am Ende, doch bevor es losgehen kann, steht noch etwas Wichtiges bevor: Sie brauchen für jede Woche eine Liste, die Ihnen sagt, wie weit Sie mit dem Stoff in diesem Zeitraum in etwa kommen müssen. Hängen Sie diese Liste neben den Verteilungsplan. Wenn Sie auch noch den geistigen und gefühlsmäßigen Beitrag für die Erstellung dieser Wochenliste aufgebracht haben, ist die Planung abgeschlossen. Sie haben nun derart vorgedacht und Überblick geschaffen, dass Sie fortan frei sind und sich voller Elan und ohne organisatorische Bedenken den Inhalten widmen können.

7

Für Pausen und Erholung sorgen

Gleichgewicht ist nicht Entweder-Oder. Es ist Und.
STEPHEN R. COVEY

Eigentlich weiß es jeder: Ein müder Kopf lernt nicht gern. Trotzdem machen die meisten Lernenden zu wenig Pause – sei es, weil sie das Lernen so rasch wie möglich hinter sich bringen wollen, sei es, weil sie befürchten, sich nach einer Unterbrechung nicht mehr zum Hinsetzen überwinden zu können, oder gar, weil sie falschen Heldenmythen frönen und meinen, sie müssten den ganzen Tag auf Hochtouren laufen. Was auch immer die Gründe sind: Die Forschung zeigt, dass sich bei der Kopfarbeit Pausen und Erholung ganz besonders lohnen.

Regelmäßig Pausen einschalten

In einer Studie hat der Arbeitspsychologe Otto Graf seine Probanden drei Stunden lang Zahlen addieren lassen[27] – keine schwierige Aufgabe, aber eine, die Konzentration erfordert. Im Kontrollversuch ohne Pause begann die Leistung – das heißt, die Anzahl richtiger Additionen pro Minute – nach einer halben Stunde abzunehmen und je länger die jungen Leute rechneten, desto schlechter wurde sie. Graf untersuchte dann die Wirkung von 12 Minuten Pause, und zwar in zwei unterschiedlichen Versuchsanordnungen:

Bei Regime A gab es nach jeweils 45 Minuten eine Pause von zuerst 2, dann 4 und zuletzt 6 Minuten Länge. Bei Regime B wurde alle 15 Minuten eine Pause erlaubt; zunächst 4-mal ½ Minute, dann 4-mal 1 Minute und schließlich noch 3-mal 2 Minuten.
Was meinen Sie, welches Regime wohl besser ist? Wenn ich im Hörsaal abstimme, fallen die Studierenden regelmäßig herein. Die Mehrzahl stimmt nämlich für das Regime A mit den längeren Pausen. Doch Graf wies nach, dass das Regime B mit den häufigeren – wenngleich sehr kurzen Pausen – zu signifikant besseren Leistungen führte.
Derartige Mikropausen von etwa einer halben bis zwei Minuten Länge dienen dazu, den intensiv beschäftigten Geist immer wieder kurz zu entspannen. Machen Sie sich diese zur Gewohnheit: Klinken Sie immer wieder mal kurz aus, strecken und dehnen Sie sich, gähnen Sie, schauen Sie aus dem Fenster, entspannen Sie Ihre Augen oder massieren Sie den Kopf.
Mit dem Pausieren verhält es sich wie mit dem Wassertrinken während eines Marathons: Frühzeitige und häufige Zufuhr kleiner Mengen bringt das beste Resultat. Die Läufer trinken bereits, bevor sie Durst verspüren. Machen Sie es ebenso: Gönnen Sie sich von Beginn an häufige Mikropausen sowie immer wieder längere Pausen. Und schalten Sie diese Pausen ein, *bevor* Sie merklich müde sind und die Konzentration nachlässt.

Pausen zur Entspannung und Pausen für den Ausgleich

Es ist Zeit, sich zu entspannen, wenn man keine Zeit dafür hat.
SYDNEY HARRIS

Der Bedarf an längeren Pausen kann je nach Aufgabe ganz verschieden sein; einfache Routineaufgaben erfordern weniger Erholung als anspruchsvoller Stoff. Leisten Sie sich bei Letzterem neben den *Mikropausen* zum Beispiel nach jeder Lernsession von einer dreiviertel bis einer ganzen Stunde Länge eine fünf- bis

zehnminütige *Minipause*. Nach zwei Lernsessionen ist dann eine etwas längere, zirka fünfzehnminütige *Teepause* angesagt.
Beachten Sie: Nicht jede Pause ist eine Pause. Rasch die Zeitung lesen, im Internet surfen oder telefonieren mögen dem Gemüt guttun, aber es sind keine Pausen fürs Gehirn. Insbesondere bei Kurzpausen soll nichts Neues dazukommen; der Geist soll sich entspannen und auf Freilauf schalten können. Dinge wie Trödeln, Tee trinken, etwas Kleines essen, den Kaktus gießen oder eine Runde ums Haus drehen sind eher angesagt.
Anders ist es bei der *Mittagspause*. Planen Sie bei einem vollen Lerntag eine ein- bis zweistündige Mittagspause ein und sorgen Sie neben der nötigen Entspannung auch für Ausgleich. Bewegen Sie sich vor dem geselligen Essen im Kollegenkreis, indem Sie noch gemütlich joggen gehen. Oder setzen Sie sich nachher für einen Spaziergang ab, um in Ruhe Ihre Gedanken zu sammeln und sich auf die kommende Lernsession einzustimmen. Vielleicht leisten Sie sich auch ein Nickerchen – das wirkt Wunder!
Nicht nur die Mittagspause, auch *freie Abende* sowie *der freie Sonntag* sollen sowohl der Entspannung als auch dem Ausgleich dienen: Frönen Sie dem Faulenzen und Nichtstun, gönnen Sie sich Bewegung, statt noch länger zu sitzen, suchen Sie Geselligkeit, um die Arbeit im stillen Kämmerlein auszugleichen, und lassen Sie sich unterhalten, statt geistig produktiv zu sein.

Für einen guten Wochenrhythmus sorgen

Ähnlich wie der Tag hat auch die Woche einen Rhythmus. So, wie manche am Nachmittag ein Energietief verspüren, lässt die Energie oft auch zur Wochenmitte nach. Dies will bei starker Belastung wie in Prüfungsvorbereitungsphasen berücksichtigt sein. Angenommen, Sie beabsichtigen, dreißig Stunden pro Woche zu lernen: Statt von Montag bis Freitag Tag für Tag sechs Lernstunden einzuplanen, ist es weit weniger ermüdend, am Mittwoch nur drei Stunden vorzusehen und dafür am Samstag noch drei Stunden – oder wenn nötig, etwas mehr – einzusetzen. Klinken Sie sich am Mittwochnachmittag aus der Kopfarbeit aus und genießen Sie die Muße oder den Sport. Schalten Sie wann immer möglich auch am Samstagnachmittag und am Sonntag auf geistigen Freilauf um. Sollte es vor der Prüfung zeitlich enger werden – aber nur dann – arbeiten Sie samstags voll und machen sonntags und mittwochs einen halben Tag so richtig schön blau.

Die meisten Leute planen ihre Ferien besser als ihr Leben.
MARY KAY ASH

Ein guter Wochenrhythmus mit regelmäßigen Essens- und Schlafzeiten trägt viel zur geistigen Leistungsfähigkeit bei. Doch auch die motiviertesten Lernerinnen und Lerner möchten ab und zu über die Stränge schlagen und bis in die frühen Morgenstunden feiern. Wie lässt sich ein solcher Rhythmusbruch in Grenzen halten? Das Wichtigste ist, dass es nicht gleich an zwei Abenden hintereinander sehr viel später wird. Denn dann beginnt der Organismus bereits, sich auf die neuen Zeiten umzustellen. Sie produzieren einen veritablen Jetlag und werden nachher während mehrerer Tage Mühe haben, wieder in den gewohnten Rhythmus zu kommen. Vermeiden Sie es aus demselben Grund, gleich an zwei Abenden hintereinander länger als sonst zu arbeiten. Denn auch dies werden Sie im Nachhinein stärker spüren, als wenn Sie einen oder zwei normale Abende dazwischenschalten.

Zur Selbstreflexion

1. **Schalte ich Pausen ein, bevor ich müde werde?**
2. **Halte ich mir den Sonntag (oder einen anderen Wochentag) regelmäßig für Erholung und Ausgleich frei?**
3. **Sorge ich besonders in intensiven Phasen für möglichst viel Konstanz im Wochenverlauf?**

Sich öfter ein Nickerchen gönnen

Der Schlaf ist doch die köstlichste Erfindung!
HEINRICH HEINE

Wenn Sie den ganzen Tag lernen, eine schriftliche Arbeit verfassen oder andere fordernde Kopfarbeit verrichten, kann ein Nickerchen einen wesentlichen Beitrag zu besseren Resultaten – und zu mehr Wohlbefinden – leisten. Mit einem Schläfchen lässt sich nicht nur geistige Frische gewinnen, es kann auch Schlafmankos ausgleichen. Doch damit nicht genug. So hat der Kognitionsforscher Olaf Lahl herausgefunden, dass die Konsolidierung von neuen Gedächtnisinhalten bereits in den leichten Schlafphasen des Nickerchens einsetzt.[28] Er ließ 26 Probanden während zwei Minuten eine Liste mit 30 Adjektiven lernen. Danach folgte eine 1-stündige Ruhephase, während der die Probanden schlafen oder wach bleiben durften. Das Resultat: Die Erinnerung der Probanden, die geschlafen hatten, war deutlich besser – und zwar unabhängig von der Schlafdauer und Schlaftiefe. In einem zweiten Experiment durften die Probanden nur sechs Minuten schlafen und wiederum zeigten sie im Vergleich mit den Nichtschläfern ein deutlich gesteigertes Erinnerungsvermögen – für Lernerinnen und Lerner Grund genug für ein Nickerchen untertags. Halten wir fest: Selbst ein kurzes Nickerchen von sechs Minuten kann gedächtniswirksam sein.

Das Schläfchen kann sich auch auf andere geistige Prozesse positiv auswirken. Zur Illustration will ich Ihnen ein persönliches Beispiel erzählen. Beim Vorbereiten eines Textes ist mir oft noch nicht klar, wie ich die verschiedenen Gedanken und Argumente in eine logische Reihenfolge bringen kann. Vor dem Schreiben skizziere ich jeweils in einer Art Mindmap alle Punkte auf, die ich wichtig finde, und versuche dann, einen optimalen Ablauf zu finden. Wenn ich feststecke, lege ich das Blatt bis zur Nickerchenzeit weg, um vor dem Einschlafen die verschiedenen Punkte nochmals anzuschauen und dann auszuklinken. Mittlerweile kann ich mich darauf verlassen, dass ich nach dem Nickerchen eine Lösung sehe.

Regeln für das Nickerchen

Ein Nickerchen muss nicht unbedingt über Mittag sein; es lässt sich auch bis zwei Stunden vor dem Nachtschlaf machen. Unser Organismus durchläuft nämlich in einem etwa 90-minütigen Rhythmus Phasen von etwas tieferer Energie. Je geringer der Koffein- und Stresshormon-Pegel ist, desto besser lassen sich diese kleinen Senken spüren und für ein Nickerchen nutzen.

Doch auch das Nickerchen – ob als Mittags-, Nachmittags- oder Abendschläfchen praktiziert – bedarf der Übung. Am besten geht es, wenn Sie es stets zur selben Stunde probieren. Hilfreich sind eine Augenmaske (eine Socke geht auch), auch Ohrenstöpsel können nützlich sein und – zumindest für den Anfang – ein Wecker oder der Timer aus der Küche. Denn Sie sollten das Nickerchen unbedingt auf höchstens 30 Minuten begrenzen, damit Sie nicht in den Tiefschlaf fallen und am Ende gar müder sind als zuvor.

Winston Churchill, ein großer Befürworter des Mittagsschlafs, schrieb, er könne so aus einem Tag eineinhalb machen. Wer regelmäßig ein Nickerchen macht, wird dem zustimmen. Denn das Schläfchen generiert eine zweite Primetime, was für Kopfarbeiter einen zusätzlichen halben Tag bedeuten kann. »Wirkt besser als ein Red Bull«, meinte ein Student in meiner Umfrage zum Nickerchen, und ein anderer konstatierte: »Ist wie ein Reload.«

Wie herrlich ist es doch, sich bei müdem Kopf ohne schlechtes Gewissen einfach hinzulegen und wegzunicken! Und dabei erst noch zu wissen, dass sich im Schlaf so manches klärt und die Kopfarbeit nachher umso besser geht.

Die Dinge überschlafen

Es ist erstaunlich, wie anders ich das Leben sehe, wenn ich nur eine Nacht gut geschlafen habe.
SYLVIA PLATH

Die beste aller Pausen – der Schlaf – verdient ein besonderes Kapitel. Denn ein guter Schlummer sorgt nicht nur für einen wachen und flexiblen Geist und neue Energie; Nacht und Nickerchen bringen noch viel mehr: Im Schlaf arbeitet das Hirn weiter, ohne dass wir dabei sein müssen. Dieses Phänomen des unbewussten Denkens und Verarbeitens gilt es zu nutzen. Wenn Sie die Dinge eine Weile ruhen lassen und sie überschlafen, werden Sie bessere Ergebnisse erzielen und dazu oft zusätzlich noch Zeit einsparen.

Vielleicht haben Sie damit auch schon Erfahrungen gemacht. Ansonsten lassen Sie sich von den Beispielen von Studierenden (siehe Tafel 3 auf Seite 112) inspirieren.

Im Schlaf klärt sich vieles ganz von selbst: Nach dem Überschlafen sind die wesentlichen Punkte einer komplexen Thematik oft klar, Sie verstehen den schwierigen Lehrbuchtext bedeutend besser oder finden im Entwurf der Semesterarbeit plötzlich noch Ungereimtes.

Durchs Überschlafen schaffen Sie auch geistige Distanz. Statt auf Details herumzureiten, hat man eher wieder das große Bild vor Augen und sieht Zusammenhänge und Analogien besser.

Die Bettruhe schafft zudem emotionale Distanz. Frustrationen, Ärger und andere negative Gefühle sind am nächsten Morgen oft so weit abgeklungen, dass sich die Lage gelassener betrachten lässt. Wenn es Ihnen dazu noch gelingt, auch ironische Distanz zu schaffen, werden Sie nicht nur über die Situation, sondern auch über sich selber lachen können. Fällen Sie deshalb bei starken Gefühlen keine Entscheidungen und reagieren Sie nicht sofort (auch keine E-Mails oder SMS versenden), sondern schlafen Sie erst einmal darüber.

Überschlafen ist auch *die* Methode, um sich auf gute Vorsätze einzustimmen oder ein Thema geistig vorzubahnen. Sie wissen ja:

Tafel 3

Probleme ruhen lassen

Lässt man Frage- und Problemstellungen nach erster Durchsicht eine Weile ruhen, arbeitet das Unterbewusstsein daran weiter.
Haben Sie damit auch schon Erfahrungen gemacht?[29]

Mir sind schon mitten in der Nacht im Bett gute Ideen eingefallen. Darum habe ich jetzt in der Nachttischschublade Schreibzeug und Block, damit ich nicht aufzustehen brauche.

Beim Lesen in der Bibliothek kommt es mehrmals täglich vor, dass ich ein kurzes Nickerchen mache. Meistens träume ich sogar etwas Kurioses über den Stoff. Nach dem Aufwachen gehe ich nochmals über den Text und habe oft Aha-Erlebnisse.

Für die letzte Prüfung hatte ich große Mühe, einen bestimmten Skriptteil zu verstehen. Jeden Abend habe ich vor dem Schlafengehen noch einen kurzen Teil des Skripts aufmerksam gelesen und den Rest rasch durchgeblättert. Mit der Zeit ist es mir immer leichter gefallen, den noch anstehenden Teil zu lesen.

Neben dem Studium arbeite ich noch als Software-Entwickler. Oftmals kann ich nur zwei bis vier Stunden am Stück an einem Problem arbeiten und muss häufig mit »angedachten« Problemen mit der Arbeit aufhören. Während des Unterbruchs (eine Nacht oder mehrere Tage) denkt es aber offensichtlich weiter, denn die Lösung ist beim Weiterarbeiten häufig recht einfach.

Vor allem bei Falllösungen im Studium merkt man oft erst inmitten der Arbeit oder – noch schlimmer – erst am Schluss, dass man den Sachverhalt gar nicht richtig verstanden oder wichtige Details übersehen hat. Deshalb beginne ich nie gleich mit der Lösung, sondern lese den Fall durch und lasse ihn einige Tage liegen. Dann lese ich ihn nochmals und beginne mit der Bearbeitung. Seitdem passiert mir dieses Ärgernis nicht mehr. Die Lösung geht dann auch einfacher, denn der Sachverhalt ist irgendwie plastischer und übersichtlicher.

Wenn ich ein Konzept aufzustellen habe, z. B. Vortrag, Projekteingabe, habe ich oft Mühe, mich festzulegen. Ich schaue daher, dass ich früh genug mit der Vorbereitung anfange, sodass ich die chaotischen Skizzen drei bis vier Tage im Kopf reifen lassen kann. Irgendwann rutscht alles an den richtigen Platz und die Gewichtung ergibt sich von selbst.

Am Abend den Stoff kurz anzuschauen und konkrete Aufgaben und Lernziele für den kommenden Tag festzulegen kann das Verlassen des warmen Bettes und den Start in die erste Lernsession ganz enorm erleichtern. Am besten am Vorabend den Lernstoff vom folgenden Tag schon mal fünf Minuten überfliegen und im Hirn entsprechend vorbahnen sowie die konkreten Lernziele und -zeiten für den nächsten Tag festlegen.

Schließlich werden im Schlaf auch die frischen Gedächtnisinhalte konsolidiert. Das heißt, dass es bei stärkeren Gedächtnisspuren tendenziell zu einer Verstärkung kommt, während die schwächeren verloren gehen.[30] Lassen Sie frisch Gelerntes vor dem Einschlafen nochmals Revue passieren, damit das neu erworbene Wissen im Schlaf gefestigt werden kann.

Das Schönste am Überschlafen ist, dass es intuitive Einfälle fördert. Dass anderntags unter der Dusche scheinbar aus dem Nichts die zündende Idee aufblitzt oder dass wir plötzlich mit sicherem Gefühl erkennen, welche Lösung funktionieren wird, nachdem wir am Tag zuvor unser Hirn gemartert und alle möglichen Wege durchgespielt und wieder verworfen hatten.

Gott gibt's den Seinen im Schlafe.
DEUTSCHES SPRICHWORT

Eine Forschungsarbeit hat gezeigt, dass die Wahrscheinlichkeit eines intuitiven Einfalls nach dem Überschlafen rund dreimal höher ist, als wenn die Probanden untertags auf das große Aha-Erlebnis hoffen.[31] Es mag zu Beginn zwar etwas Disziplin erfordern, sich vor dem Einschlafen von einem Problem zu lösen und das Ganze dem Schlaf und dem Unbewussten überlassen. Lassen Sie das Problem einfach fallen, wie Sie einen Brief in einen Briefkasten fallen lassen. Stellen Sie sich den Gang zum Briefkasten und den Briefeinwurf bildlich vor. Lassen Sie das Problem los und denken Sie an andere Dinge. Vertrauen Sie getrost auf die Fähigkeiten des Unbewussten. Bleiben Sie dran und irgendwann wird es mit den Einfällen funktionieren.

Zur Selbstreflexion

1. **Welche Erfahrungen habe ich mit dem Überschlafen bereits gemacht?**
2. **Schaffe ich es, beim Einschlafen ein Problem gedanklich loszulassen und dem Unbewussten zu übergeben?**
3. **Habe ich auch schon ausprobiert, frisch Gelerntes vor dem Einschlafen nochmals frei aus dem Gedächtnis abzurufen und damit die Speicherung zu aktivieren?**

8

Sich zum Handeln überwinden

Wir sind im Würgegriff der Handlungen, die wir unterlassen.
STEFAN BROTBECK

Sich zu etwas Neuem oder Mühsamem zu überwinden ist nicht immer einfach. Sie wissen, wie schwierig es bisweilen ist, sich hinter ungeliebten Lernstoff zu setzen. Auch um joggen zu gehen, braucht es manchmal einen Ruck, oder um endlich der Großmutter zum Geburtstag zu schreiben. Selbst wenn es bloß darum geht, einen Knopf anzunähen, müssen manche ihre Bequemlichkeitszone verlassen und den Willen mobilisieren, um sich zum Handeln aufzuraffen. Je weniger Übung wir in der Überwindung haben, desto größer ist die Anstrengung. Oder andersherum gesagt: Wenn Sie lernen, sich besser zu überwinden, und dabei positive Erfahrungen sammeln, wird es Ihnen je länger je leichter fallen. Sie werden mehr Disziplin und Selbstvertrauen entwickeln und auch größere Vorhaben umsetzen und ambitiösere Ziele ins Auge fassen können.

Die drei Phasen einer Handlung kennen

Selbstüberwindung ist für viele Menschen eine Art Black Box und ich möchte etwas Licht in diese Kiste bringen und Ihnen die Mechanismen, die bei diesem Prozess ablaufen, expliziter machen. Ich sage ›expliziter machen‹, denn Sie werden sehen, dass Sie

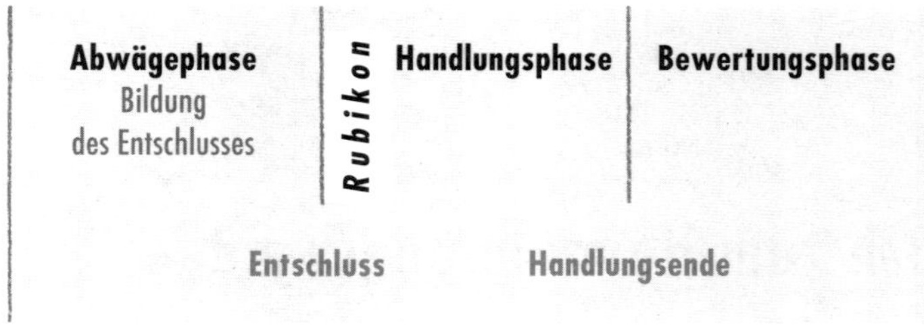

Abb.5 **Die drei Phasen des Handlungsabfolgemodells nach Heckhausen.**[32]

eigentlich schon sehr viel darüber wissen, aber die Dinge vielleicht nie so bewusst wahrgenommen und auch nie darüber nachgedacht haben.
Der Handlungspsychologe Heinz Heckhausen unterscheidet in seinem Phasenabfolgemodell drei Phasen einer Handlung: die *Abwägephase*, dann die *Handlungsphase* und am Ende die *Bewertungsphase* (siehe Abbildung 5).

Abwägephase

Nicht von außen wird die Welt umgestaltet, sondern von innen.
LEO TOLSTOJ

Typisch für die *Abwägephase* ist der bewusste oder unbewusste innere Dialog, »Soll ich, oder soll ich nicht?«: »Soll ich mir nun noch diesen Krimi anschauen oder mich hinter die spanische Lektüre setzen?«, »Soll ich es mir zu Hause gemütlich machen oder noch joggen gehen?« In der Abwägephase ist man gedanklich und gefühlsmäßig hin- und hergerissen. Es gibt im Kopf Stimmen für das Für und solche für das Wider, und jede versucht, einen auf ihre Seite zu ziehen. Irgendwann lässt man dann entweder den Vorsatz bleiben oder man entscheidet sich für die weniger bequeme Option und schreitet zur Tat.

Handlungsphase: Den Rubikon überschreiten

Heckhausen vergleicht den beherzten Entschluss für die Tat mit dem Überschreiten des Rubikons – wie es dereinst Julius Cäsar mit seinen Legionären tat. Mit dem Überschreiten dieser Schwelle setzt der Wille ein. Der mentale Status ist nicht mehr derselbe wie im Hin und Her der Abwägephase; man ist nun determiniert und hat vor allem die Ausführung der Handlung im Auge. Haben Sie sich zum Beispiel fürs Joggen (und gegen das Zuhausebleiben) entschieden, überlegen Sie dann ganz konkret, ob Sie die wärmere Hose anziehen, die Route durch den Wald nehmen oder lieber zehn Runden auf der Bahn drehen wollen.

Die Entscheidung *für* das Handeln lässt sich auf vielerlei Arten erleichtern. Eine davon ist die Methode der magischen Minute:

Übung 6
Die Methode der magische Minute

Bei dieser einfachen, aber wirkungsvollen Methode ist Ihre Unvoreingenommenheit gefragt: Lassen Sie sich offen auf das Experiment ein und beobachten Sie dafür umso besser, was es bewirkt.

So gehen Sie vor: Nehmen Sie sich in den nächsten Tagen bei einer täglichen Aktivität, zu der Sie sich überwinden müssen, eine auf die Minute genaue Startzeit – die magische Minute – vor.
Probieren Sie zum Beispiel, jeweils genau um 06.30 Uhr (oder was auch immer Ihre Aufstehzeit ist) das Bett zu verlassen oder exakt um 08.15 Uhr mit der Arbeit zu beginnen oder diese nach der Pause Punkt 10.00 Uhr wieder aufzunehmen. Vielleicht probieren Sie auch, sich abends nach dem Essen und einem kleinen Schläfchen Punkt 20.00 Uhr für eine Lernsession hinzusetzen.

Am besten bereiten Sie ein Protokollblatt mit der beabsichtigten Zeit, der Aktivität und genügend Raum für Ihre tägliche Beobachtung vor. Versuchen Sie jeweils, die vorgenommene Uhrzeit ganz genau – als ginge es um Leib und Leben – einzuhalten und weder vor noch nach der magischen Minute zu beginnen.

Gerade in den Versuchen liegen oft die meisten Keime der Zukunft.
ROBERT SCHUMANN

Was bringt es, eine alltägliche Aktivität, zu der man sich überwinden muss, stets zur selben Minute zu beginnen?
Wenn der fixe zeitliche Start zur Routine wird, müssen Sie sich nicht jedes Mal von Neuem für das Vorhaben entscheiden und sparen damit kostbare mentale Energie. Dazu kommt, dass der Übergang vom Nicht-Arbeiten zum Arbeiten klar ist; es gibt kein langes Hin und Her. Eine Studentin erzählte mir, dass sie jeweils zu Beginn des Semesters festlegt, welche Abende sie dem Lernen widmen will. An diesen Abenden – montags, dienstags und donnerstags – beginnt sie dann jeweils Punkt 20 Uhr, nicht früher und nicht später, mit dem Studieren. Vorher sitzt sie oft mit ihren WG-Mitbewohnern zusammen und realisiert dabei immer wieder, wie frei sie sich im Gegensatz zu diesen fühlt. Sie weiß genau, dass sie um 20 Uhr mit dem Lernen beginnt, und kann die halbe Stunde davor noch unbeschwert genießen. Ihre Kollegen hingegen stöhnen bereits die ganze Zeit, dass sie eigentlich noch lernen müssten.
Die magische Minute hilft auch, Versuchungen zu umgehen. So beginnt eine Übungsteilnehmerin täglich um 19.00 Uhr mit dem Selbststudium und entgeht so gleichzeitig der Verlockung der TV-Nachrichten. Nach ihrer Lernsession hat sie ein doppelt gutes Gefühl und ist zufrieden. Die Regelmäßigkeit bringt zudem spürbare Lernfortschritte – und nach getaner Arbeit kann sie sich als Belohnung doch noch eine Fernsehsendung genehmigen.
Der pünktliche Beginn führt zudem zu einem besonders wachen, determinierten und fokussierten Geist. Es ist, wie wenn man in den Startblöcken für einen Hundertmeterlauf stehen und auf den Startschuss warten würde.
Eine Übungsteilnehmerin wies noch auf eine frühere Erfahrung hin, die wohl weniger mit der Methode der magischen Minute als vielmehr mit einer zu starken Fixierung auf ihre geliebten Handarbeiten zu tun hat. So beschreibt sie: »Mein Haushalt wäre im Chaos versunken, hätte ich mir nicht feste Beginnzeiten für

ungeliebte Tätigkeiten gesetzt.« Und fügt dann noch an: »Durch die Ausrichtung auf die Uhrzeit ging manchmal die innere Beteiligung verloren.« Das Fehlen der inneren Beteiligung bei den restlichen Tätigkeiten scheint jedoch eher mit der Attraktivität der Handarbeiten in Zusammenhang zu stehen.
So konnte das Fehlen der inneren Beteiligung auch bei Schülern nachgewiesen werden, und zwar dann, wenn sie beim Bearbeiten der Hausaufgaben auf die attraktivere Option – Freunde treffen – verzichten mussten.[33] Als selbstbestimmte Lernerinnen und Lerner haben wir jedoch die Möglichkeit, uns auch für weniger geliebte Tätigkeiten zu motivieren und uns gleichzeitig emotional stärker hineinzugeben. Im Kapitel 9 werden Sie mehr darüber erfahren.

In Kürze zu Übung 6
Der Nutzen der Methode der magischen Minute

Mit der »magischen Minute« lässt sich die Power des selbstbestimmten Handelns spüren. Mit etwas Routine

- ist darauf Verlass, dass Sie zur vorgenommenen Zeit beginnen
- sind Sie beim Start energievoll, fokussiert und determiniert
- genießen Sie die Zeit zuvor noch ohne »ich sollte doch«.

In der Bewertungsphase das gute Gefühl wahrnehmen

Betrachten wir noch die dritte Phase im Handlungsablauf, die *Bewertungsphase*: »Wie fühlen Sie sich, wenn Sie sich fürs Joggen überwunden haben, unterwegs in den Regen geraten und am Ende mit nassen Haaren und klammen Fingern nach Hause kommen?« Diese Frage stellte ich einer Dame, die an einer Lesung von *Energiekompetenz*[34] in der vordersten Reihe saß. Die Dame reagierte auf meine Frage etwas verblüfft (es stellte sich später heraus, dass sie nicht joggt) und antwortete spontan und überzeugt: »Schlecht!« Nun war ich es, die ziemlich überrascht war.

Die Seele denkt nie ohne ein Bild.
ARISTOTELES

Wer joggt, weiß, warum: Man fühlt sich nachher immer gut, ganz egal, wie das Wetter war.
Warum fühlt man sich nach einer anstrengenden Handlung gut? Nach einer körperlichen Betätigung ist der Effekt besonders ausgeprägt: Bewegung regt den Organismus an, hebt die Stimmung und gibt Schwung. Wenn wir nach einer außerordentlichen Anstrengung hundemüde nach Hause kommen, kann die Stimmung sogar euphorisch sein. Doch auch bei Aufgaben, die uns eher feinmotorisch oder geistig fordern, ist am Ende oft ein gutes Gefühl spürbar; wir sind ebenfalls energetisiert, wiewohl weniger ausgeprägt. Man kann dieses Phänomen mit der Ausschüttung von Glückshormonen erklären, doch auf der psychologischen Ebene ist noch etwas anderes mit im Spiel: etwas, für das der Psychologe Albert Bandura 1977 den Begriff »Selbstwirksamkeit« (siehe Seite 129) geprägt hat.[35]

Den Schwung ausnützen

Die kleinen Alltäglichkeiten sehen nach nichts aus, aber sie geben Frieden.
GEORGES BERNANOS

Jedes Mal, wenn wir uns für eine schwierige oder mühselige Handlung überwunden und sie erfolgreich zu Ende gebracht haben, gewinnen wir an Selbstwirksamkeit und Schwung. Der Schwung lässt sich auf zwei unterschiedliche Arten nutzen:

Erstens kann der Elan sogleich für eine andere Tätigkeit, zu der man sich überwinden muss, weiterverwendet werden. Machen Sie es wie eine Übungsteilnehmerin, die sich ganz bewusst Schwung mit einer ersten Handlung holt: »Ich setze mir ein Vor-Nahziel; das heißt etwas kleines, das ich sofort erfolgreich erledigen kann. Zum Beispiel allen Pflanzen Wasser geben, den Tisch freiräumen oder das Glas entsorgen. Damit habe ich ein Erfolgserlebnis, welches mir den nötigen Energieschub für Schwierigeres oder Mühsameres gibt.«

Zweitens lässt sich der Schwung aus einer Handlung auch als positive Erfahrung im Gedächtnis abspeichern, und zwar so, dass man sich in der Abwägephase vor der nächsten Aktion wieder daran erinnert. Nehmen wir zum Beispiel das Nahziel, während einer Viertelstunde aufzuräumen. Falls Sie ziemlich viel Energie aufwenden müssen, um sich für dieses Nahziel zu überwinden, könnten Sie sich jeweils gleich nach dem Aufräumen schmunzelnd mit 10 bis 20 Heldenpunkten belohnen, die Punkte in Ihrer Agenda notieren und so das positive Erlebnis doppelt speichern. Wenn Sie es dadurch in der nächsten Abwägephase wieder abrufen können, wird Ihnen die Entscheidung für eine weitere Aufräumaktion leichter fallen. Dieser Rückkopplungseffekt lässt sich noch verstärken, wenn Sie Ihre Überwindungserfahrungen zum Thema machen und sich darüber mit einer vertrauten Person austauschen.

Wenn es Ihnen zudem gelingt, Ihr Aufräum-Vorhaben auch emotional in den Mittelpunkt zu stellen und beseelt dranzubleiben, wird es Ihnen von Mal zu Mal etwas leichter fallen. Der Effekt ist derselbe wie bei einem Schwungrad: Zu Beginn braucht es sehr viel Energie, um den schweren Rotor überhaupt in Bewegung zu bringen. Mit jedem Schub geht es danach etwas leichter. Ist das Rad dann schön im Schwung, kann es Energie abgeben. Bei unserem Beispiel ist Letzteres der Fall, wenn das Aufräumen für Sie zur guten Gewohnheit geworden ist. Statt Energie aufzuwenden, können Sie dann durch diese Tätigkeit sogar neue Energie gewinnen.

Revolution heißt, das Rad weiterdrehen.
IGOR STRAVINSKY

Größere Vorhaben umsetzen

Um schwierigere und weit größere Vorhaben als das regelmäßige Aufräumen umzusetzen, braucht es einiges mehr. Oft wollen das Ziel und die Priorität noch besser geklärt sein. Was damit gemeint ist, werde ich Ihnen gleich mit einer persönlichen Erfahrung illustrieren. Des Weiteren gilt es noch, einen Termin für den Start vorzusehen oder bei komplexeren Projekten einen klugen Aktionsplan zu konzipieren. Doch damit nicht genug: Es braucht auch noch ausreichend Vertrauen ins eigene Können und Sie sollten es schaffen, bei jedem Schritt genügend Motivation und die nötige Selbstdisziplin aufzubringen, um fokussiert dranzubleiben und das Vorhaben umzusetzen.

Ziele und Prioritäten klären

Wenn man einem länger dauernden Vorhaben – dem Studium, dem Erlernen einer neuen Sprache, der Vorbereitung auf einen Marathon oder eines Weiterbildungskurses – nicht von Anfang an ganz klar hohe Priorität einräumt und die nötigen Stunden im Wochenverlauf vorsieht, gerät man immer wieder in das Hin und Her der Abwägephase.

Mir ist dies unlängst zu Beginn eines Seminars in englischer Literatur passiert. Ich hatte mich spontan angemeldet, weil mich das vorgeschlagene Programm interessierte, es aber unterlassen, mir nähere Gedanken über Ziel oder Priorität zu machen. Zwar hatte ich vorgesehen, jeweils am Wochenende die erforderlichen achtzig Seiten für die Lektion am Montagabend zu studieren. Doch beim ersten Mal schaffte ich bloß die Hälfte, dafür hatte ich am Sonntag als Ersatzbeschäftigung zwei Stunden Zeitung gelesen. Am Montag stand ein Arzttermin an, und so nahm ich die Lektüre mit, um mich beim Warten der *Mrs Dalloway*[36] zu

widmen. Meine wenig determinierte Bewusstseinslage nahm ich jedoch nicht wahr und prompt erlag ich im Wartezimmer der Verlockung der Klatschmagazine und war nachher ziemlich frustriert.
Immerhin wurde mir im Nachhinein meine Halbherzigkeit bewusst und auf dem Heimweg überlegte ich dann: »Was will ich überhaupt? Ich will doch vom Kurs maximal profitieren … ich will mitdiskutieren können … ich will den Roman in Ruhe lesen und Handlung und Sprache genießen … ich will mein Englisch aktivieren.« Dieses Nachdenken darüber, was ich mit dem Kurs letztendlich will, brachte die nötige Klärung. Es gelang mir, meinen Willen zu mobilisieren, mich klar und mit Kopf und Herz für den nötigen wöchentlichen Arbeitsaufwand zu entscheiden und fortan die nötige Selbstdisziplin aufzubringen.

Für mich gibt es nur eine Regel: klar zu sein. Bin ich es nicht, so stürzt meine Welt in sich zusammen.
STENDHAL

Sich besser überwinden zu können beginnt damit, die Absichten, die man mit einem Vorhaben verfolgt, besser zu klären. Oft kommt es zu einem Zielkonflikt zwischen Aktivitäten, auf die man im Augenblick Lust verspürt, und solchen, die erst längerfristig Gewinn einbringen. Wenn Sie sich häufig hin- und hergerissen fühlen, ist es Zeit, eine Denkpause einzulegen. Fragen Sie sich dann: »Was will ich längerfristig erreichen?« Überlegen Sie, in welche Richtung Sie sich entwickeln und was Sie mit dem Studium, dem Joggen oder mit einer anderen Aktivität, zu der Sie sich überwinden müssen, auf die Dauer bewirken wollen. Wenn Sie dann Ihre Ziele und Prioritäten geklärt haben, sie deutlich vor sich sehen und diese auch verinnerlicht sind, wird es Ihnen besser gelingen, über den Rubikon zu setzen und determiniert zu handeln.

Den Aufgaben stets Termine geben

Befunde aus der Forschung zeigen, dass ein Vorsatz, der eingehalten werden will, mit einem Ausführungstermin oder einem ganz konkreten Aktionsplan gekoppelt sein muss.
In einer Erhebung wurden Studierende gefragt, was sie sich für die Weihnachtsferien vorgenommen haben.[37] Jeder Teilnehmer musste ein einfaches und ein mühsameres Vorhaben benennen und auch angeben, ob er bereits geplant habe, wann, wo und wie er es angehen werde. Nach den Weihnachtsferien wurde geprüft, in welchem Umfang die Vorhaben (wie Seminararbeiten schreiben, einen Familienkonflikt lösen oder Sport treiben) ausgeführt wurden. Bei den schwierigeren Projekten ergab sich folgendes Resultat: Zwei Drittel der Probanden, die auch die Ausführung geplant hatten, setzten den Vorsatz tatsächlich um. Bei den Probanden ohne Plan war nur ein Viertel erfolgreich. Bei den leicht auszuführenden Vorhaben zeigte sich ein anderes Bild: unabhängig davon, ob ein Plan gemacht wurde oder nicht, hatten 80 Prozent der Probanden die Vorhaben umgesetzt.

Jeder Fehler,
aus dem wir lernen,
ist ein Erfolg.
MALCOLM S. FORBES

Das Resultat der Studie bestätigt: Vorhaben, die schwierig anzugehen oder auszuführen sind, wollen vorbereitet sein. Vorbereiten heißt zum einen, Termine festzulegen und zu planen, und zum anderen, alles Nötige bereitzustellen.
Für das Aufräum-Beispiel bedeutet es, dass man mit Vorteil im Voraus entscheidet, an welchem Tag und zu welcher Zeit die nächste fünfzehnminütige Aufräumaktion gestartet werden soll. Beispiel: Nächsten Samstag um 10.00 Uhr ist eine 15-minütige Aufräumaktion angesagt! Sind Sie dabei?

Die Rolle der Selbstdisziplin verstehen

»Es ist komisch, dass man von einem anderen, der sagt, er sei sehr diszipliniert, sofort annimmt, er sei ein Streber. Denkt man jedoch an sich selber, so ist man doch oft froh, wenn man sagen kann, man habe diszipliniert gearbeitet. Es braucht deshalb ein wenig Mut, seine Selbstdisziplin zuzugeben, weil es vor allem bei jungen Menschen immer uncooler wird, diszipliniert zu sein.«

Die Dosis macht das Gift.
PARACELSUS

So äußerte sich ein Teilnehmer in meiner Umfrage zur Selbstdisziplin. Ich wollte in dieser Erhebung von den Studierenden, die unseren Lernkurs besuchten, wissen, ob sie Selbstdisziplin als etwas eher Positives oder Negatives empfinden. Von den 184 Antwortenden äußerten sich 75 Prozent positiv, bei 11 Prozent hielten sich positive und negative Aspekte die Waage und 14 Prozent verbanden Selbstdisziplin mit etwas Negativem. Eine Auswahl von Zitaten finden Sie auf Tafel 4 (Seite 126).

Was ist Selbstdisziplin?

Selbstdisziplin ist die Fähigkeit, unser tägliches Denken, Handeln und Verhalten in den Dienst unserer Vorsätze und Ziele zu stellen. Es bedeutet, uns im Hinblick auf ein übergeordnetes Ziel für etwas Anstrengendes zu entscheiden, unseren Willen zu mobilisieren und uns zum Handeln zu überwinden – statt impulsiv zu reagieren, einer bequemeren Option oder einem sofortigen Genuss nachzugeben.

Es braucht Disziplin, am Morgen zur vorgenommenen Zeit aufzustehen, um sich hinter den Lernstoff zu setzen. Es braucht Disziplin, sich beim Tun zu konzentrieren, statt sich ständig ablenken zu lassen. Es braucht Disziplin, den Fernseher abzuschalten. Und bei manchen braucht es auch Disziplin, rechtzeitig Pause zu machen und immer wieder für Ausgleich zu sorgen.

Tafel 4
Selbstdisziplin

Welche Erfahrungen haben Sie mit Selbstdisziplin gemacht? Ist es für Sie eher positiv oder negativ?[38]

Da ich neben dem Studium noch Teilzeit arbeite, ist Selbstdisziplin für mich nötig, damit ich alles Wichtige auch rechtzeitig und vollständig erledigen kann.

Selbstdisziplin hängt meist mit unangenehmen Aufgaben zusammen, deshalb erfahre ich sie eher als negativ.

Selbstdisziplin ist für mich so etwas wie eine innere Stimme, die mich an meine wichtigen Vorhaben erinnert und mir sagt, welche Aufgaben nun wirklich Priorität haben.

Selbstdisziplin ist eine Art Brücke zwischen verschiedenen Stadien des Studiums; sie verbindet die interessanten und überbrückt die uninteressanten.

Selbstdisziplin heißt für mich nicht, einzelne Aufgaben bis zur Perfektion zu erfüllen; vielmehr geht es dabei um die Gabe, zu erkennen, dass gewisse Arbeiten, oft auch unangenehme, getan werden müssen, um den ganzen Alltag voranzutreiben. Dieser Alltag erweist sich als viel reicher und befriedigender, solange er in Bewegung bleibt und dadurch neue Erfahrungen mit sich bringt. Fehlende Selbstdisziplin kann oft zur Folge haben, dass man im Leben nicht vom Fleck kommt.

Weil ich mich selbst als ziemlich undiszipliniert erlebe, erfahre ich Selbstdisziplin wenig positiv. Bei anderen bewundere ich allerdings diesen Charakterzug so sehr, dass ich nun an mir arbeiten will …

Selbstdisziplin ermöglicht mir, aus den eigenen Talenten und aus der zur Verfügung stehenden Zeit das Bestmögliche zu machen.

Ich erfahre Selbstdisziplin als eher negativ, da sie oft mit Strenge und Unerbittlichkeit gegen mich selbst verbunden ist.

Selbstdisziplin ermöglicht mir, mein Leben selbst zu steuern und nicht von den Umständen getrieben zu werden.

Ich erfahre Selbstdisziplin als etwas Positives, da mich dies im Leben weiterbringt. Ich will an mir arbeiten und vorwärtsstreben.

Selbstdisziplin zu haben zeigt einfach, dass man persönliche Ziele ernst nehmen kann und fähig ist, sie umzusetzen. Träume können verwirklicht werden!

Richtig verstandene Disziplin ist das Rückgrat einer selbstbestimmten Lebensführung. Auch wenn es für einige paradox klingen mag: Unsere Selbstdisziplin gibt uns die Freiheit, uns für eine anstrengendere oder eine leichtere Option zu *entscheiden*, statt willenlos den Verlockungen ausgeliefert zu sein. Dank unserer Selbstdisziplin können wir unsere Kräfte bündeln und uns auf das Wesentliche konzentrieren, statt uns mit allzu vielem zu verzetteln. Die Disziplin ist auch unabdingbar, um unsere Vorhaben und Pläne gewissenhaft umzusetzen; um mutiger zu werden und zu neuen Ufern aufzubrechen.

»Das einzige Negative an der Selbstdisziplin ist, dass sie sich nicht ganz von alleine einstellt«, stellt einer der Studierenden in seiner Aussage fest. Stimmt, Selbstdisziplin stellt sich nicht von alleine ein. Bisweilen braucht es sogar einen starken Willen, eine Absicht auszuführen – dies besonders zu Beginn eines fordernden Projekts. Doch ist man einmal drin, geht es oft leichter voran. Und wenn eine Handlung mit der Zeit sogar zur guten Gewohnheit wird, braucht es kaum mehr Disziplin. So fällt es manchen gar nicht schwer, morgens stets zur selben Zeit aufzustehen, sich am Schreibtisch gut zu konzentrieren oder nach den Abendnachrichten den Fernseher abzuschalten. Die Handlungen sind derart eingespielt und automatisiert, dass sie so leicht vonstattengehen wie das Zähneputzen.

Des Guten kann auch zu viel sein

Einige der Befragten sehen Selbstdisziplin negativ, weil sie oft die nötige Willenskraft nicht aufbringen können. Bei anderen wiederum ist das Gegenteil der Fall: Sie können ihr Tun und Lassen nicht nach ihrem freien Willen gestalten, weil sie zu viel des Guten tun und ihre Selbstdisziplin in Rigidität und Zwang umschlägt.

»Die Selbstdisziplin darf nicht dazu führen, dass ich wesentliche eigene Bedürfnisse überziehe«, stellte eine Wirtschaftsstudentin fest und fügte etwas Bedenkenswertes an: »Selbstdisziplin bedingt einen liebe- und respektvollen Umgang mit mir selbst.« Dieser liebe- und respektvolle Umgang mit sich selbst ist in der Tat unverzichtbar. Selbstdisziplin bedeutet auch Selbstfürsorge und darf nicht auf Kosten der Lebensfreude gehen. Einer der Studierenden schreibt, es sei schwierig, den Übergang von Selbstdisziplin in Sturheit zu erkennen. Der Übergang ist fließend und der Betreffende weiß, dass er darauf achten muss, dass sie nicht ins Negative umschlägt. Solange seine Lebensfreude spürbar ist, kann er ruhig weitermachen. Sich ins Zeug legen und den Rausch der Intensität verspüren, um dann aber wieder locker zu lassen und dem Ausgleich oder dem Nichtstun zu frönen – diese Dinge wollen in einem gesunden Gleichgewicht sein.

Selbstdisziplin verhält sich wie ein Muskel

Selbstdisziplin ist eine Fähigkeit, die sich wie ein Muskel trainieren lässt. Doch auch der besttrainierte Muskel wird bei einer intensiven Beanspruchung für eine Weile müde – und genauso kann auch die Selbstdisziplin nachlassen. »Ganz leise und schleichend verabschiedet sich meine Selbstdisziplin: Ich verliere mich in einer ausgedehnten Zeitungslektüre, obwohl ich mir eigentlich nur den einen Artikel genehmigen wollte«, schreibt ein Student. Was Sie wohl aus eigener Erfahrung kennen, zeigen auch Befunde aus der Forschung.[39] Anstrengende Aufgaben oder das Widerstehen gegenüber Versuchungen wie auch das Unterdrücken von Gefühlen oder andere energieraubende Akte des Willens zehren an der Selbstdisziplin. Aus diesem Grund lässt sich nur eines oder lassen sich höchstens zwei große Vorhaben, die eine Menge Selbstdisziplin abverlangen, nebeneinander mit Erfolg umsetzen.

Sich auf das schwierige Schlussdiplom vorzubereiten und gleichzeitig noch mit einer rigiden Diät zu beginnen oder die Olympiaqualifikation anzupeilen wäre zu viel des Guten.
Sich anstrengen und sich erholen, diszipliniert sein und sich zwischendurch treiben lassen: Disziplinierte Personen können beides. Sie verstehen es, für Ausgleich zu sorgen und ihr Leben und ihre Arbeit selbstbestimmt zu gestalten. Doch mit Disziplin und Wille allein ist es nicht getan. Es braucht auch das Vertrauen, die Dinge bewältigen zu können.

Zur Selbstreflexion

1. **Bei welchen Aufgaben gebe ich mir gute Noten in Selbstdisziplin? Wo könnte ich noch zulegen?**
2. **Habe ich auch schon erlebt, dass die Selbstdisziplin bei großer Beanspruchung nachlassen kann?**
3. **Wie gut achte ich auf das Gleichgewicht zwischen Disziplin beim Denken und Handeln einerseits und dem freien Sich-Treibenlassen andererseits?**

Die Selbstwirksamkeit stärken

Selbstwirksamkeit ist die Zuversicht, die sich entwickelt, wenn man sich immer wieder neuen oder schwierigen Situationen stellt und sie erfolgreich bewältigt. Es ist der Glaube ans eigene Können, die Gewissheit *»Yes I can!«*. Diese innere Stärke lässt sich oft bereits während des Tuns und vor allem in der Bewertungsphase spüren, sofern man darauf achtet.
Selbstwirksamkeit bekommt man nicht in die Wiege gelegt; das Vertrauen in die eigene Kompetenz, die innere Sicherheit, dass man etwas bewältigen kann, will erarbeitet sein. Selbstwirksamkeit lässt sich mit wachsender Überwindungserfahrung stärken.

Achte auf deine Gedanken, denn sie werden deine Worte, achte auf deine Worte, denn sie werden deine Taten, achte auf deine Taten, denn sie werden deine Gewohnheiten.
JÜDISCHE WEISHEIT

Je öfter wir unsere Trägheit überwinden, die Bequemlichkeitszone verlassen und uns für eine schwierige, anstrengende, ungeliebte oder neuartige Handlung entscheiden, desto eher können wir Selbstwirksamkeit entwickeln.
Das so erworbene Selbstvertrauen ist allerdings oft ziemlich spezifisch. So verfügen manche im Sport oder beim Kochen über ein hohes Maß dieser Ressource, während sie in der Mathematik oder beim Englisch kaum spürbar ist. Wenn Sie jedoch bewusst an dieser inneren Stärke arbeiten, kann sie sich auch auf andere Bereiche auswirken. Denn sie beinhaltet nicht nur Selbstvertrauen, was das Können auf dem jeweiligen Gebiet anbelangt, sondern auch generell die Umsetzungskompetenz.

Individuen mit hoher Selbstwirksamkeit verfügen über eine starke Durchsetzungskraft. Sie

- lassen sich durch Misserfolge kaum verunsichern oder nicht so schnell von einem erneuten Versuch abhalten
- scheuen die Anstrengung nicht und legen viel Ausdauer an den Tag
- gehen mit Schwierigkeiten konstruktiv um und sehen sie eher als spannende Herausforderungen denn als Bedrohungen für das Ego
- entscheiden sich für mutige Ziele und setzen diese auch bei widrigen Umständen durch.

Selbstwirksamkeit wird als wichtige Voraussetzung für den schulischen Erfolg angesehen: Befunde aus der Forschung zeigen, dass die Stärke der Selbstwirksamkeit ein besseres Maß für die Voraussage schulischer Leistungen ist als der Intelligenzquotient.[40] Auch das Resultat von Programmen zur Raucherentwöhnung, zur Gewichtsabnahme oder zur sportlichen Betätigung korreliert mit der Stärke der Selbstwirksamkeit – kurz, sie ist ein Muss für jegliches Gelingen.

Beispiel einer Selbstwirksamkeitsskala

Um die Stärke der Selbstwirksamkeit oder anderer Faktoren voraussagen zu können, werden in der Forschung oft Skalen entwickelt. Das Beispiel in der folgenden Tabelle ist ein 12-Punkte-Instrument zur Messung der sportlichen Selbstwirksamkeit. Damit lässt sich voraussagen, ob ein Proband die vorgenommene sportliche Aktivität auch ausübt. Je höher die Punktezahl, umso größer ist die Wahrscheinlichkeit der Umsetzung.
Die Skala können Sie auch für die Bestimmung Ihrer Selbstwirksamkeit beim Selbststudium verwenden. Ersetzen Sie einfach das Wort ›Sport‹ durch ›Lernen‹.

Ich bin mir sicher, eine geplante Sportaktivität auch dann noch ausüben zu können, wenn …

… ich müde bin	… Freunde zu Besuch da sind	… ich niemanden finde, der mit mir Sport treibt
… ich mich angespannt fühle	… andere mit mir etwas unternehmen wollen	… schlechtes Wetter ist
… ich mich niedergeschlagen fühle	… meine Familie/mein Partner mich beansprucht	… ich noch viel Arbeit zu erledigen habe
… ich Sorgen habe	… ich mich über etwas ärgere	… ein interessantes TV-Programm läuft
Psychische Befindlichkeit	**Soziale Bedingungen**	**Äußere Gegebenheiten**

Abb.6 Die zwölf Items der Selbstwirksamkeit zur sportlichen Aktivität nach Fuchs.[41]

Zur Selbstreflexion

1. **Auf wie viele Punkte der Selbstwirksamkeitsskala komme ich mit meiner sportlichen Aktivität?**
2. **Wie sieht es mit der Punktezahl aus, wenn ich meine Selbstwirksamkeit beim Selbststudium bestimme?**
3. **Welche der zwölf Punkte beherrsche ich sehr gut? Wo kann ich noch etwas verbessern?**

Eine Geschichte zur Selbstwirksamkeit

Das Kapitel Selbstwirksamkeit möchte ich mit einer Geschichte abrunden. Sie trägt den Titel ›Die Prüfung meines Lebens‹ und stammt vom Schweizer Radio- und Fernsehpionier Roger Schawinski.[42] Er schildert darin, wie er seine Abitur-Prüfung schaffte.

Als Teenager besuchte er eine Handelsschule, doch waren ihm Fußball, die Freundin, der Jugendbund sowie Zeitungen, Bücher und Filme wichtiger und er schaffte es nur knapp und mit viel Taktieren, nicht von der Schule zu fliegen und am Ende das Diplom zu machen. In einer Werbeagentur fand er dann einen Job, doch als ihm seine Freundin sagte, dass sie im Herbst das Abitur machen würde, reagierte er blitzschnell und erwiderte cool, er hätte dies übrigens auch vor. In den folgenden Tagen kündigte er seine Stelle und beschaffte sich bei einer Fernunterrichts-Akademie den gesamten Abiturstoff. Während vier Monaten schloss er sich in sein Zimmer ein und lernte nach einem genauen Plan von zehn Uhr früh bis nachts um zwei den ganzen Stoff. Was ihn dabei verunsicherte, war, dass er einerseits nur lächerlich wenig Zeit hatte und – schlimmer noch – dass er nicht wusste, welchen Minimal-Aufwand er betreiben musste, um es in alter Manier gerade noch knapp zu schaffen. Anfang Oktober fuhr er zur zweitägigen

Prüfung nach St. Gallen und am folgenden Nachmittag wurden die Resultate bekannt gegeben. Dem zukünftigen Fernsehpionier wurde mitgeteilt, dass er am besten von allen abgeschnitten hatte. Er konnte es kaum fassen, verließ die Stätte ganz benebelt und eilte tränenüberströmt zum Parkplatz, wo seine verdutzten Eltern warteten. Nur unter Würgen brachte er das unglaubliche Resultat heraus. Doch dies ist noch nicht das Happy End. Wie sich das Erlebnis auswirkte, lasse ich den Minimalisten von früher selbst erzählen:

»Das war der Wendepunkt. Das Studium an der HSG machte ich dann mit Leichtigkeit. In den USA holte ich mir in Rekordzeit einen MBA. Dann den Doktortitel in St. Gallen. Und das war erst der Anfang. Ich hatte zum ersten Mal mein Bestes gegeben. Ich erkannte, dass ich in Zukunft genauso vorgehen musste, wenn ich etwas wirklich erreichen wollte. Dieses eine Erlebnis hat mir ein so großes Selbstbewusstsein verschafft, dass ich mich seither in schwierigsten Situationen darauf habe abstützen können. Erst im Rückblick wurde mir bewusst, dass ich ohne dieses Erlebnis vielleicht für immer ein Minimalist geblieben wäre, einer, der sich überall durchgewurstelt hätte.«

Besser fokussieren

Was Roger Schawinski in den Monaten seiner Abiturvorbereitung *in extremis* gelang, war die Fokussierung. Fokussierung bedeutet Konzentration im Großen: Wenn wir fokussiert sind, richten wir unsere Aufmerksamkeit und unsere Energie auf unsere Ziele – auf das, was für Studium, Beruf und Leben wichtig ist, was uns nachhaltig Befriedigung verschafft und uns beruflich und persönlich weiterbringt. Wir sind mit Kopf und Herz dabei und lassen uns nicht vom Weg abbringen.

Besitzt man nicht nur die Disziplin, die richtigen Sachen zu tun, sondern auch die Disziplin, die falschen zu lassen?
JIM COLLINS

Manche Studierende und andere Vielbeschäftigte führen ein wenig fokussiertes Leben. Sie verzetteln sich mit zu vielen spontanen Aktivitäten und schaffen es nicht, sich auf die wichtigen Dinge zu konzentrieren und mit vollem Engagement zu studieren, auf ein großes Ziel hinzuarbeiten oder einen Traum wahr zu machen. Warum?
Derartige Vorhaben umzusetzen ist anstrengend und benötigt Energie. Zwar winkt am Ende Belohnung: Man ist stolz auf seinen Erfolg, man spürt innere Zufriedenheit und Genugtuung und wird in seinem Selbstwertgefühl bestärkt. Auf dem Weg dahin gilt es jedoch, auf manches zu verzichten, die nötige Selbstdisziplin aufzubringen und öfter reizvolleren Aktivitäten zu widerstehen.

Fokussieren ist nicht einfach

Fokussiert zu sein und zu bleiben ist weder im persönlichen Bereich noch im Studium oder am Arbeitsplatz einfach. In einem dynamischen Umfeld oder im harten Wettbewerb eines Unternehmens ist es besonders schwierig. Kein Wunder also, dass Manager keine guten Noten im Fokussieren bekommen.
Beware the busy manager, Vorsicht vor dem vielbeschäftigten Manager – warnt ein Artikel über die Wirksamkeit von Managern in der Harvard Business Review.[43] Ein Team um Heike Bruch von der Universität St. Gallen und Sumantra Ghoshal von der London Business School hat das Verhalten von 200 Lufthansa-Managern untersucht und gefunden, dass nur ein Bruchteil der Untersuchten genügend fokussiert ist, um schwierige Projekte wirklich erfolgreich umzusetzen: Es sind gerade mal zehn Prozent der Untersuchten, die über einen klaren Fokus und genügend Energie verfügen (siehe Abbildung 7).

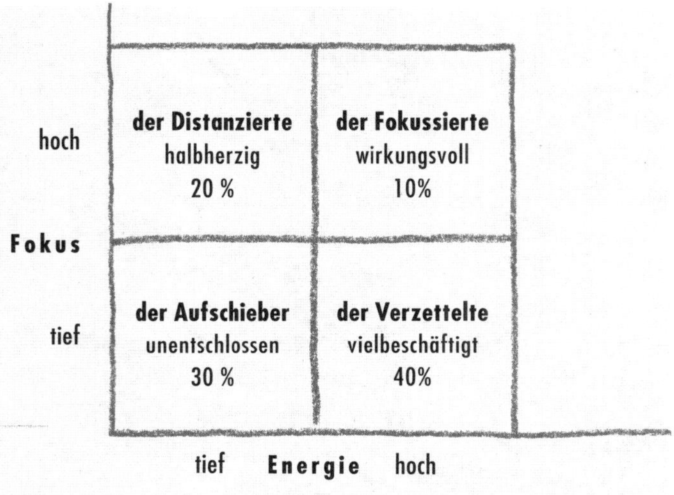

Abb.7 **Fokus, Energie und die vier Verhaltensweisen.** Adaptiert nach Bruch & Ghoshal.[44]

Zu den vier Kategorien:
Der Fokussierte Diese kleine Gruppe der Fokussierten erreicht schwierige und langfristige Ziele mit Erfolg, denn sie nehmen sich Zeit zum Denken, Verstehen, Überblicken und Abwägen. Sie haben ein klares Bild von dem, was sie erreichen wollen, und verfolgen den Weg zum Ziel mit großer Energie, Disziplin und Beharrlichkeit. Weil sie sich auf eines oder höchstens zwei Schlüsselprojekte beschränken, können sie ihre ganze Aufmerksamkeit und Energie darauf verwenden.

Der Verzettelte Vierzig Prozent der untersuchten Manager fallen in die Kategorie der vielbeschäftigten *busy managers*, der Hyperaktiven und Verzettelten, vor denen die Autoren im Titel warnen. Sie haben wohl genügend Energie, aber der Fokus fehlt. Das heißt, sie lassen sich leicht ablenken und vergessen dabei die übergeordneten Ziele. Unter Druck reagieren sie impulsiv statt mit

Bedacht und schaffen es nicht, zuerst nachzudenken und die Konsequenzen der Handlungen abzuschätzen. Die *busy managers* lassen sich auch auf zu viele Projekte ein und müssen dann oft Feuerwehr spielen.

Die Menschen, die etwas von heute auf morgen verschieben, sind dieselben, die es bereits von gestern auf heute verschoben haben.
PETER USTINOV

Der Aufschieber Dreißig Prozent der Untersuchten fehlt es sowohl an Energie wie auch an Fokus; hier finden sich die Aufschieber. Sie erledigen zwar Routineaufgaben, aber es fehlt ihnen an Energie und Fokus, um Neues zu beginnen oder gar zu initiieren. Sie zaudern, weil sie nicht wissen, wo sie anfangen sollen, oder weil sie sich nicht genügend für ein neues Projekt begeistern können.

Der Distanzierte Zwanzig Prozent können den innerlich zu wenig engagierten Managern zugeordnet werden. Diese Distanzierten hätten zwar genügend Fokus, aber es mangelt an Energie für die Umsetzung. In dieser Kategorie findet man diejenigen, die innerlich gekündigt haben, und auch welche, die ausgebrannt sind. Auch allzu Zielfixierte, die selbst dann noch am Ziel festhalten, wenn sich der Kontext so sehr verändert hat, dass eine Anpassung vonnöten wäre, werden dieser Kategorie zugeordnet.

Es versteht sich von selbst, dass diese Kategorien nicht nur für Manager gelten – und auch, dass ein und dieselbe Person je nach Projekt eher fokussiert oder verzettelt sein kann, genauso wie sie für manche Vorhaben viel Engagement zeigt, bei anderen wiederum zum Aufschieben neigt.

Zur Selbstreflexion

1. **In welcher Kategorie in Abbildung 7 bewege ich mich hauptsächlich?**
2. **Welcher Kategorie könnte ich etwas mehr Beachtung schenken?**
3. **Wie gut kann ich »Nein« sagen?**

Was fokussierte Menschen können

Nichts verschafft mehr Ruhe, als ein gefasster Entschluss.
TALLEYRAND

Fokussierte Menschen haben ihre Ziele und Strategien derart verinnerlicht, dass diese einen roten Faden bilden, der sich durch den ganzen Alltag hindurch zieht. Der Faden reißt auch in Krisensituationen nicht ab, er bildet stets die Richtschnur für ihr Handeln. Denn die großen Ziele stehen nicht nur auf der rationalen, sondern auch auf der emotionalen Ebene im Mittelpunkt.

Ein wunderbares Beispiel, das aufzeigt, was Fokussierung bedeutet, ist das *Tagebuch eines Romans* von John Steinbeck.[45] Es entstand während der Arbeit an seinem Roman *Jenseits von Eden*.[46] Tag für Tag machte sich der spätere Nobelpreisträger Notizen über das entstehende Manuskript und über die alltäglichen Verlockungen und Ablenkungen, die es zu bewältigen gab. Das Tagebuch zeigt auf faszinierende Weise auf, wie dank der Fokussierung ein herausragendes Werk entsteht.

Fokussierte Menschen wie John Steinbeck beherrschen die Konzentration im Großen: Sie richten ihre Aufmerksamkeit auf die wesentlichen Dinge im Leben, lassen sich kaum durch Unnötiges ablenken und haben längerfristige Vorhaben und Ziele, auf die sie konsequent hinarbeiten.

Sie zeichnen sich durch Folgendes aus: Sie

- haben eine klare Vorstellung davon, wer sie sind, wo sie stehen und was sie längerfristig erreichen wollen
- wissen einen oder zwei Schwerpunkte zu setzen und sich zu begrenzen
- verfolgen ihre übergeordneten Ziele mit Engagement und Disziplin und lassen sich weder durch Schwierigkeiten noch durch Verlockungen davon abbringen
- nehmen wahr, wenn sich die Bedingungen verändern, und passen ihre Vorgehensweise und ihr Ziel den Gegebenheiten an –

wenn nötig, können sie auch aufgeben, statt allzu fixiert an einem Ziel festzuhalten

- haben eine duale Perspektive: Sie fokussieren einerseits auf das längerfristige Ziel und bringen anderseits auch die Selbstdisziplin auf, um die unzähligen kleinen Schritte auf dem Weg zum Ziel anzugehen.

Umsetzungskompetenz entwickeln

Sie haben nun einzelne Puzzleteile wie Planen, Selbstdisziplin, Selbstwirksamkeit und Fokussierung kennengelernt, und ich möchte Ihnen zum Schluss noch das komplette Puzzle präsentieren; es heißt *Umsetzungskompetenz.*
Der Betriebswissenschaftler Waldemar Pelz teilt sie in fünf Dimensionen auf.[47] Adaptiert auf die Erfordernisse des selbstgesteuerten Lernens und Arbeitens umfasst die Umsetzungskompetenz die folgenden Teilkompetenzen:

Klarer Fokus Weiß ich klar, was ich mit meinem Vorhaben erreichen will? Habe ich das Ziel verinnerlicht? Hat es bei den großen und kleinen alltäglichen Entscheidungen stets die höchste Priorität? Schaffe ich es, das Vorhaben wenn nötig gegen die Ansprüche anderer durchzusetzen? Lasse ich mich auch nicht durch Verlockungen verschiedenster Art abhalten?

Lehne es nicht ab, das Negative zur Kenntnis zu nehmen. Weigere dich nur, dich ihm zu unterwerfen.
NORMAN VINCENT PEALE

Vorausschauende Planung Habe ich den Überblick über das ganze Vorhaben? Weiß ich, wie viel Zeit ich diese Woche dafür einsetze, wann ich es mache und was genau ich tun werde? Kann ich mir vorstellen, welche Schwierigkeiten auftauchen könnten? Habe ich die nötigen Zeitpuffer eingeplant?

Selbstdisziplin Bringe ich es fertig, zur vorgenommenen Zeit zu beginnen? Halte ich mich an den Wochenplan? Lege ich Ausdauer an den Tag? Kann ich mich auf mich selbst verlassen? Kann ich vermeiden, mich selbst unter Stress zu setzen?

Motivation und positive Einstellung Weiß ich, wie ich mich in einer langwierigen Phase wieder neu motivieren kann? Gelingt es mir, stets mit einer positiven Einstellung an die Sache heranzugehen?

Selbstwirksamkeit Habe ich genügend Vertrauen in mein Können, um auch am Vorhaben dranzubleiben, wenn es schwierig wird? Setze ich mich auch dahinter, wenn meine Befindlichkeit mal nicht so gut ist? Fordern mich Fehler und Misserfolge heraus, es erst recht wieder zu versuchen?

Eine dieser Teilkompetenzen wurde bisher noch nicht diskutiert, denn diese verdient ein eigenes Kapitel: Motivation und positive Einstellung.

9 Motivation und Einstellung verbessern

Mit der Motivation ist es wie mit der Liebe: Selbst wenn sie groß ist und von Herzen kommt, ist sie nicht immer gleich. Man erlebt Höhen und Tiefen und Plateaus und weiß, dass sie Pflege und ab und zu einen frischen Anstoß braucht. Diesen Anstoß möchte ich Ihnen im Folgenden geben. Bisweilen ist es zudem nötig, seine Einstellungen und Gewohnheiten zu hinterfragen. Wie Sie dies angehen können, werden Sie ebenfalls erfahren.

Seine Arbeit mit der rechten Einsicht zu tun ist Kunst.
THOMAS VON AQUIN

Sich immer wieder neu motivieren

Wie können wir uns immer wieder neu zum Lernen oder zu einer anderen fordernden Aktivität motivieren? Es gibt unendlich viele Dinge, die einen motivieren können – sofern man dies wirklich will. Doch wo beginnen? Gehen wir systematisch vor: Wir können uns den Start erleichtern, die Handlungsphase attraktiver machen, in der Bewertungsphase für Feedback sorgen oder uns immer wieder mal das große Ziel vor Augen führen.

Den Start erleichtern

Der Start ist das Wichtigste, aber oft auch das Schwierigste, denn es geht einmal mehr um die Überwindung. Was erleichtert den Start beim Lernen? Wie kann man sich fürs Hinsetzen motivieren? Sie wissen, dass es schon mal hilft, wenn der Geist im Voraus klipp und klar weiß, worum es geht und was es zu tun gibt. Weiterhin gilt es, sich in die richtige Stimmung zu bringen und eine angenehme Lernumgebung zu schaffen. Schließlich geht es auch hier nicht ohne Willenskraft und dies erfordert bisweilen einen kräftigen inneren Ruck.
Schauen wir uns diese drei Bereiche etwas genauer an:

Sich am Vorabend ein Nahziel setzen. Sie erinnern sich an die Methode des Nahzielsetzens (Seite 91): Je konkreter das Hirn weiß, *was*, *wie* und *wie lange* es lernen soll, desto einfacher ist der Start. Allerdings darf man sich nicht zu viel auf einmal vornehmen; die Happen müssen gut verdaubar sein. Legen Sie das Nahziel und die genaue Startzeit bereits am Vortag fest, so wird das Sich-Hinsetzen im Kopf bereits vorgebahnt (siehe auch Visualisierung Seite 79). Überfliegen Sie dabei auch noch kurz die Inhalte – ich nenne diese paar Sekunden den *»Fotoflash«*. Damit können Sie das Vorwissen aktivieren, sich neugierig machen und sich auch auf den Inhalt einstimmen.

Sich in Lernstimmung bringen In Lernstimmung kommt man am ehesten am *gewohnten Lernplatz* – zumindest dann, wenn dieser ausschließlich der Kopfarbeit gehört. Auch mit kleinen *Ritualen* (wie zu Beginn stets eine Tasse des Lieblingstees brauen oder den Schreibtisch immer schön herrichten) kann man sich in die richtige Stimmung bringen. Dieses Phänomen hat mit dem Konditionierungseffekt zu tun. Sie erinnern sich an Pawlows berühmtes Experiment mit dem Hund: Jedes Mal, bevor der Verhaltensforscher einem Hund das Futter vorsetzte, ließ er eine Glocke ertönen. Das Tier assoziierte nach einigen Durchgängen den Glockenton mit seiner Fütterung und reagierte mit erhöhtem Speichelfluss – nach einigen Wiederholungen war der Hund auf den Glockenton konditioniert. Durch Konditionierung können Dinge, die eigentlich nichts miteinander zu tun haben, verknüpft werden: Ein Glockenton kann Speichelfluss auslösen, das Bild einer lila Kuh kann Lust auf Schokolade wecken und der Lernplatz oder die Tasse Tee können die innere Sammlung und den Start erleichtern und den Aufwand an Überwindungsenergie verringern.

In einer meiner Umfragen wollte ich von den Studierenden wissen, ob sie irgendwelche Rituale oder bestimmte Örtlichkeiten nutzen, um sich in Lernstimmung zu bringen. Lassen Sie sich von ihren Ideen auf Tafel 5 (Seite 144) inspirieren, um in Lernstimmung zu kommen!

Mit einem inneren Ruck beginnen Sie kennen das Trägheitsgesetz, das besagt, dass ein Körper so lange im Zustand der Ruhe oder der gleichförmigen Bewegung verharrt, bis eine Kraft auf ihn einwirkt. Bisweilen scheint es, als sei auch der Mensch diesem Gesetz unterworfen – zumindest, wenn er eine mühsame Aufgabe anpacken sollte. Wie oft dehnen wir dann den Zustand der Ruhe, also die Pause, noch etwas aus, und wie gern verbleiben wir im Zustand der gleichförmigen Bewegung der Routinearbeiten. Wir räumen alles Mögliche auf, checken die E-Mails oder rufen noch eine Freundin an. Doch ganz gelöst sind wir bei solchen Ablenkungsmanövern nicht, denn der aufgeschobene Start der Lernsession sitzt uns im Nacken.

Das beste Mittel gegen Verdrossenheit ist es, sich selbst zu aktivieren.
RICHARD VON WEIZSÄCKER

Mobilisieren Sie also Ihre Energien, geben Sie sich einen Ruck, setzen Sie sich an den Lernplatz und packen Sie die Sache an. Was dabei hilft, ist die Methode der magischen Minute (Seite 117). Beginnen Sie zu einer im Voraus festgelegten Zeit und warten Sie in

Tafel 5
Lernrituale

Nutzen Sie irgendwelche Rituale, Tricks, Örtlichkeiten etc., um sich in Lernstimmung zu bringen?[48]

Ich stelle zwei Liter Wasser auf den Tisch, bringe Ordnung in meine Sachen und erzeuge mental eine Stimmung der Klarheit, Determiniertheit und gelassenen Spannung in mir.

Ich verwende meine Ohrstöpsel auch zu Hause. Sie stimmen mich sofort ein und geben mir ein Gefühl der Geborgenheit.

Banal: Morgenspaziergang mit Hund. Lässt Raum für gedankliche Vorbereitung.

Ich treibe Sport vor dem Lernen. So ist der Kopf gelüftet und meinem Bewegungsdrang ist Genüge getan, um anschließend still sitzen und lernen zu können.

Ich gehe in die Bibliothek, mit einem Eistee aus dem Shop beim Bahnhof. In der Bibliothek setze ich mich im ersten Stock an einen Leseplatz und packe meinen Block und alle meine Bücher aus. Dann kann ich beginnen.

Ich arbeite in einer kleineren Bibliothek und habe das Gefühl, dass mich das Wissen, das da in den Gestellen steht, zum Lernen anregt.

Ich gehe in die Bibliothek, weil für mich die Atmosphäre stimmt und ich den Tag wie ein Angestellter einteilen kann. Das heißt, ich imitiere eine Arbeitssituation und gehe abends nach Hause und es ist Schluss wie im Arbeitsalltag auch.

Wenn möglich gehe ich an die Sonne unter einen Sonnenschirm. Das helle Licht hilft mir, mich auf neuen Lernstoff besser einzustellen. Ich ziehe auch immer bequeme Lernkleider an.

Am liebsten lerne ich in einem Ferienhaus in den Bergen. Frische Luft, keine Ablenkung, kein Ausgang. Ohne Ausgang kann man auch am Abend noch lernen.

den Startblöcken, bis der Sekundenzeiger auf die Zwölf vorrückt. Legen Sie dann unverzüglich los. Versenken Sie sich sogleich voll in Ihr Tun, richten Sie alle Gedanken und Gefühle auf den Stoff, um so rasch wie möglich komplett absorbiert zu sein.
Überwindung und anfängliches Bündeln der Aufmerksamkeit benötigen am meisten Energie. Ist der innere Ruck geschafft, geht es meistens leichter voran. Vertrauen Sie dieser Erfahrung: Statt sich von der gewaltigen Anstrengung entmutigen zu lassen, die das Erledigen der *ganzen* Aufgabe oder eine *ganze* Lernstunde erfordert, müssen Sie sich nämlich bloß für die ersten fünf Minuten aktivieren. Wenn Sie in dieser Startphase die Thematik packen, sind Sie bereits auf gutem Weg und werden automatisch Schritt für Schritt weitermachen.

Die Handlungsphase attraktiver machen

Die Handlungsphase kann sich nicht nur über eine einzige Lernsession, sondern auch über viele Wochen Prüfungsvorbereitung oder über die langen Jahre, die das Erlernen einer Fremdsprache braucht, erstrecken. Es sind vor allem drei Maßnahmen, welche derart lange Handlungsphasen attraktiver machen: *konkrete Lernziele*, *Abwechslung* sowie die *Förderung des Interesses*.

Im Entwurf zeigt sich das Talent, in der Ausführung die Kunst.
MARIE VON EBNER-ESCHENBACH

Konkrete Lernziele schaffen Je länger sich ein Lernprojekt hinzieht und je mehr Ausdauer es erfordert, desto wirkungsvoller sind ganz konkrete Lernziele. Denn Ziele – insbesondere kurzfristige Zwischenziele und Nahziele – können eine enorme Motivationskraft entwickeln. Am besten werden diese rückwärts, das heißt vom Endziel her, geplant: Setzen Sie sich zunächst ein ganz konkretes Ziel für das Semester, die Prüfung oder die nächsten vier Wochen. Brechen Sie dann Ihr Lernvorhaben auf einzelne Wochen herunter, listen Sie Ihre wöchentlichen Lernziele auf, hängen Sie diese gut sichtbar an die Wand und tragen Sie die dafür vorgesehenen Stunden auch in Ihre Agenda ein. Wenn Sie noch zusätzlichen Schub gebrauchen können, legen Sie auch Tagesziele fest und sorgen in den einzelnen Lernsessionen immer wieder für herausfordernde Nahziele.

Für Abwechslung sorgen Auch Abwechslung gibt frischen Schwung. *Beschaffen Sie sich frisches Material.* Ein Buch mit neuen Übungen, eine Monografie aus der Bibliothek, ein am Urlaubsort gekaufter Notizblock oder ein neuer Schreibstift – jedes dieser Utensilien kann wieder neu motivieren.

Wechseln Sie den Lernort. Wenn Sie den eigenen Schreibtisch nicht mehr sehen können, ist es höchste Zeit, den Lernort für eine Weile zu wechseln. Sie werden sehen, wie viel Energie Sie plötzlich haben, wenn Sie zur Abwechslung in der Bibliothek, im Zug, auf dem Schiff, auf einer Parkbank oder auf Balkonien Ihre Zelte aufschlagen. Sie können auch am Pool lernen, so wie dieser pfiffige Student, der mich mit seinem Beitrag ziemlich neugierig machte: »Momentan lerne ich gerne am Pool, um nach einer Etappe eine Runde zu schwimmen. Bald habe ich jedoch keinen Pool mehr und muss mir etwas Neues einfallen lassen.« Schade, dass er nicht verrät, wie er sich den Pool organisiert hat.

Versuchen Sie es mit einem neuen Lernpartner. Dies kann Ihnen einen gewaltigen Motivationsschub verleihen. Vergessen Sie dabei jedoch die Regeln nicht (Seite 241).

Lassen Sie sich von einem Lern- oder Zeitmanagement-Buch inspirieren. Dies ist eine der sichersten Methoden – ein Motivationsschub, den Sie sich jederzeit aus dem Bücherregal holen können. Sie werden unter den vielen Ideen in einem solchen Werk bestimmt die eine finden, die Sie genau in diesem Moment gebrauchen können. Dasselbe gilt im Übrigen auch für das Verfassen von schriftlichen Arbeiten: In einem *How to Write A Thesis*-Buch zu schmökern wird Ihnen neuen Schwung verleihen.

Vergessen Sie auch in intensiven Phasen die Pausen nicht. Gönnen Sie sich zudem pro Woche einen absolut lernfreien Tag, um Abstand zu gewinnen und sich von der Kopfarbeit und dem langen Sitzen zu erholen.

Vom Radprofi Fabian Cancellara habe ich einmal gelesen, er sei ein Mensch, der alles aufsauge, was ihn motivieren könne. Machen Sie es dem Olympiasieger nach: Nehmen Sie genauso alles begierig auf – alles, was immer Sie motivieren kann!

Das Interesse auffrischen Interesse entwickeln heißt, eine *Beziehung* zu einem Thema oder auch zu einer Person zu schaffen. Ihr Interesse am Lernstoff lässt sich steigern, wenn Sie Ihre Beziehung zum Thema neu beleben. Versuchen Sie, mehr darüber in Erfahrung zu bringen oder neue Aspekte ausfindig zu machen. Erhöhen Sie die Interessantheit des Inhalts durch die Lektüre von Biografien, Kritiken und Kommentaren. Finden Sie heraus, was Könner dieses Fachs daran fasziniert. Diskutieren Sie öfter mit anderen darüber, sinnieren Sie selbst darüber nach und versuchen Sie, auch auf der emotionalen Ebene einen Link zu schaffen.

In der Bewertungsphase für Feedback sorgen

Machen Sie sich nach jeder Lernsession die erreichte Befriedigung und die Selbstwirksamkeit neu bewusst. Sie dürfen sich ruhig für Ihr Tun loben, stolz auf sich selber sein und sich ein paar Heldenpunkte geben. Verstärken Sie den Effekt durch das Abhaken der To-do-Liste oder der Zwischentitel im Lehrbuch. Einen besonders guten Feedback-Effekt hat auch das Notieren der aufgewendeten Lernzeit. Und belohnen Sie sich immer wieder mal mit einem kleinen Luxus, der Ihnen Freude macht.

Sich die größeren Ziele bewusster machen

Die Klugheit eines Menschen lässt sich aus der Sorgfalt ermessen, womit er das Künftige oder das Ende bedenkt.
GEORG CHRISTOPH LICHTENBERG

Sie haben sich seinerzeit aus guten Gründen für Ihr Studium oder Lernprojekt entschieden. Schalten Sie eine Denkpause ein und halten Sie sich diese Gründe und Ihr längerfristiges Ziel wieder einmal vor Augen: Was wollen Sie mit Ihrem Lernprojekt schlussendlich erreichen? Warum wollen Sie es? Wollen Sie es wirklich? Wenn Sie Ihr Ziel derart verinnerlicht haben, dass es in Fleisch und Blut übergegangen ist, können Sie mühelos darauf fokussieren. Es wirkt wie ein Leitstern und hält Sie auf Kurs: Sie wissen, wohin Sie wollen, Sie verzetteln sich nicht und können sich auf die Ausführung konzentrieren. Ein derartiges Ziel befreit. Und selbst wenn Sie am Ende das Ziel nicht erreichen, hat es Ihnen für lange Zeit eine Perspektive gegeben.

Zur Selbstreflexion

1. **Ist mir klar, dass schriftlich festgelegte Ziele und Pläne eher umgesetzt werden?**
2. **Welche der vorgeschlagenen Motivationsmethoden könnte ich mir schon mal vornehmen, um bei der nächsten Senke gewappnet zu sein?**
3. **Was bringt es mir, wenn ich diese Methoden gleich jetzt schon auf ihre Wirkung teste?**

Eine positive Einstellung zum Lernen gewinnen

Wer arbeiten will, muss fröhlich sein.
THEODOR FONTANE

»Lernen Sie gerne?« Diese Frage lässt manche bei der Beantwortung zögern. Es gibt zwar Dinge, welche die meisten Menschen mögen – die Lieblingsfächer, neue Erkenntnisse und Aha-Erlebnisse. Daneben gibt es aber auch ungeliebte Fächer oder Tätigkeiten, die als mühsam empfunden werden. Dies lässt sich weder im Studium noch im Arbeitsleben umgehen – es sei denn, Sie ver-

suchen, auch weniger geliebten Inhalten und Aufgaben gegenüber eine positive Haltung zu entwickeln und falsche Erwartungen, Gewohnheiten und Einstellungen zu hinterfragen. Wenn Sie wirklich daran arbeiten wollen, können Sie in kurzer Zeit viel erreichen und eine positivere Einstellung gewinnen.
Es gibt mehrere Möglichkeiten, darauf hinzuarbeiten. Sie können Ihre *Offenheit kultivieren* und versuchen, unvoreingenommener zu sein. Dann lässt sich auch der *Anfängergeist entwickeln*. Außerdem wird sich Ihre Einstellung verbessern, wenn Sie *sich den Lernfrusts stellen*.

Offenheit kultivieren

Oft verhindern Vorurteile, frühere Misserfolge oder Befürchtungen den Lernprozess. Wenn Sie solche hinderlichen Gefühle spüren, ist es höchste Zeit, sich bewusst zu öffnen und zu versuchen, unvoreingenommen an die Dinge heranzugehen. Kultivieren Sie Ihre Offenheit wie ein Pflänzchen, das wachsen und gedeihen soll. Auf Tafel 6 (Seite 150) finden Sie Erfahrungen von Studierenden, über welche sie in einer meiner Umfragen berichtet haben. Lassen Sie sich davon anregen!

Das Vorurteil ist ein Floß, an das sich der schiffbrüchige Geist klammert.
BEN HECHT

Anfängergeist entwickeln

Wer eine neue Ausbildung beginnt oder etwas Neues lernt, kann zu Beginn noch wenig; er oder sie ist ein Anfänger, ein Amateur. Für manche ist dieser Zustand schwer zu ertragen. Das Selbstwertgefühl leidet, weil man seinen Wert als Mensch mit den völlig normalen, jedoch noch dürftigen Leistungen des Novizen verknüpft. Wenn Sie als Anfänger neuen Explorerspirit entwickeln, haben Sie es bedeutend einfacher; Sie müssen sich nichts beweisen und

Tafel 6
Offenheit

Haben Sie Erfahrungen gemacht mit der Wirkung von Offenheit, mit dem sich Öffnen fürs Lernen – im Gegensatz zu bewusster oder unbewusster Antipathie / Abwehr / Ängstlichkeit?[49]

Wenn ich Matheübungen lösen soll, versuche ich, meine Abwehr dem Stoff gegenüber (oder die Angst, es nicht zu können) abzulegen und die Aufgaben ganz unbefangen anzugehen. Oft macht es mir dann sogar Spaß und ich freue mich, wieder etwas Neues gelernt zu haben.

Ich habe gemerkt, dass ich mich auch künstlich interessieren kann; z. B. als ich in der Biologie verschiedene Algen und ihre Eigenschaften lernen musste. Ich habe mir vorgegaukelt, es sei wichtig für mich, diese Dinge über die Algen zu wissen und zu verstehen; das ist, glaube ich, meine Art, mich für Lernstoff zu öffnen.

Durch Gerüchte und meine persönliche negative Einstellung war mir Strafrecht unsympathisch. Das Buch schreckte mich ab. Als ich in den Vorlesungen nicht mehr folgen konnte, fing ich an, mich in das Thema hineinzuknien, nachzulesen und mitzudenken. Und siehe da: Das Buch entpuppte sich als sehr gut und Strafrecht als höchst spannend! Strafrecht ist nun eines meiner zwei Lieblingsfächer.

Wenn ich etwas nicht gern mache oder einfach negativ zu etwas eingestellt bin, bringt es mir oft sehr viel, mit einem Kollegen, der das Ganze anders sieht (oder besser ist), zu bereden. Oft motiviert dies oder schafft sogar Sympathie!

Wegen der Chemie habe ich eine Prüfung nicht bestanden und dann eine riesige Antipathie gegenüber dem Fach entwickelt. Doch ich wusste, dass ich sowieso wieder mindestens zehn Stunden pro Woche mit Chemie verbringen würde. Wieso sollte ich es mir also noch schwerer machen? Ich versuchte, Chemie nicht als ein doofes Fach anzusehen – sondern als ein Geheimnis, das es zu lüften galt. Und plötzlich war ich offen und merkte, dass das gar keine Hexerei ist.

Offenheit löst Blockaden, wie wenn man eine Handbremse löst. Sich öffnen heißt auch, Distanz zu nehmen zu vorgefassten Meinungen und zu früheren Erfahrungen.

Das Leben hat mich gelehrt, offen zu sein für neuen Lernstoff. Als ich das begriffen hatte, wurde alles viel spannender und ist es bis heute geblieben!

auch noch nicht gleich alles wissen. Mit dem richtigen Anfängergeist betrachten Sie das neue Lerngebiet als Experimentierfeld, auf dem Sie das Thema spielerisch erschließen und erproben können. Es ist wie ein weißer Fleck auf der Landkarte, den Sie erforschen wollen. Auch wenn es Hindernisse und Durststrecken zu überwinden gilt und Sie öfter stolpern: Machen Sie unbekümmert und geduldig weiter, denn Sie werden immer wieder größere und kleinere Erfolgserlebnisse haben und mehr und mehr Lernfortschritte machen.
Das Wort ›Amateur‹ bedeutet im Lateinischen ›Liebhaber‹. Wenn Sie das neue Gebiet lieben lernen, wird Ihnen seine Erschließung noch mehr Freude bereiten.

Sich den Lernfrusts stellen

Sind Sie bisweilen verärgert, weil es im Kurs zu rasch vorwärtsgeht, weil der Text schlecht verständlich ist oder weil Sie die Hälfte der Vokabeln bereits wieder vergessen haben?
Wenn dem so ist, sollte Ihnen die Missstimmung die Augen öffnen: Es ist, wie es ist – Sie liegen bloß mit Ihren Erwartungen falsch. Und falsche Erwartungen führen zu Frustration (siehe auch Seite 47). Wenn Sie etwas frustriert, ist dies ein Zeichen dafür, dass Sie die Realität falsch eingeschätzt haben. Zwischen der Situation, wie sie ist, und Ihrer Einschätzung herrscht eine Differenz, und je größer die Differenz, desto größer ist auch die Frustration.
Lassen Sie sich die Laune nicht vermiesen. Statt sich durch unrealistische Erwartungen immer wieder von Neuem frustrieren zu lassen, verringern Sie besser diese Differenz: Gestehen Sie sich ein für alle Mal ein, dass es klüger ist, Ihre Ansprüche herunterzuschrauben, mehr Anstrengung und Einsatz aufzubringen oder es mit einer positiveren Einstellung zu versuchen.

Zur Selbstreflexion

1. **Welchem Fach/welcher Aufgabe gegenüber könnte ich fortan ganz bewusst unvoreingenommener sein?**
2. **Wo fühle ich mich als Anfänger? Wie gehe ich damit um?**
3. **Wie weit kann ich dem Satz: »Wenn einen etwas frustriert, ist dies ein Zeichen dafür, dass man die Realität falsch einschätzt« zustimmen?**

Anstrengung mit neuen Augen sehen

Durch Anstrengung gelingen die Werke, nicht durch Wünsche.
NÂRÂYANA

Anstrengung wird oft mit etwas Negativem oder gar mit Leiden assoziiert. Dies schafft eine innere Barriere, wenn es darum geht, beim Lernen oder bei der Arbeit einen Gang höher zu schalten oder besonderen Einsatz zu leisten. Falls Sie im Studium und generell im Leben weiterkommen und Ziele erreichen wollen, geht es jedoch nicht ohne Anstrengung – manchmal etwas weniger, manchmal etwas mehr und in einzelnen Phasen sehr viel davon. Sollten Sie eine negative Einstellung zur Anstrengung haben, rate ich Ihnen, diese ein für alle Mal über Bord zu werfen und eine bejahendere Sichtweise aufzubauen. Denn in der Anstrengung steckt eine enorme positive Kraft. Und als Lohn winkt die Befriedigung, aus eigener Kraft etwas erreicht oder Einfluss auf ein Ergebnis genommen zu haben. Es stärkt zudem die Selbstwirksamkeit, wie ich es Ihnen am Beispiel von Roger Schawinskis Abiturvorbereitung aufgezeigt habe (siehe Seite 132).
Was bedeutet es, sich anzustrengen? Menschen, die sich anstrengen können, zeigen hohe Einsatzbereitschaft. Sie sind engagiert, scheuen auch den zeitlichen Aufwand nicht und bringen sich mit ihren mentalen und emotionalen Ressourcen voll und ganz ein:

Auf der geistig-mentalen Ebene heißt Anstrengung, sich voll zu konzentrieren und sich nicht ablenken zu lassen, aktiv mitzudenken und aktive Lernmethoden anzuwenden, Selbstdisziplin und den Willen aufzubringen, sich zu überwinden, die Dinge mit Biss voranzutreiben und Ausdauer zu zeigen.
Auf der emotionalen Ebene bedeutet Anstrengung, offen und unvoreingenommen zu bleiben, eine positive Haltung und die Motivation aufrechtzuerhalten, auf eine gute Beziehung zur Sache zu achten, sich einzufühlen, Befürchtungen zu überwinden und sich Mut zu machen.

Immer wieder mal an die Grenzen gehen

Nicht jede Aufgabe ist für jeden Menschen gleich anstrengend, denn Anstrengung aufbringen zu können ist auch Übungssache. Was für die einen bereits eine große Anstrengung bedeutet, kann für andere ein ganz normaler Aufwand sein. Fest steht: Wenn Sie Ihr Anstrengungsvermögen nicht von Zeit zu Zeit herausfordern und an die Grenzen gehen, wird Ihre Bequemlichkeitszone mehr und mehr zusammenschrumpfen. Sie werden zunehmend Aktivitäten als anstrengend empfinden, die Sie früher ganz normal empfanden.
Es ist wie mit dem Krafteinsatz im sportlichen Training. Um die Form zu halten oder zu verbessern, braucht es einen bestimmten Trainingsreiz. Dieser will jedoch variabel gestaltet sein. So wechseln Läufer von Einheiten, in denen locker getrabt wird, auf solche mit anstrengendem Hügel- oder Intervalltraining oder welche, die besonders lange dauern und dafür langsamer sind. Durch diese Art des Trainings werden sie nicht nur schneller, sie gewinnen auch an Ausdauer. Dazu kommt, dass sie in Wettkämpfen flexibler reagieren und die Anstrengung wenn nötig taktisch variieren können.

Diese flexible Anpassung der Anstrengung ist auch beim Lernen und in Prüfungen erforderlich. Bisweilen ist es nötig, ganz unvermittelt eine Stufe hinaufzuschalten. Wenn Sie im Lehrbuch auf einen Satz stoßen, den Sie nicht auf Anhieb verstehen, braucht es eine gewisse Anstrengung, um ihn nachzuvollziehen. Genauso wie ein Kraftaufwand vonnöten ist, um möglichst viel von einem fremdsprachigen Text mitzubekommen. Oder auch, um vom Lesen aufs Rekapitulieren und vom Zusammenfassen aufs Einprägen umzuschalten.

Dank Anstrengung zu Erfolgen kommen

Eine Untersuchung über das Lernverhalten von Studierenden wies nach, dass dieses sogenannte Anstrengungsmanagement der einzige Aspekt des Lernverhaltens war, der einen direkten Einfluss auf den Erfolg einer Vordiplomsprüfung hatte.[50]

Ich habe fleißig sein müssen. Wer ebenso fleißig ist, der wird es weit bringen.
JOHANN SEBASTIAN BACH

Dass sich auch die Begabtesten unter den Begabten anstrengen und üben müssen, zeigt eine Langzeitstudie an einer deutschen Musikakademie, in der die besten unter den Violinisten beobachtet wurden. In den langen Jahren der Untersuchung fanden die Forscher heraus, dass die Allerbesten – diejenigen, die das Potenzial für eine internationale Musikkarriere hatten – fast 50 Prozent mehr Zeit zum Üben aufgewendet hatten als ihre Kollegen, deren Fähigkeiten knapp unter diesem Niveau lagen.[51]

Es müssen längst nicht immer fünfzig Prozent mehr Aufwand sein. Wenn es Ihnen gelingt, in kritischen Situationen zehn Prozent mehr Einsatz zu geben, kann dies den entscheidenden Unterschied ausmachen.

Vielleicht lassen Sie sich durch das Beispiel des Meisterpianisten, der täglich stundenlang üben muss, inspirieren. Zwar zieht sich sein Üben hin, aber er mag diese langen Stunden: *»I practice until I have my life in my fingers.«*[52] Mit einer derartigen Einstellung wird auch Ihnen das Ganze leichter fallen: »Ich bleibe dran, bis ich mein Leben in meinen Fingern spüre, bis ich meinem italienischen Vokabular oder den Mathe-Übungen meine Seele eingehaucht habe!«

Die Stretchzone lieben lernen

Selbst wenn Sie diesem Begriff zum ersten Mal begegnen, ahnen Sie wohl, was damit gemeint ist: Sie sind in der Stretchzone, wenn Ihr Geist und Ihre Gefühle so richtig gedehnt und gefordert werden – wenn Sie schwierigen Lernstoff bearbeiten und versuchen, ihn vertieft zu verstehen, oder wenn Sie in der Vorlesung probieren, das Gehörte gleich derart aktiv zu verarbeiten, dass Sie am Abend Ihrem Kollegen die wichtigsten Punkte frei nennen und erklären könnten. Natürlich geht es auch müheloser; der Stoff kann oberflächlicher gelernt und die Vorlesung passiver aufgenommen werden. Warum also die Anstrengung, wenn man es bequemer haben kann?

Es gibt vielfältige Gründe, die dafür sprechen, immer wieder die Bequemlichkeitszone zu verlassen und sich in die Stretchzone zu begeben. Der russische Psychologe Lev Vygotsky nennt sie *zone of proximal development*, die Zone der nächsten Entwicklung: Es ist das Gebiet der noch nicht ausgereiften, jedoch reifenden Prozesse in der Entwicklung des Kindes.[53] Doch auch Erwachsene können sich weiterentwickeln. In Anlehnung an diesen Bereich der proximalen Entwicklung lässt sich zum Beispiel die Haltung bewusst verändern, sodass schwierige Inhalte oder riesige Stoffmengen mehr und mehr als Herausforderung für den Intellekt und die Selbstmanagementfähigkeit als Lernchance oder als Gehirntraining betrachtet werden – und weniger als die Bedrohung, die Studienanfänger bisweilen darin sehen. Einige geraten in Panik, wenn sie von einem Gebiet noch kaum etwas verstehen oder wenn sie realisieren, dass es anstrengend wird. Sie zweifeln an ihren Fähigkeiten und meinen, sie müssten gleich alles können und verstehen, obwohl sie wissen, dass noch kein Meister vom Himmel gefallen ist. Dazu hält sich bei vielen hartnäckig das Vorurteil, dass die Notwendigkeit von Einsatz und Anstrengung tiefere Intelligenz bedeuten.

»Die einen checken es und die andern machen es mit Fleiß«, meinte mein Neffe einst als Mittelschüler ziemlich herablassend. Heute, im weit anspruchsvolleren Hochschulstudium, hat er erkannt, was auch die Lernforschung bestätigt: Anstrengung, Engagement und Ausdauer – typische Elemente der Stretchzone – sind neben Interesse und Motivation die wichtigsten Erfolgsfaktoren.

Anstrengung ist für edle Geister eine Stärkung.
SENECA

Denken Sie stets daran: Wenn die Kopfarbeit anstrengend ist, wenn Sie sich überwinden müssen oder wenn Zweifel aufkommen, sind Sie in der Stretchzone. Heißen Sie diese willkommen! Sie wollen ja dazulernen und sich weiterentwickeln. Wie beim Muskelaufbau braucht auch das Gehirn eine gewisse Reizschwelle. Bleiben Sie dran. Nur in der Stretchzone lernen Sie, Anspruchsvolles anzugehen und Ihre Fähigkeiten ständig auszuweiten. So werden Sie allmählich auf eine höhere Stufe der Kompetenz gelangen und dem Ganzen noch mehr Freude und Befriedigung abgewinnen.

Zur Selbstreflexion

1. **Gibt es eine anstrengende Aktivität, bei der ich die Anstrengung positiv erlebe?**
2. **Kenne ich das diffus-unangenehme Gefühl, wenn ich beim Lernen merke, dass es nun anstrengend wird?**
3. **Will ich ausprobieren, was es bewirkt, wenn ich mir in derartigen Momenten 10 Prozent mehr Einsatz zumute?**

Systematisch an der Einstellung arbeiten

Was ist am schwersten zu erreichen? Dass man sich selber auf die Schliche kommt.
WILHELM BUSCH

Erinnern Sie sich an die Studierenden, die während vier Wochen ihre Konzentration in den Vorlesungen beobachten und auf einer Skala von 1 bis 5 bewerten mussten? Und wie sie sich dadurch ihr Konzentrationsverhalten bewusster machten und sich dieses in der Folge automatisch verbesserte?
Mithilfe von solchen Skalen können Sie sich auch Gefühle, Stimmungen und Einstellungen bewusster machen und sie positiv beeinflussen. Dies sei an zwei Beispielen illustriert:
Das erste Beispiel stammt von Timothy Gallway, dem Autor von *The Inner Game of Work.*[54] Er arbeitete mit Golfspielern, die bei jedem Schlag ihre Freude auf einer Skala von 1 (wenig) bis 5 (viel) abschätzen mussten. Zu Beginn war es so, dass die Freude umso größer war, je besser ein Schlag gelang. Im Verlauf des Spiels wurde den Spielern jedoch bewusst, dass das Spiel an sich ja auch Freude macht. Die schlechte Stimmung nach einem missglückten Schlag wurde dadurch rascher überwunden und die Freude am Spiel – auch an der Zahl der geschätzten Punkte ablesbar – nahm stetig zu.
Das zweite Beispiel erzählte mir ein ehemaliger Mitarbeiter, mit dem ich oft über diese Art von Selbstregulation diskutierte. Er schilderte, wie er nach einem Riesenärger im Geschäft – 10 Punkte auf einer Skala von 1 bis 10 (1 = neutral gestimmt; 10 = sehr negative Gefühle) – joggen ging, um emotional etwas herunterzukommen. Doch der Ärger war derart groß, dass er nachher immer noch auf 7 Punkten war. Dann bereitete er mit seiner vierjährigen Tochter einen Gratin zu und realisierte beim gemeinsamen Gemüseschnetzeln, dass sein Ärger bereits unter 5 Punkte gefallen war.

Übung 7
Die Skalen-Methode

Wir springen gleich ins kalte Wasser und wollen uns in diesem Experiment negativen Gefühlen stellen und diese eine Weile systematisch beobachten.

Packen Sie dafür eine Aufgabe an, die Sie nicht so mögen – sei es eine Lernsession in Ihrem ungeliebtesten Fach, sei es das Verfassen eines Textes, ein Gespräch, das Sie etwas fürchten oder das Staubsaugen Ihres Zimmers – und achten Sie dabei periodisch auf Ihre Stimmung.

Wenn ich zwischen zwei Übeln zu wählen habe, nehme ich lieber das, das ich noch nicht ausprobiert habe.
MAE WEST

Zeichnen Sie zuvor auf ein Blatt Papier eine Skala von 1 bis 10 (1 = neutral gestimmt; 10 = sehr negative Gefühle, sehr schlecht gestimmt). Achten Sie dann vor, während und nach der Aufgabe in Abständen von fünf bis zehn Minuten auf Ihre Stimmung, und listen Sie die jeweilige Punktezahl sowie die Zeit auf dem Blatt mit der Skala auf.

Die Bewertung mit Punkten erhöht nicht nur die Bewusstheit für den momentanen Zustand der Gefühle. Sie hilft zudem, die Situation aus einer gelasseneren Distanz zu sehen und darüber nachzudenken. Denn wenn Sie eine Situation reflektieren, haben Sie automatisch etwas Abstand dazu; Sie sind auf einer übergeordneten Denkebene, der *Metaebene*. Aus dieser Perspektive können Sie Ihr Denken, Fühlen und Handeln gleichsam aus der Vogelperspektive betrachten. Dadurch sind Sie dem Geschehen nicht mehr distanzlos ausgeliefert und können eine Veränderung in positiver Richtung einleiten.

Die Quantifizierung erlaubt zudem, Veränderungen besser zu erkennen. Man sieht, wie sich die Stimmung langsam in positiver Richtung bewegt. Eine Übungsteilnehmerin hat dank dem regulierenden Effekt der Skalen festgestellt, dass ihre negative Einstellung dem Lernen gegenüber von Tag zu Tag etwas besser wurde. Eine andere konnte sich mithilfe der Skalen von ihrem Hang zum Selbstmitleid befreien.

Es gibt nichts Praktischeres als eine gute Angewohnheit.
MONIKA LETZ

Mit der Skalen-Methode nehmen Sie das Ruder in die Hand. Sie lernen, Ihre Gefühlslagen und Ihre Einstellungen zu steuern und sich so beim Lernen und im Alltag mehr Gestaltungsraum zuzugestehen.

In Kürze zu Übung 7
Der Nutzen der Skalen-Methode

Wenn Sie systematisch Skalen einsetzen, um Ihren aktuellen Status betreffend Einstellung, Stimmung, Gefühle oder Konzentration abzuschätzen, können Sie

- sich den momentanen Status stärker bewusst machen
- eine Entwicklung in positiver Richtung einleiten
- die Regulation ganz bewusst auch steuern.

Den Hang zum Perfektionismus überwinden

Im Kontakt mit Studierenden fällt mir immer wieder auf, dass sich manche dieser jungen Leute ihren Weg verbauen, weil sie einen Hang zum Perfektionismus haben. Sie sind ambitioniert und haben viele gute Eigenschaften wie Genauigkeit, Sorgfalt und Ausdauer – doch sie kennen oft kein Maß. »Wenn wir Tugenden bis zum Extrem kultivieren, werden Laster daraus«, hat Blaise Pascal dereinst geschrieben.

Weisheit besteht darin, zur richtigen Zeit auf Vollkommenheit zu verzichten.
ERNST BLOCH

Perfektionismus hat unzählige Gesichter – vom detailversessenen Grübler zur Ordnungsfanatikerin bis hin zum Phantasten finden sich alle möglichen und auch unterschiedlich stark ausgeprägten Erscheinungsformen.[55]

Als gemeinsamer Nenner zeigt sich die *unrealistische Einstellung*: Perfektionisten streben übertrieben hohe Standards oder aber unerreichbare Ziele an und belasten sich damit.[56] Manche können auch schlecht mit Fehlern und Misserfolgen umgehen und verknüpfen diese oft mit ihrer Selbstachtung. Die Angst, nicht zu genügen, und die Mühe, Hilfe oder gar Kritik zu akzeptieren, gehört in vielen Fällen ebenfalls dazu.

Nicht jeder, der hohe Standards und Ziele hat, ist ein Perfektionist. Es gibt auch *realistische Ambitionierte* – sowohl unter Studierenden als auch im Spitzensport, unter Nobelpreisträgern oder anderswo. Diese wissen, dass Fehler und Rückschläge Teil des natürlichen Lernprozesses sind und fühlen sich bei Misserfolgen auch nicht gleich in ihrem Selbstwert bedroht.

Statt wie diese Realisten einfach ihr Bestes zu geben – also das, was in der jeweiligen Tagesform und unter den aktuellen Umständen möglich ist –, wollen Perfektionisten *das absolut Beste* schaffen. Dies kann bei den einen zur Selbstüberforderung führen, während sich andere eher ins Aufschieben retten. Warum? Wenn durch das Aufschieben am Ende nur noch sehr wenig Zeit für das Tun verbleibt, kann keiner ein vollkommenes Resultat erwarten. Aufschieben heißt nicht, nichts zu tun – im Gegenteil. Eine Studentin schrieb in einer meiner Umfragen dazu: »Ich bilde mir ein, ich müsste vor einer langwierigen Aufgabe immer zuerst aufräumen, Kleinigkeiten erledigen und abhaken, um innere Ruhe zu schaffen und mir das Gefühl zu geben, nichts vergessen zu haben und nichts zu verpassen. Ich kann das aber so perfekt, dass ich kaum mehr zur eigentlichen Aufgabe komme.«

Manche Perfektionisten haben auch Schwierigkeiten, Lob anzunehmen oder sich selbst auf die Schultern zu klopfen. Überhaupt machen sich etliche das Leben schwer; vieles ist ihnen eine Last – kein Wunder, bei ihren überrissenen Ansprüchen. Sie vermögen einer Tätigkeit oft nur wenig Freude abzugewinnen, weil sie ständig werten und weil sie vor allem das Resultat im Auge haben und weniger am Prozess *per se* Interesse zeigen. Statt entspannt und spielerisch vorzugehen und mit Verbesserungen zu experimentieren, gibt es für sie häufig nur einen richtigen Weg, nur ein Alles oder Nichts.

Erst wenn du anerkennst, dass etwas so ist, wie es ist, öffnest du die Tür für eine Veränderung.
CORNELIA SCHÄFER

Die mangelnde Experimentierfreude verbunden mit der Angst vor Fehlern und Gesichtsverlust hindert manche Perfektionisten an ihrer weiteren Entwicklung. Sie haben oft Mühe, sich ihre Schwächen einzugestehen. Dies wäre jedoch ein erster Schritt in Richtung positiver Veränderung.

Sich in positiver Richtung verändern

Falls Sie bei sich selbst eine Tendenz zum Perfektionismus orten, können Sie Folgendes probieren:

- Setzen Sie sich zeitliche Grenzen, indem Sie für kritische Aufgaben ein Zeitlimit festlegen.
- Lernen Sie von den Minimalisten und erlauben Sie sich ganz bewusst, weniger perfekt zu sein.
- Achten Sie im Team darauf, dass auch die anderen einen fairen Anteil übernehmen.
- Hören Sie auf, sich stets mit den Allerbesten zu vergleichen.
- Lernen Sie aus Fehlern und Kritik und versuchen Sie, es ein andermal besser zu machen.
- Seien Sie gnädig mit sich selbst und vergessen Sie nicht, sich liebevoll, aber auch konsequent, wie einen jungen Hund, zu behandeln.
- Und lachen Sie auch mal über sich selbst.

Der Perfekte muss lernen, wie man einen Fehler macht.
RUPERT SCHÜTZBACH

Ehrgeiz ist schon gut, aber Sie sollten sich nicht mit maßlosen Ansprüchen schaden. Denken Sie daran: *A healty goal-setter has drive. A perfectionist is driven.*

Zur Selbstreflexion

1. **In welchem Bereich bin ich eher Perfektionist, in welchem eher Minimalist?**
2. **Schade ich mir bisweilen in der einen oder anderen Richtung, weil ich etwas allzu genau oder allzu locker nehme?**
3. **Tausche ich mich ab und zu mit einer vertrauten Person über solche Probleme aus?**

Tag für Tag sein Bestes geben

Statt sich durch perfektionistische Ansprüche unter Druck zu setzen, möchte ich Ihnen eine gesündere Alternative vorschlagen, welche Ihnen ein weit besseres Gefühl vermittelt und Sie von übertriebenem Ehrgeiz entlasten kann:
Ob Sie eine Aufgabe mehr oder weniger mögen, ob Ihre Stimmung heiter oder trübe ist, ob die Umstände einfach oder schwierig sind – lassen Sie sich durch nichts beirren und nehmen Sie sich vor, ganz einfach Tag für Tag Ihr Bestes zu geben.

Whatever is worth doing at all is worth doing well.
LORD CHESTERFIELD

Sein Bestes geben heißt, spontane innere Bereitschaft zu zeigen, für eine konstruktive Haltung zu sorgen und sich diese Einstellung durch nichts verderben zu lassen. Es bedeutet, engagiert und konzentriert zu arbeiten, den guten Willen aufrechtzuerhalten und jedem Tun etwas Positives abzugewinnen.
Falls Sie zum Perfektionismus neigen, denken Sie daran: Mit ›Sein Bestes geben‹ ist nicht gemeint, sich unter Druck zu setzen, das Maximum aller Zeiten zu erreichen, sich bis ans Limit zu verausgaben und die Lust am Spielen zu verlieren. Bei übertriebener Anstrengung werden Sie nicht mehr locker sein und zu viel Energie verschwenden, wie dies bei Prüfungen der Fall sein kann. Wenn Sie hingegen Ihr Bestes geben, machen Sie Ihre Sache so gewissenhaft und gut, wie Sie diese – in Ihrer jeweiligen Tagesform, in der gegebenen Zeit und unter den vorherrschenden Umständen – machen können. Nicht mehr und nicht weniger.
Stets sein Bestes geben bedeutet, ganz in der Gegenwart, im jetzigen Moment zu sein, sich auf sein Tun zu konzentrieren, sich an der unmittelbaren Erfahrung zu freuen und öfter Flow zu erleben – statt ungeduldig zu sein, sich leicht ablenken zu lassen und in Gedanken bereits die nächste Aufgabe anzugehen. Die Gegenwart darf nicht zu einem öden ›Noch-nicht-Zustand‹ verkommen, den man so rasch wie möglich hinter sich bringen

möchte. So macht die Arbeit wenig Freude. Man ist am Ende kaum befriedigt und kann auch nicht so recht zum Ergebnis stehen; es ist keine Visitenkarte für das Tun. Wenn Sie bei sich derartige Tendenzen erkennen, versuchen Sie, sich auf das Hier und Jetzt zu konzentrieren, sich ganz auf die momentane Aufgabe einzulassen und diese frohgemut, sorgfältig und zügig umzusetzen. Wenn Sie Ihr Bestes gegeben haben, werden Sie weniger empfindlich auf Kritik reagieren, denn Sie wissen, dass Sie getan haben, was Sie konnten, und dies entlastet. Statt eine verteidigende Haltung einzunehmen, werden Sie offener sein, Fehler einzugestehen und dazuzulernen.

»Ich will heute mein Bestes geben!« Der Vorsatz kann Mut machen und Schwung verleihen – sogar wenn Sie sich dafür einen Ruck geben müssen. Die Absicht macht Sie unabhängiger von Ihrer jeweiligen Stimmungslage und Sie können sich auch für unangenehmere Aufgaben motivieren. Sie werden mit mehr Freude arbeiten und bessere Ergebnisse erzielen.

Sie erhalten das vom Leben zurück, was Sie selbst in jedem Augenblick hineingeben.
REINHARD K. SPRENGER

Was hindert Sie daran, Tag für Tag Ihr Bestes zu geben? Es wird dabei ja nichts Übermenschliches verlangt – bloß dass Sie die Dinge so nehmen, wie sie sind, und sich die positive Einstellung durch nichts vergällen lassen. Auch wenn Sie Grund zum Jammern haben, versuchen Sie, sich trotzdem immer wieder aufzuraffen – statt in eine destruktive Opferhaltung zu verfallen.

Tag für Tag sein Bestes geben heißt nichts anderes, als zu sich selbst und zum Leben Ja zu sagen. Es bedeutet, sich auf sich selbst verlassen zu können. Ob Sie guter oder weniger guter Dinge sind, ob die Aufgabe einfach oder schwierig ist – versuchen Sie deshalb stets, das Beste zu geben – sich selbst, Ihrem Wohlgefühl und auch Ihren Mitmenschen zuliebe.

Tafel 7
Ehrgeiz

Welche Bedeutung hat Ehrgeiz für Sie persönlich?[57]

Ehrgeiz hilft mir, das, was in mir steckt, zu entfalten und auch ein Stück weit über mich selbst hinauszuwachsen. Er hilft mir, Ziele zu setzen und diese auch zu erreichen (oder es zumindest zu versuchen). Ehrgeiz sollte aber mit einem positiven Selbst- und Lebensgefühl verbunden sein, ansonsten schafft er Leiden.

Ehrgeiz ist der Grundtrieb, der meine Zielsetzungen wesentlich beeinflusst. Er hilft mir, immer wieder auf den Zielkurs zurückzukehren oder weiter zu arbeiten, wenn die Motivation wieder mal zu wünschen übrig lässt.

Ich habe einen großen Ehrgeiz, der mich oft überfordert. Diesen Ehrgeiz in den Griff zu bekommen und in eine Richtung zu lenken fällt mir schwer. Auf der anderen Seite hätte ich ohne Ehrgeiz kaum Antrieb für meinen Beruf und den Sport.

Es ist der Wille, mich ständig zu verbessern und persönliche Ziele zu erreichen sowie Träume zu verwirklichen, oder es zumindest zu versuchen.

Ehrgeiz ist etwas Schönes, aber auch etwas Gefährliches. Schön, weil es einen von innen heraus antreibt, sich Ziele zu setzen und Neues in Angriff zu nehmen. Gefährlich, wenn das menschliche Miteinander und das manchmal notwendige, persönliche Zurückstecken auf der Strecke bleiben. Die Balance ist wichtig, wie bei allem im Leben.

Ehrgeiz ist wie ein wildes Tier, das mich antreibt. Es bringt mich vorwärts, doch wenn ich es nicht im Zaum halte, frisst es mich selbst und andere auf.

Ehrgeiz sehe ich als Ziele stecken und diese verfolgen wollen. Etwas aus seinem Leben zu machen, d.h. Ideen für seine Lebensgestaltung zu haben (Freizeit, Beruf, Ferien, Weiterbildung, Soziales, etc.) und schließlich so mein Leben leben zu können, wie ich es gerne möchte.

Gesunden Ehrgeiz entwickeln

Was ist mit Ehrgeiz gemeint? Wohl am schönsten hat es einmal der amerikanische Wirtschaftswissenschaftler Warren Bennis ausgedrückt: »Ehrgeiz ist eine Art von Leidenschaft für die Verheißungen des Lebens.«

Wer seine Träume verwirklichen, sich Perspektiven schaffen und große Ziele erreichen will, braucht diese Leidenschaft. Es geht nicht ohne Antrieb, Entschlossenheit und Leistungswille; es geht nicht ohne Ehrgeiz.

Doch wie beim Perfektionismus oder bei der Selbstdisziplin gilt es auch beim Ehrgeiz, ein gesundes Maß zu wahren. Sie sehen aus den Zitaten auf Tafel 7, wie manche der Studierenden mit dem richtigen Maß ringen, während andere einen gesunden Ehrgeiz zeigen.

Wie alle bin ich ungefragt zur Welt gekommen. Ich gehöre zu denen, die versuchten, daraus etwas zu machen.
HUGO LOETSCHER

Es gibt auch Menschen, bei denen ein Mangel an Ehrgeiz vorherrscht. Unter den Studierenden treffe ich immer wieder welche, die zwar durchaus Träume haben, aber die nötige Zielstrebigkeit und Energie nicht aufbringen, um diese anzugehen. Die Gründe für mangelnden Ehrgeiz können ganz unterschiedlicher Art sein. Manche haben aus Misserfolgserlebnissen den Schluss gezogen, dass sich der Einsatz sowieso nie auszahlt. Andere haben nie Ehrgeiz entwickelt, weil es nicht nötig war, da sie alles bekommen haben, was sie haben wollten. Einige wiederum wurden schon als Kind zurechtgewiesen (»Sei nicht so ehrgeizig!«) oder erlebten das Gegenteil und fühlten sich durch den ungesunden Ehrgeiz im Elternhaus unter Druck gesetzt. Des Weiteren wollen manche Menschen in ihrem Umfeld nicht als Streber oder Streberin gelten und können aus diesen Gründen ihre Ambitionen erst in einer Umgebung ausleben, die ihnen besser zusagt.

Ob Sie gesunden Ehrgeiz haben oder ob Sie es mit Ihrem Ehrgeiz über- oder untertreiben: Darüber und über seine Träume, über die Verheißungen des Lebens, nachzudenken lohnt sich allemal.

Zur Selbstreflexion

1. **Welche Gefühle kommen bei mir auf, wenn ich das Wort Ehrgeiz höre oder lese?**
2. **Wie steht es mit dem Ehrgeiz meines Vaters und meiner Mutter (schwach, stark, gesund, ungesund)?**
3. **Wofür und in welchem Maß möchte ich besonderen Ehrgeiz entwickeln?**

Schlusswort Teil II – Das Lernen und sich selber steuern

Lernen und Selbststudium gehören zu den schwierigsten Aufgaben im Alltag. Das Problem liegt dabei längst nicht immer beim Lernstoff oder bei mangelnder Planung. Selbst bei vergleichsweise einfachen Aufgaben wie beim Fremdsprachenlernen fällt es vielen Menschen schwer, sich zu überwinden und ihre Absichten umzusetzen. Das Problem sind die mangelnden Antriebskräfte. Es fehlt an der nötigen Lernpower, um sich aus freien Stücken der Kopfarbeit zu widmen.

Sie haben in diesem zweiten Teil erfahren, was es braucht, um diese Power zu generieren und sich zum Lernen und Handeln zu überwinden. Mit der Nahziel-Übung und der Methode der magischen Minute haben wir einen Anfang gemacht. Damit lassen sich wertvolle Überwindungserfahrungen sammeln und mit zunehmender Übung werden Sie das Lernen leichter angehen.

Mittlerweile wissen Sie auch besser, was selbstbestimmtes Handeln sonst noch umfasst. Das Lernen in eigener Verantwortung zu gestalten heißt zum einen, sich innere Hemmnisse bewusst zu machen und sie abzubauen. Mit der Skalen-Methode haben Sie ein Werkzeug kennengelernt, das hilft, Veränderungen in positiver Richtung einzuleiten. Zum anderen bedeutet Selbstbestimmung auch, sich immer wieder neu zu motivieren, Tag für Tag sein Bestes zu geben und einen gesunden Ehrgeiz – Lust und Leidenschaft für die Verheißungen des Lebens – zu entwickeln.

Das Wichtigste ist in erster Linie, dass man zum Selbertun und nicht zur Passivität erzogen wird.
RICHARD VON WEIZSÄCKER

So viel zum Selbstmanagement. In Teil III werden wir uns wiederum mit aktivem Lernen befassen. Es geht darum, die Lern- und Gedächtnisstrategien zu optimieren und sich aktivere Vorgehensweisen anzugewöhnen. Sie werden so nicht nur bessere Resultate und mehr Nachhaltigkeit erreichen, sondern auch noch weiter an Lernpower dazugewinnen.

Teil III

LERN- UND GEDÄCHTNISSTRATEGIEN OPTIMIEREN

Teil III Lern- und Gedächtnisstrategien optimieren

10
Die Inhalte aktiv erarbeiten

Lernen ist nicht nur ein Handwerk, es ist auch eine Kunst. So, wie Kunstschaffende – vom Maler über die Fotokünstlerin bis zur Schriftstellerin – ihre eigenen, ganz persönlichen Vorgehensweisen haben, gehen auch Lernerinnen und Lerner den Stoff ganz unterschiedlich an. Dies beginnt bereits beim Einstieg in ein Kapitel. Während sich manche zu Beginn stets einen Überblick verschaffen, wollen andere zunächst eine spezifische Frage beantwortet oder ein bestimmtes Phänomen erkundet haben. Auch nach dem Einstieg geht es mit dem Erarbeiten und Verstehen, dem Überblicken und dem Memorieren in einem individuellen Rhythmus weiter und es entwickelt sich eine eigene Dynamik. Auf Fortschritte folgen immer wieder mal Rückschritte oder Lernplateaus, welche dann, wenn man es fast nicht mehr erwartet, plötzlich wieder in einen Schritt nach vorne münden können.
Aus praktischen Gründen habe ich das Lernen in vier Teilprozesse (und vier Kapitel) unterteilt: Auf das *aktive Erarbeiten* der Inhalte folgt das *Zusammenfassen* des Erarbeiteten, dann das *Memorieren* und schließlich das *Repetieren.* Je schwieriger der Stoff, desto mehr durchdringen sich diese Teilprozesse gegenseitig.
Wie das Lesen kann auch das Lernen in drei Runden angegangen werden. Sie erinnern sich, wie Sie in der *Adlerrunde* einen ersten Überblick gewinnen und das Ganze aus der souveränen Metaebene betrachten können (Seite 38).

Im vorliegenden Kapitel steigen wir gleich in die *Ameisenrunde* ein, wo es gilt, sich mit Ameisenfleiß mit dem Stoff auseinanderzusetzen, ihn aktiv zu erarbeiten und zu verstehen. Dieser Prozess ist nicht immer einfach, doch wenn Sie aktive Strategien wie das systematische Fragenstellen oder die Teddybär-Methode anwenden, werden Sie an Lernpower gewinnen und gar manche Momente der Freude erleben.
Nach der Ameisenrunde geht es dann in den Kapiteln 11 bis 13 in die *Eichhörnchenrunde*, wo das Wissen eingesammelt, geordnet und gehortet wird.

Mittels Fragen in ein Thema einsteigen

Fragen und Antworten sind die ersten Denkakte.
LUDWIG FEUERBACH

Aktives Lernen beginnt mit Fragen. Durch die richtigen Fragen steigen Sie wirkungsvoller in ein Thema ein. Statt zunächst eine Adlerrunde zu drehen und sich einen Überblick zu verschaffen (Seite 38), beginnen Sie zur Abwechslung Ihre Lernsession scheinbar paradox und stellen gleich am Anfang – also bevor Sie das vorgenommene Kapitel lesen – ganz konkrete Fragen dazu. Sie sorgen damit für einen aufmerksameren Geist und werden beim Lernen erfolgreicher sein. Warum?

Erstens lässt sich durch das Fragenstellen die *Neugier wecken.* Dies ist bei Inhalten, die einem fremd sind oder auf die man wenig Lust verspürt, besonders wichtig. Denn Neugier kann das ›Fremdeln‹ überwinden, allfällige Abwehr abbauen und für geistige Offenheit sorgen.

Zweitens werden Sie durch Ihre Fragen *persönliche Fäden zum Stoff knüpfen.* So können Sie auch zu Themen, welche Sie zunächst noch wenig interessieren, einen besseren Zugang finden und Ihr

Interesse steigern. Selbst das Lesen langweiliger oder mühsamer Texte kann durch systematische Fragen plötzlich Spaß bereiten.

Drittens führen Fragen, Hypothesen und Wissenslücken zu einer *generellen geistigen Aktivierung*. Sie regen zum Denken und zur aktiven Auseinandersetzung mit den Inhalten an. Die Lücken wollen geschlossen sein und dies vermittelt stets auch ein Gefühl der Befriedigung.

Viertens aktivieren die Fragen das bereits vorhandene Wissen. Wenn Sie dieses *Vorwissen aktivieren* – also Ihre Kenntnisse aus den Tiefen des Gedächtnisses stärker ins Bewusstsein holen – lässt sich das neue Wissen bedeutend besser integrieren.

Es gibt noch zwei weitere wirkungsvolle Effekte, wenn Sie gleich zu Beginn Fragen stellen. Besonders bei einer systematischen Vorgehensweise wie in der folgenden Übung werden Sie diese spüren können. Mehr will ich noch nicht verraten. Machen Sie das Experiment offenen Geistes mit. Sie werden sehen, dass diese Art des Fragenstellens zu einem wichtigen Tool in Ihrem methodischen Werkzeugkasten werden kann.

Übung 8 Aktivierung durch Fragen

Die Übung ist eine Adaption aus einer Forschungsarbeit von Eva Guterman.[58]

Wählen Sie für die Übung ein Kapitel im Lehrbuch oder nehmen Sie zum Ausprobieren einfach einen ungelesenen Zeitungsartikel. Wenn der Titel auf etwas Anspruchsvolles hinweist, können Sie schon mal drei Minuten im Text blättern und auch auf die Untertitel achten. Ansonsten beginnen Sie gleich mit den Fragen. Ein Anliegen noch: Folgen Sie Schritt für Schritt der Anleitung – so, wie wenn Sie als Proband in einem Forschungsprojekt mitmachen würden:

1. Bevor Sie das Kapitel lesen, notieren Sie dazu fünf Fragen, die Sie interessieren. Wichtig ist, dass Sie Ihre Fragen schriftlich formulieren.

Das ganze Leben ist ein Experiment. Je mehr Experimente man macht, desto besser.
RALPH WALDO EMERSON

2. Wählen Sie zwei der Fragen aus und probieren Sie, diese vor dem Lesen zu beantworten – selbst wenn Ihre Antwort eine reine Vermutung ist. Halten Sie die Antworten wiederum schriftlich fest.
3. Bevor Sie das Kapitel zu lesen beginnen, lassen Sie im Geist Revue passieren, was Sie alles zum Thema wissen; Sie können auch eine Mindmap skizzieren. Machen Sie sich dabei klar, dass Ihnen derart aktiviertes Vorwissen hilft, das Kapitel müheloser zu erarbeiten und besser zu lernen.
4. Lesen und erarbeiten Sie dann das Kapitel und kommen Sie am Ende nochmals auf die Fragen zurück.

Wahrscheinlich empfinden Sie das Aufschreiben der Fragen und das Mappen des bereits vorhandenen Wissens anfänglich etwas mühsam, doch werden Sie bald sehen, wie stark einem dies – im Gegensatz zur rein gedanklichen Rekapitulation – bewusst macht, ob man etwas richtig verstanden hat oder nicht: Gedanklich kann ungenaues Wissen problemlos übersprungen werden, beim Aufschreiben lässt es sich nicht mehr ignorieren und es wird einem klarer, wo das Vorwissen noch verschwommen ist.
Die schriftlich formulierten Fragen helfen auch, bei der Suche nach Antworten fokussiert zu bleiben und nicht abzuschweifen. Dies ist vor allem dann von Nutzen, wenn Sie das Internet zu Rate ziehen.
Die zwei besonders wichtigen Effekte des Fragenstellens sind die Folgenden:

Erstens sorgen Sie sowohl durch die Fragen als auch durch die sorgfältige Beantwortung gleich von Anfang an für den *Aufbau einer klaren Wissensstruktur im Kopf.* Eine Übungsteilnehmerin wollte zum Beispiel mehr über den deutsch-französischen Krieg wissen. Vor der Lektüre im Geschichtsbuch stellte sie sich die folgenden fünf Fragen: 1. Wann war dieser Krieg? 2. Was war der Auslöser? 3. Was passierte? 4. Wie endete er? 5. Wie war die politische Situation damals in Frankreich und Deutschland? Sie schreibt dazu: »Ich beantwortete die Fragen schriftlich und dies gab mir ein sehr schönes Gefühl der Klarheit über das Thema. Wenn ich das Kapitel bloß gelesen hätte, wäre diese schöne Klarheit bestimmt nicht da, weil auch das Hirn zum Ordnen und Aufräumen gezwungen werden muss.« In der Tat: Das Hirn wird durch derartige Fragen gleich von Beginn an zu mehr Ordnung angehalten. Man geht zielstrebiger an einen Text heran und schafft gleich von Anfang an klar strukturiertes Wissen. So hat man am Ende mehr Durchblick und die Dinge lassen sich auch besser speichern.

I keep six honest serving men,
They taught me all I knew,
Their names are What and
Why and When,
And How and Where and Who?
RUDYARD KIPLING IN
›THE ELEPHANT'S CHILD‹

Zweitens ist noch ein anderer Effekt erwähnenswert, den Sie auch bei den übrigen Übungen spüren können, wiewohl nicht immer im selben Maß: Statt das Lernen mechanisch anzugehen, werden Sie Ihre geistigen Ressourcen mobilisieren – und zwar sowohl im kognitiven Bereich, das heißt auf der Ebene des unmittelbaren Denkens und Lernens, als auch im metakognitiven Bereich, auf der höheren Ebene, von wo aus Sie Ihr Lernen von einer zu sich selbst eingenommenen Außenperspektive her beobachten, reflektieren und steuern. »Wer fragt, führt«, bemerkte eine Übungsteilnehmerin dazu.
Auf dieser höheren Ebene weckt das systematische Fragenstellen insbesondere auch die *metakognitive Bewusstheit*, was auch Eva Guterman in ihren Untersuchungen zeigen konnte. Das heißt, dass Sie durch Ihre Fragen auch auf der Metaebene die Aufmerksamkeit erhöhen: Sie sind gleichsam wie ein Adler, der aus Distanz den Lernprozess überwacht und sogleich merkt, wenn etwas noch unklar ist, wenn der Autor eine andere Sichtweise vertritt oder wenn Sie beim Googeln am Abschweifen sind – Sie schauen sich selbst auf die Finger. Dank dieser metakognitiven Bewusstheit realisieren Sie auch eher, was Sie bereits wissen und was Sie sich noch aneignen müssen. Sie merken weiterhin, ob sich ein Vorgehen bewährt hat oder ob Sie das nächste Mal besser eine

andere Strategie wählen. Kurz gesagt: Ihr Hirn läuft nicht auf Autopilot. Der Geist ist aufmerksam und hellwach – und zwar sowohl mittendrin im Lerngeschehen als auch auf der Metaebene, von wo aus Sie Ihr Lernen planen, steuern und überwachen.

In Kürze zu Übung 8
Der Nutzen der Aktivierung durch Fragen

Mithilfe von konkreten Fragen, die Sie sich zu Beginn stellen,

- beleben Sie Ihren Geist und machen ihn neugierig
- gehen Sie aufmerksamer an die Inhalte heran und schauen sich auch besser auf die Finger
- sorgen Sie von Anfang an für den Aufbau von klaren Wissensstrukturen im Kopf.

Weitere Fragemethoden ausprobieren

Um das Lernen souverän anzugehen und den Geist gleich zu Beginn zu aktivieren, können Sie auch folgende Fragemethoden versuchen:

Titel und Untertitel in Fragen umwandeln. Die klassische Methode. Gebrauchen Sie dabei W-Wörter: Was? Wie? Warum? Wie viel? Welche? Wozu? Wer? Wann? Wo? Denken Sie auch an mögliche Prüfungsfragen. Achten Sie zudem stets darauf, die Fragen dem Hirn möglichst explizit – also konkret ausformuliert – vorzulegen. Am besten notieren Sie die Fragen. So können Sie diese am Ende abhaken und damit jedes Mal für ein kleines Erfolgserlebnis sorgen.

Hypothesen sind Netze, nur der wird fangen, der auswirft.
NOVALIS

Hypothesen. Anstelle von Fragen lassen sich stets auch Hypothesen aufstellen oder Vermutungen und Voraussagen notieren, welche dann während des Erarbeitens des Stoffs getestet – und wenn nötig angepasst – werden.

Brainstorming. Sie wollen zum Beispiel das Kapitel ›Proteinsynthese‹ bearbeiten und fragen sich, bevor Sie auch nur einen einzigen Blick in die Unterlagen werfen: »Was weiß ich bereits?« Ver-

anstalten Sie mit sich selbst ein Brainstorming und notieren und skizzieren Sie alles, was Ihnen in den Sinn kommt, oder fertigen Sie eine Mindmap an. Sie werden bald sehen, wie Sie dadurch Lust bekommen, am Ende die Wissenslücken aufzufüllen.
Blick durchs Schlüsselloch. Ist Ihr vorhandenes Wissen allzu dürftig, helfen Sie nach, indem Sie vor dem Fragenstellen die Unterlagen kurz durchblättern. Auch wenn Sie sich bloß drei Minuten für diesen Blick durchs Schlüsselloch geben, werden Sie ein Vorverständnis gewinnen und eine vorläufige Mindmap skizzieren können. Und gleichzeitig wird auch Ihr Interesse geweckt.

Stets das Lernziel im Auge behalten

Die Qualität unserer Ziele bestimmt die Qualität unserer Zukunft.
AUTORIN UNBEKANNT

»Fach Geschichte. Ich sitze vor einem Buch, daneben das Heft mit eigenen Notizen und weiß nicht, wo ich anfangen soll. Und vor allem, was ich am Schluss wissen muss. Beispiel Renaissance: Ich lese jetzt ein Buch darüber, habe aber am Ende trotzdem vom Denken dieser Zeit und den charakteristischen Merkmalen nichts mitbekommen.« Dies ist die Aussage eines Studenten aus meiner Umfrage über Lernfrusts.[59]
Was ist hier das Problem? Eigentlich weiß der junge Mann, was er am Ende wissen will: Er möchte das Denken jener Zeit und die Merkmale der Epoche kennen. Doch er ist frustriert. Die unzähligen Bücher, die es zu lesen gilt, die immense Menge an Stoff, die vielen unbekannten Begriffe, das stete Selbst-entscheiden-Müssen, wo man beginnen und was man in welcher Tiefe lernen soll, nicht zu wissen, was in der Prüfung gefragt wird – all dies verunsichert und manch einer fällt nur allzu gern in die Rolle des unselbstständigen Schülers zurück.

Das Ruder selbst in die Hand nehmen

Wenn Sie gleich von Anfang an klären, was Sie mit dem Lesen eines Buchs oder mit dem Erarbeiten eines Kapitels bezwecken, nehmen Sie das Ruder selbst in die Hand. Sie sind der Chef. Sie verlieren sich auch beim Lernen weniger und arbeiten effizienter. Allerdings lässt sich zu Beginn oft erst in groben Zügen sagen, was man überhaupt wissen will, da man den Inhalt noch zu wenig kennt. Was Sie hingegen bereits wissen können, ist, welche *Qualität* das neue Wissen haben soll: Der Stoff will am Ende derart selektiert, verarbeitet, strukturiert und memoriert sein, dass er rasch abgerufen und als flexibel einsetzbares Wissen verwendet werden kann.

Was Grazie dem Körper, ist Klarheit dem Geist.
FRANÇOIS DE LA ROCHEFOUCAULD

Machen Sie sich immer wieder klar: Ein diffuser Wissensbrei und Halbvergorenes bringen nichts. Es gilt, auf klare Begriffe, gut gegliederte Wissenshäppchen sowie auf das große Bild und die Zusammenhänge zu achten und eine möglichst gut zugängliche Wissensstruktur zu schaffen.

Im Grunde entsprechen diese Qualitäten auch denjenigen einer hervorragenden Unterrichtsstunde. Deshalb mein Vorschlag: Versuchen Sie beim Erarbeiten des Stoffs, sich immer wieder in die Rolle einer erfahrenen Lehrkraft zu versetzen. Tun Sie so, als wollten Sie den Stoff Ihren Gymnasiasten oder Studentinnen schmackhaft machen. Aus dieser Perspektive sehen Sie besser, was Sie von einem Thema wollen. Sie lassen sich auch vom Stoffumfang weniger beeindrucken und können aus einer souveräneren Distanz entscheiden, was Sie sich an neuem Wissen überhaupt erarbeiten und was Sie lieber weglassen wollen.

Wirkungsvolle aktive Strategien nutzen

Schlüpfen Sie in die Rolle der Lehrkraft, die eine Lektion vorbereiten will, betrachten Sie den Stoff mit deren Augen und gehen Sie dann Kapitel um Kapitel mit lernwirksamen Strategien an:

Überblicken Verschaffen Sie sich zuerst einen Überblick und entscheiden Sie sowohl in dieser Adlerrunde als auch später beim vertieften Erarbeiten der Ameisenrunde immer wieder, was und in wie detailliert Sie etwas wissen wollen – und schenken Sie sich den Rest.

Strukturieren Versuchen Sie, wie für eine Probelektion das Wesentliche herauszuarbeiten und die Dinge auf den Punkt zu bringen, Überblick zu schaffen, Kernaussagen zu suchen, Unterschiede zu betonen, das Ganze klug zu organisieren und zu strukturieren und logische Zusammenhänge aufzuzeigen. So sorgen Sie nicht nur für gut geordnetes Wissen im Kopf. Sie kreieren darüber hinaus auch *interne Links*, Assoziationen, welche wichtige Aspekte des neuen Wissens untereinander verbinden.

Vernetzen Vernetzen Sie das neue Wissen, indem Sie nach erhellenden Beispielen, Analogien und Bezügen aus dem Fachbereich und auch aus dem Alltag suchen. Durch diesen Elaborationsprozess wird das neue Wissen mit dem Vorwissen verknüpft und Sie schaffen auch noch *externe Links*. Durch das Vernetzen wird nicht nur das Verständnis weiter vertieft, auch die Verankerung wird besser.

Begriffe klären

Bevor Sie strukturieren und vernetzen, bedürfen die Fachbegriffe oft noch genauerer Klärung. Denn wenn Sie diese Schlüsselwörter und -konzepte nur halb verstanden haben, wenn Sie ständig Inflation mit Deflation oder Mitose mit Meiose verwechseln oder nicht so genau wissen, was eigentlich eine Bilanz bedeutet, können Sie nur schlecht darauf aufbauen. Es reicht auch nicht, bloß die Definition eines abstrakten Begriffs wie ›Entropie‹ zu kennen. Um wirklich zu verstehen und zu begreifen, was Entropie bedeutet, gilt es, sehr viel mehr darüber in Erfahrung zu bringen, den Begriff mit Beispielen zu veranschaulichen, zu vergleichen, zu interpretieren und zu analysieren, bis Sie davon eine einleuchtende Vorstellung haben und sich sattelfest fühlen.
Sie sollten von Begriffen wie ›Deflation‹, ›Standardabweichung‹, ›Beschleunigung‹ – oder was auch immer die Fachausdrücke in Ihrer Domäne sind – sogleich ein Bild vor Augen haben. Und zwar so, dass Sie nicht lange überlegen müssen. Denn die Begriffe bilden die Basis fürs Assoziieren und fürs Weiterdenken; sie sind die Knotenpunkte im Wissensnetz.
Sind die Begriffe geklärt, können wir uns ans Erarbeiten und Verstehen von größeren Fragmenten, von komplizierten Texten und Sachverhalten machen.

Auch beim Erarbeiten immer wieder Fragen stellen

Immer wieder wage den Zweifel und die Frage.
ERICH LIMPACH

Mit Fragen schaffen Sie sich nicht nur einen spannenden Einstieg in ein Thema – das systematische Fragenstellen ist vor allem auch *während* des Erarbeitens von Inhalten äußerst wirkungsvoll.
Im Kapitel über aktives Zuhören habe ich Ihnen empfohlen, mit konkreten Fragen im Hinterkopf in die Vorlesung zu gehen.

Dieselben Fragen – bezogen auf die Erarbeitung eines Kapitels – lauten wie folgt:

- Worum geht es in diesem Kapitel?
- Welches sind die wichtigsten Punkte?
- Welche Argumente, Beispiele oder Zahlen stützen sie?
- Was ist unklar? Was lässt sich kritisch hinterfragen?
- Wie wichtig ist das Thema/Kapitel im Gesamtzusammenhang?

Was bringen derartige Fragen während des Erarbeitens? Halten wir uns nochmals vor Augen:
Erstens zwingen sie einen zu vertiefterem Nachdenken beim Erarbeiten des Stoffs. Sie werden bei der gleich im Anschluss beschriebenen Untersuchung sehen, dass ohne solche Fragen der Stoff bedeutend oberflächlicher bearbeitet wird.
Zweitens induzieren solche absichtlich gestellten Fragen klarere Wissensstrukturen, wie sie sonst beim spontanen Lernen kaum aufgebaut würden. Ohne solche Fragen ist das Wissen oft nicht geordnet genug, um sofort abrufbar zu sein. Es ist zwar im Kopf vorhanden, muss aber zuerst noch zusammengesucht werden. Nur wenn Sie sich während der Vorlesung oder der Lektüre fragen, was die wichtigsten Punkte sind, und Sie sich auch die Antwort darauf geben, können Sie später diese Punkte auch sogleich nennen, ohne lange überlegen zu müssen.
Als Drittes wird durch die Beantwortung der Fragen auch Wissen, das nicht verbal gespeichert ist – das zum Beispiel als bildhafte oder symbolische Vorstellung im Kopf existiert – in Worte ›übersetzt‹ und verbal artikuliert. Dadurch kann auch nonverbal gespeichertes Wissen rasch abgerufen und in Worten ausgedrückt werden.
Jeder dieser drei Punkte führt außerdem zu einer besseren Speicherung.

Lernprotokolle mit und ohne Fragen – eine erhellende Untersuchung

Ein Forschungsteam um Alexander Renkl[60] hat die Wirkung von gezielten Fragen experimentell nachgewiesen. Den an der Studie teilnehmenden Psychologiestudenten wurde in einer 45-minütigen, anspruchsvollen Vorlesung eine Theorie vermittelt, die sie noch nicht kannten. Anschließend hatten sie 30 Minuten Zeit, um das Gehörte und Verstandene in einem schriftlich verfassten Lernprotokoll zu erläutern und zu reflektieren. Vor der Vorlesung wurden die Teilnehmenden über das Erstellen des Lernprotokolls instruiert. Zudem wurde ihr Vorwissen getestet. Nach der Vorlesung erhielt die eine Hälfte der Probanden (= Fragengruppe) noch sechs Fragen zur Beantwortung im Protokoll, während der Kontrollgruppe keine Fragen gestellt wurden.

Das Vorwissen war bei beiden Gruppen dasselbe, nämlich 1.6 Punkte auf einer Skala von 1 bis 6 (1 = sehr tiefer Qualitätspegel des Verstehens; 6 = sehr hoher Qualitätspegel des Verstehens). Die ausgewerteten Protokolle zeigten dann, dass die Teilnehmer der Fragengruppe durchschnittlich 3.9 Punkte erreichten, während die der Kontrollgruppe bloß auf 2.9 Punkte kamen – also eine ganze Note schlechter abschnitten. Die Fragengruppe erreichte nicht nur gleich nach dem Protokollschreiben bessere Ergebnisse; das erworbene Wissen wurde auch gut gespeichert. So kam die Fragengruppe bei einem Nachtest eine Woche später immer noch auf durchschnittlich 3.9 Punkte, während es bei der Kontrollgruppe bei 2.9 Punkten blieb.

Die Fragen, die derart starke Wirkung zeigten, waren die folgenden:

- Welches sind nach Ihrer Meinung die Hauptpunkte?
- Wie lässt sich der Inhalt am besten auf sinnvolle Weise strukturieren?

- Welche Titel und Untertitel helfen, den Inhalt in eine logische Abfolge zu bringen?
- Welche Beispiele illustrieren/bestätigen den Inhalt? Welche Beispiele widersprechen ihm?
- Welche Bezüge gibt es vom Stoff der Vorlesung zu Ihrem Schulwissen und zu Ihrer alltäglichen Erfahrung?
- Welche Aspekte des Inhaltes finden Sie interessant, nützlich und überzeugend? Welche nicht?

Fragen als Strategie-Aktivatoren

Die Probanden mussten des Weiteren noch einschätzen, wie *hilfreich* sie die Instruktionen über das Protokollschreiben inklusive Fragen (= Fragengruppe) beziehungsweise ohne Fragen (= Kontrollgruppe) fanden (1 = sehr wenig, 6 = sehr stark). Dabei stellte sich heraus, dass die Fragengruppe den Nutzen der Fragen gar nicht realisierte – im Gegenteil: Sie bewertete die Hilfestellung nur mit durchschnittlich 3.3 Punkten, während die Kontrollgruppe auf 3.7 Punkte kam.

Warum wurden die Fragen nicht als hilfreich betrachtet? Die Forschenden haben dafür zwei Erklärungen: Zum einen ist es geistig anstrengend, diese Fragen zu beantworten; man mag sie nicht und weicht aus. Zum anderen wissen die Studierenden nicht, dass sich die Anstrengung derart lohnt.

Gut fragen heißt viel wissen.
ARABISCHES SPRICHWORT

Sie wissen nun aber, dass sich die systematische Beantwortung derartiger Fragen auszahlt. Die Fragen sind eigentliche *Strategie-Aktivatoren.*[61] Das heißt, sie zwingen einen, den Stoff klar zu strukturieren und vor allem auch, ihn zu vernetzen und externe Links zu schaffen. Denn wer macht sich sonst beim Erarbeiten auf die Suche nach Beispielen, Analogien und Erfahrungen, um das Gelernte auch extern zu vernetzen? Dies tun wohl nur wenige.

Stellen Sie deshalb auf einem Kärtchen eine Fragen-Checkliste zusammen und nutzen Sie diese Liste beim Erarbeiten des Studienstoffs regelmäßig. Sie werden bald einen Unterschied erkennen.

Zur Selbstreflexion

1. **Wie anstrengend ist das sorgfältige Beantworten der soeben aufgeführten Fragen für mich?**
2. **Warum sind die Fragen derart wirkungsvoll? (mindestens 3 Gründe)**
3. **Will ich es mit einer Fragen-Checkliste versuchen?**

Sich beim Lernen sicht- und hörbar ausdrücken

Das Ziel des Lernens ist im Grunde genommen weder das Verstehen noch der Aufbau von klaren Wissensstrukturen und genauso wenig die nachhaltige Speicherung. Dies sind alles Zwischenziele. Das eigentliche Ziel ist es, für möglichst gute Abrufbarkeit zu sorgen und das Wissen in jeder Situation flexibel anwenden zu können.

Sie kennen das Problem vom Sprachenlernen: Was man beim Repetieren mit der Wörterliste oder der Lernkartei noch wunderbar kann, will einem in einer realen Gesprächssituation oft nicht mehr einfallen. Bisweilen hat man das Wort sogar auf der Zunge, aber es kommt einem oft erst viel später wieder in den Sinn.

In der Umgangssprache wird vorhandenes, aber nicht abrufbares oder nicht nutzbares Wissen als *passives* Wissen bezeichnet; in der kognitiven Psychologie spricht man von *trägem Wissen*:[62] Man weiß den Sachverhalt zwar, aber man kann ihn nicht abrufen, nicht anwenden und schon gar nicht in eine neue Situation transferieren.

Der Bildung von trägem Wissen lässt sich entgegenwirken, wenn Sie bereits beim Erarbeiten des Stoffs an mögliche Anwendungen denken, und auch, wenn Sie öfter für Output sorgen, das heißt, sich so oft wie möglich ausdrücken. So sorgen Sie für *aktiveres* oder, wie es in der Fachsprache heißt, für *intelligenteres* Wissen.

Weitererzählen und laut denken

Das Gelernte weitererzählen, dem Gegenüber etwas begreiflich machen und es diskutieren ist eine der besten Strategien, um die Bildung von trägem Wissen zu verhindern. Sie wird nur noch durch die praktische Anwendung übertroffen, welche im Studium jedoch oft nicht möglich ist. Das Gelernte thematisieren, verbalisieren, explizit machen und aussprechen, klärt und festigt das neue Wissen ungemein. Wenn Sie viele Stunden mit Selbststudium verbringen, sollten Sie sowohl den Diskurs mit anderen als auch das Artikulieren, das halblaute und laute Sprechen für sich allein, besonders pflegen. Nutzen Sie für Letzteres die Teddybär-Methode, die Sie gleich kennenlernen werden (Seite 190), lesen Sie sich immer wieder mal laut vor und führen Sie ungeniert Selbstgespräche. Denken Sie auch beim Aufgabenlösen laut und versuchen Sie generell, dem stummen Lernen entgegenzuwirken.

Eine Studie an der Universität von Granada hat zum Beispiel gezeigt, dass die Probanden, die beim Lösen von Mathematikaufgaben laut dachten oder Skizzen machten, die richtige Lösung rascher fanden als ihre weniger aktiven Kameraden.[63] Verschiedene Untersuchungen bestätigen zudem, dass das Nutzen mehrerer Sinneskanäle sowie die Bewegungen beim Sprechen und Schreiben zu besseren Resultaten führen.

Skizzieren und notieren

Die Skizze sagt uns oft mehr als das ausgeführte Kunstwerk, weil sie uns zum Mitarbeiter macht.
MARIE VON EBNER-ESCHENBACH

Auch durch Skizzieren und Notieren können Sie expressiver werden. Sie verfassen wohl schon jetzt eine Menge Notizen, Mindmaps und dergleichen. Legen Sie noch einen Zacken zu! Produzieren Sie beim Erarbeiten des Stoffs laufend Sudelnotizen, schreiben Sie Stichwörter auf und behelfen Sie sich häufiger mit Skizzen und Zeichnungen.
Ein Beispiel einer solchen Zeichnung finden Sie in Abbildung 8. Sie stammt von einem meiner Wiener Studenten, denen ich zu Beginn eines Lernseminars den kleinen Text über den Kuckuck

Der Kuckuck bewohnt die ganze Schweiz von den Niederungen bis über die obere Waldgrenze.

Der Kuckuck benötigt vor allem vielfältige Landschaften mit naturnahen Lebensräumen und unzähligen Kleinstrukturen.

Sein Bestand hat in den tieferen Lagen und im westlichen Jura stark abgenommen.

Vor allem im Mittelland ist der Kuckuck durch Verlust an Kleinstrukturen aus vielen Gebieten bereits verschwunden.

Abb.8 **Sich Aussagen mithilfe von Zeichnungen besser merken.**

vorlas. Am Ende der Stunde mussten sie alles, was sie darüber noch wussten, niederschreiben. Das Resultat war erwartungsgemäß ziemlich dürftig. Zu Beginn der zweiten Stunde wurde der Text nochmals vorgelesen. Zuvor ermunterte ich die Studierenden, das Gehörte gleich auf irgendeine Weise zu zeichnen. Die Zeichnungen wurden dann eingesammelt und am Ende der Stunde gab es wieder einen Test. Dieser fiel bedeutend besser aus und die Freude über die Wirkung der Zeichnungen war den Gesichtern anzusehen.

Falls Sie sich gerne bewegen, kann ein Whiteboard für Ihre Aufzeichnungen nützlich sein. Probieren Sie auch immer wieder besondere Stifte und Farben aus. Experimentieren Sie zudem mit unterschiedlichen Formaten, von den Post-it-Zetteln und den Mini-Kärtchen für die Hosentasche bis hin zu Flipcharts und Lernpostern für die Wand. Seien Sie ruhig großzügig mit dem Material – es ist für einen guten Zweck!

Niederschreiben und reflektieren

Eine äußerst wirkungsvolle Methode ist das schriftliche Ausformulieren des Gelernten, wie es auch in Lernjournalen oder Lerntagebüchern praktiziert wird. Eine meiner Übungsteilnehmerinnen beschreibt es so: »Nachdem ich den Lernstoff ein erstes Mal gelesen habe, schreibe ich aus dem Gedächtnis alles gerade so, wie es mir einfällt, ins Notebook, und zwar so schnell, wie die Finger flitzen können (ohne Großschreibung). Während des Schreibens ergeben sich automatisch Fragen zu meinen Wissenslücken, denn was ich nicht ausdrücken kann, habe ich noch nicht verstanden. Ich ergänze und korrigiere, bis alles wirklich Sinn macht.«

Schreiben ist Denken auf Papier.
WILLIAM Z NSSER

Ein solches Niederschreiben – und zwar zunächst ganz spontan und ohne irgendwelche einschränkenden rhetorischen Strukturen – ist überaus wirkungsvoll, denn es regt zur Reflexion über die

Inhalte an. Dieses Nachdenken, Analysieren und kritische Hinterfragen lässt sich durch die Beantwortung der Fragen, die Sie auf Seite 181 f. kennengelernt haben, noch vertiefen.

In einer Untersuchung wurde die Wirkung von solchen Lernprotokollen mit derjenigen des Schreibens von Zusammenfassungen verglichen:[64] Die eine Gruppe der Probanden wurde angewiesen, nach dem Lesen eines Textes das Gelernte in einem Lernprotokoll zu reflektieren, während die Probanden der zweiten Gruppe in derselben Zeit eine Zusammenfassung schreiben mussten. Ein Test ein halbes Jahr später zeigte, dass die Protokollgruppe noch signifikant mehr über das Thema wusste.

Tagbücher erlauben uns nachzudenken und aus uns herauszutreten. Sie schaffen einen dritten Raum, eine wertvolle Pause zwischen dem bewussten und unbewussten Selbst. Vor allem sind Tagebücher ein Weg, um die Dinge noch einmal zu überprüfen und das Gewohnte infrage zu stellen. Sie sind Zeugnisse unserer Entwicklung, die uns dazu führen, die Augen für das Neue zu öffnen.
ALEXANDRA JOHNSON

Wenn Sie über das Gelernte oder auch über den Lernprozess an sich und Ihre eigene Entwicklung nachdenken wollen, ist ein Lerntagebuch eine wirkungsvolle Hilfe. Es lässt sich ganz nach eigenem Gutdünken gestalten; der Fokus Ihrer Reflexionen kann mehr auf das eine oder das andere gelegt werden und die Einträge müssen auch nicht täglich erfolgen. Bekannte Vorbilder für Tagebücher gibt es genug, denn wer immer sich über die Jahrhunderte im Denken, Forschen oder Erfinden einen Namen gemacht hat, hat Tagebuch geführt. Einstein kritzelte sogar während des Segelns in sein Tagebuch, Darwin füllte an Bord der Beagle fünf Bücher über seine Beobachtungen und Leonardo da Vinci hielt sämtliche Ideen in seinen täglichen Aufzeichnungen fest. Die Tagebücher bildeten die Grundlage für die außergewöhnliche Produktivität dieser Genies – und genauso können sie auch Ihr Lernen und Wirken unterstützen.

Sich ausdrücken heißt auch internes Feedback schaffen

Sich auszudrücken, also das Lernen sicht- und hörbar zu machen, hat auch noch einen psychologischen Nutzen. Beim Notieren, beim schriftlichen Ausformulieren oder beim Skizzieren kommt neben dem rein optischen und haptischen Vergnügen am Ende oft die Befriedigung dazu, dass man ein sicht- und greifbares Produkt geschaffen hat. Dazu aktiviert halblautes oder lautes Erklären spürbar den Geist und bahnt auch eine spätere Wiedergabe vor.

Wenn Sie sich beim Lernen sicht- und hörbar ausdrücken, geben Sie sich damit stets ein Feedback. Mit Feedback ist hier nicht Lob und Kritik von Dritten gemeint, sondern die interne Rückmeldung, die wir selbst generieren – die subtilen Signale, die wir beim Lernen von unserem Hirn und unserem Organismus sowie von außen (zum Beispiel vom Hören der eigenen Stimme oder vom Betrachten der eigenen Skizzen) erhalten. Solche Signale können zum Beispiel beinhalten, dass Sie beim ersten Versuch realisieren, wie Sie das Gelernte nur holprig zusammenfassen, und beim zweiten Anlauf merken, dass Sie das Gelernte nun überzeugend darlegen können. Derartige Signale beeinflussen das weitere Denken und Handeln; der eigene Output wird zum Input und beeinflusst den nächsten Schritt und so fort – man spricht von einer Feedback-Schleife.

Um welche Art der Rückmeldung es sich auch immer handelt: Unser Hirn liebt Feedback. Und dieses Feedback können Sie ihm durch Artikulieren, Skizzieren und Notieren – durch möglichst aktives und expressives Lernen – immer wieder von Neuem geben.

Zur Selbstreflexion

1. **Denke ich beim Lernen bisweilen bereits laut?**
2. **Welche Maßnahmen könnte ich ergreifen, um beim Fremdsprachenlernen der Bildung von trägem Wissen entgegenzuwirken?**
3. **Auf welche anderen Arten kann ich mir beim Lernen Feedback geben?**

Die Teddybär-Methode

Diskutieren, weitererzählen und dozieren ist eine der besten Methoden, Gelerntes zu klären und zu festigen. Das Hirn muss dabei aktiv werden und die Vorstellung im Kopf in Worte fassen – was gar nicht immer einfach ist. Oft fehlt für diesen Prozess auch ein Gegenüber und dann kann der Teddybär einspringen.
Auf den Teddy hat mich im Jahr 2004 die Betriebswirtschaftsstudentin Monika gebracht. In einer Umfrage an der ETH Zürich[65] wollte ich von den Studierenden denjenigen Lerntipp erfahren, der ihnen persönlich den größten Nutzen bringt. Monikas Idee fand ich besonders gut. »Ich erkläre das Gelernte jeweils frei meinem Teddybären. Ich halte ihm einen Vortrag, als wäre ich die Dozentin und er der Student. Wenn ich irgendwie stocke oder unsicher werde, weiß ich, dass ich diese Punkte nochmals studieren muss. Warum es hilft? Ich erkenne meine Wissenslücken, der Teddy hat immer Zeit und er unterbricht mich nicht in meinen Ausführungen.« Aus dieser Idee entstand die Teddybär-Methode. Sie steht für aktives Lernen schlechthin und Sie werden dabei auch einiges an Lernpower spüren.

Übung 9
Die Teddybär-Methode einüben

Holen Sie also Ihren Teddy hervor und nehmen Sie Ihren Lernstoff oder einen Zeitungsartikel; es geht ja schließlich ums Üben. Unterteilen Sie den Text in vernünftige Happen. Lesen Sie Happen für Happen, legen Sie sich dabei das Gelesene im Geist zurecht und versuchen Sie, eine innere Vorstellung aufzubauen. Sie können dabei auch Notizen oder Skizzen machen. Dozieren Sie dann nach jedem Happen dem Teddybär frei aus dem Gedächtnis, also ohne auf Text oder Notizen zu schauen, was Sie gelesen haben. Anstelle des Teddys können Sie sich auch eine bestimmte Person, wie die Lehrerin oder den Prüfer, vorstellen.

Wichtig sind drei Dinge:

1) dass Sie den Teddy oder den imaginären Gesprächspartner so ernst wie ein reelles Gegenüber nehmen

2) dass Sie nach jedem Happen innerlich vom Lesen aufs Dozieren umschalten, und
3) dass Sie beim Dozieren stets Ihre Stimme gebrauchen, statt bloß in Gedanken zu sprechen. Wichtig ist zudem, dass Sie in den kommenden Tagen so oft wie möglich üben und dabei die Länge der Happen dem Schwierigkeitsgrad anpassen.

Mut ist die Kraft,
das Bekannte loszulassen.
RAYMOND LINDQUIST

Beim Ausprobieren der Teddybär-Methode merken Sie, wie ganz unterschiedliche Fertigkeiten gefordert (und auch gefördert) werden:

Erstens gilt es, die Information sogleich *aktiv* zu verarbeiten – das Wesentliche zu erfassen, es innerlich nachzuvollziehen und zu interpretieren, es im Geist zurechtzulegen und eine innere Vorstellung davon aufzubauen. Das Hirn ist bedeutend aktiver und selektiver, wenn es weiß, dass das Gelesene nach jedem Happen rekapituliert werden muss. Allein schon diese Tatsache wäre ein Grund, die Methode so oft wie möglich anzuwenden. Sie lernen, gezielter auf die zentralen Aussagen eines Textes zu achten.

Zweitens will die innere Vorstellung in Worten ausgedrückt sein, das innere Bild muss gleichsam in Sprache übersetzt werden. Es ist nicht dasselbe, etwas bloß im Kopf zu haben oder es auch auszusprechen. Oft gibt man sich der Illusion hin, man könne es ›dann‹ schon. Merrill Swain, die Verfasserin der Output-Hypothese, sagt treffend: *»You can't fake output«* – Output können Sie nicht vortäuschen.[66] Man kann sich zwar der Illusion hingeben, man habe etwas verstanden. Doch erst der Output – die Artikulation in Worten – zeigt, ob das stimmt. Damit gibt man sich ein *internes Feedback*, denn oft merkt man erst beim Dozieren, wo die Schwachstellen liegen.

Erzählen heißt:
der Wirklichkeit zur
Wirksamkeit zu verhelfen.
JEAN-PAUL SARTRE

Drittens muss dieser Output auch noch laut und deutlich ausgesprochen (statt lediglich in Gedanken doziert) sein. Dies ist gewöhnungsbedürftig und wohl der wichtigste Grund, warum die

Teddybär-Methode eingeübt sein will. Sprechen Sie statt Dialekt besser Hochdeutsch, auch wenn es ungewohnt sein sollte. So drücken Sie sich automatisch präziser aus. Und versuchen Sie, laut und deutlich zu sprechen. Wenn Sie stets stumm lernen, gilt es nun, umzulernen. Es lohnt sich allemal, denn lautes Sprechen regt nicht nur Geist und Gemüt an, es holt das Wissen auch wieder stärker ins Bewusstsein. Zudem wird es besser verankert, weil das Ganze noch auditiv und motorisch gespeichert wird.

Obwohl die Teddybär-Methode den realen Austausch mit Lernpartnern nicht ganz ersetzen kann, ist sie in Fächern, die solides Wissen verlangen, von größtem Nutzen. Sie hilft zudem beim Fremdsprachenlernen, wenn es darum geht, aktivere Kenntnisse zu erwerben und die Wörter und Redewendungen rasch aus dem Gedächtnis abrufen zu können. Auch für die Vorbereitung eines Vortrags ist es hilfreich, als Erstes mit dem Teddy als Publikum zu üben.
Sie werden sich vielleicht fragen, warum man in Ermangelung eines Lernpartners nicht einfach zu sich selbst dozieren kann. Dies geht zwar auch, doch werden Sie sehen, dass es einfacher ist, mit einem symbolischen Gegenüber wie dem Teddy zu sprechen – auch wenn es zu Beginn etwas seltsam ist.

Zu guter Letzt möchte ich die Behaltensleistung nochmals betonen: Die Speicherung ist bei der Teddybär-Methode gleich dreifach gegeben. Denn nicht nur das laute Sprechen (dritter Punkt) hilft, sich Inhalte besser zu merken. Auch Zurechtlegen und Strukturieren (erster Punkt) sind gedächtniswirksam, ebenso wie die ›Übersetzungsarbeit‹, welche die innere Vorstellung in Worte fasst (zweiter Punkt).

Abb.9 **Der Teddybär als treuster Lernpartner.** Bild: Brigitte Vogler.

In Kürze zu Übung 9
Der Nutzen der Teddybär-Methode

Die Teddybär-Methode ist *die* grundlegende Methode des aktiven Lernens und lässt Sie dessen Power spüren. Sie

- erfassen das Wesentliche besser und entwickeln eine klarere Vorstellung von den Sachverhalten
- arbeiten auf aktives Wissen und rascheres Abrufen hin
- speichern das Gelernte auf mehreren Kanälen.

Zur Selbstreflexion

1. **Habe ich auch schon gemeint, ich beherrsche etwas, und dann beim Output (während eines Tests oder der Diskussion mit Kollegen) realisiert, dass dem nicht so ist?**
2. **Bin ich bereit, es offen und unvoreingenommen mit dem Teddy zu probieren, obwohl ich es ein bisschen kindisch finde?**
3. **Ist mir klar, dass die Methode noch wirkungsvoller ist, wenn ich beim Rekapitulieren laut und deutlich zum Teddy (beziehungsweise zur Person, die er repräsentiert) spreche, statt bloß in Gedanken zu dozieren?**

Tafel 8
Spaß am Lernen

Wann macht Lernen Spaß? Beschreiben Sie eine Situation, in denen Ihnen das Lernen Spaß macht.[67]

Es begeistert mich, Antworten auf Fragen zu finden, die ich mir schon oft gestellt habe. Solange ich einen Zipfel des Stoffes in der Hand halte, beschäftige ich mich gerne mit der Materie. Mehr darüber zu erfahren und es zu verstehen ist befriedigend. Es ist fast wie ein Spiel, es ist kurzweilig und stillt meine Neugier.

Höhepunkte beim Lernen sind jene Momente, in denen ich Dinge erfahre, die ich schon immer unbedingt wissen wollte.

Fach Quantenmechanik: In der Vorlesung habe ich nichts verstanden, doch jetzt kann ich im Lehrbuch das Thema in einem angemessenen Tempo durcharbeiten und verstehen. Dieser Erfolg beim Lernen bereitet mir Spaß.

Lernen macht mir Spaß, wenn ich durch das Lernen etwas Kompliziertes in einfache Teilbereiche gliedern und damit klären kann.

Spaß macht mir das Lernen dann, wenn ich Zusammenhänge erkennen oder wenn ich mir eine Problemlösung logisch herleiten und erklären kann. Die Überlegung, wann welcher Emulgator einzusetzen ist und welche kombiniert werden können, finde ich interessant. Ich versuche immer, die Theorie in die Praxis umzusetzen.

Am meisten Spaß macht das Lernen, wenn man plötzlich etwas verstanden hat und neue Zusammenhänge erkennt. Erfolg spornt an!

Lernen macht mir vor allem dann Spaß, wenn ich verschiedene einzeln gelernte Themenkreise miteinander verknüpfen kann und sich das wohlige Gefühl des Verstehens ausbreitet. Das Erreichen von kleinen, selbstgesteckten Zwischenzielen gibt mir den nötigen Kick, um noch mehr zu lernen.

Am meisten Spaß macht Lernen, wenn sich Kreise zu schließen beginnen; wenn mir die Bauphysik meine eigene Wohnsituation erklären kann, wenn ich einen Gedanken von der Statik zur Kunstgeschichte bis zum Städtebau und zur Politik verfolgen kann. Der Spaß ist wohl, sich sattelfest zu fühlen und die Früchte zu ernten, indem das Gelernte gut zugreifbar ist.

Fortsetzung Seite 196

Abb.9 **Der Teddybär als treuster Lernpartner.** Bild: Brigitte Vogler.

In Kürze zu Übung 9
Der Nutzen der Teddybär-Methode

Die Teddybär-Methode ist *die* grundlegende Methode des aktiven Lernens und lässt Sie dessen Power spüren. Sie

- erfassen das Wesentliche besser und entwickeln eine klarere Vorstellung von den Sachverhalten
- arbeiten auf aktives Wissen und rascheres Abrufen hin
- speichern das Gelernte auf mehreren Kanälen.

Zur Selbstreflexion

1. **Habe ich auch schon gemeint, ich beherrsche etwas, und dann beim Output (während eines Tests oder der Diskussion mit Kollegen) realisiert, dass dem nicht so ist?**
2. **Bin ich bereit, es offen und unvoreingenommen mit dem Teddy zu probieren, obwohl ich es ein bisschen kindisch finde?**
3. **Ist mir klar, dass die Methode noch wirkungsvoller ist, wenn ich beim Rekapitulieren laut und deutlich zum Teddy (beziehungsweise zur Person, die er repräsentiert) spreche, statt bloß in Gedanken zu dozieren?**

Tafel 8
Spaß am Lernen

Wann macht Lernen Spaß? Beschreiben Sie eine Situation, in denen Ihnen das Lernen Spaß macht.[67]

Es begeistert mich, Antworten auf Fragen zu finden, die ich mir schon oft gestellt habe. Solange ich einen Zipfel des Stoffes in der Hand halte, beschäftige ich mich gerne mit der Materie. Mehr darüber zu erfahren und es zu verstehen ist befriedigend. Es ist fast wie ein Spiel, es ist kurzweilig und stillt meine Neugier.

Höhepunkte beim Lernen sind jene Momente, in denen ich Dinge erfahre, die ich schon immer unbedingt wissen wollte.

Fach Quantenmechanik: In der Vorlesung habe ich nichts verstanden, doch jetzt kann ich im Lehrbuch das Thema in einem angemessenen Tempo durcharbeiten und verstehen. Dieser Erfolg beim Lernen bereitet mir Spaß.

Lernen macht mir Spaß, wenn ich durch das Lernen etwas Kompliziertes in einfache Teilbereiche gliedern und damit klären kann.

Spaß macht mir das Lernen dann, wenn ich Zusammenhänge erkennen oder wenn ich mir eine Problemlösung logisch herleiten und erklären kann. Die Überlegung, wann welcher Emulgator einzusetzen ist und welche kombiniert werden können, finde ich interessant. Ich versuche immer, die Theorie in die Praxis umzusetzen.

Am meisten Spaß macht das Lernen, wenn man plötzlich etwas verstanden hat und neue Zusammenhänge erkennt. Erfolg spornt an!

Lernen macht mir vor allem dann Spaß, wenn ich verschiedene einzeln gelernte Themenkreise miteinander verknüpfen kann und sich das wohlige Gefühl des Verstehens ausbreitet. Das Erreichen von kleinen, selbstgesteckten Zwischenzielen gibt mir den nötigen Kick, um noch mehr zu lernen.

Am meisten Spaß macht Lernen, wenn sich Kreise zu schließen beginnen; wenn mir die Bauphysik meine eigene Wohnsituation erklären kann, wenn ich einen Gedanken von der Statik zur Kunstgeschichte bis zum Städtebau und zur Politik verfolgen kann. Der Spaß ist wohl, sich sattelfest zu fühlen und die Früchte zu ernten, indem das Gelernte gut zugreifbar ist.

Fortsetzung Seite 196

Dem Lernen Freude abgewinnen

Im letzten Teil haben Sie erfahren, wie Sie sich als selbstbestimmte Lernerin oder Lerner immer wieder neu motivieren können – zum Beispiel, indem Sie sich durch kleine Rituale in Lernstimmung bringen und so den Start erleichtern oder indem Sie in der Handlungsphase immer wieder für Abwechslung sorgen oder sich in der Bewertungsphase öfter auf die Schultern klopfen. Die in Kapitel 9 beschriebenen Vorkehrungen beleben das Lernen *von außen*, oder besser gesagt, von der Metaebene her. Die wahre Freude kommt jedoch oft *von innen*, das heißt, *vom Prozess des Lernens selbst.*

»Wann macht Lernen Spaß?« – dies wollte ich im Rahmen einer Lernveranstaltung an der ETH Zürich wissen. Lassen Sie sich von den Zitaten von Studierenden auf Tafel 8 (Seiten194/196) inspirieren.

In den insgesamt 198 Beiträgen zeigten sich ganz unterschiedliche Quellen der Freude. Manche dieser Quellen kennen Sie aus eigener Erfahrung: Spaß macht das Lernen dann, wenn man Entdeckungen macht, wenn man Antworten auf Fragen findet, die man schon lange gesucht hat, wenn man Überblick und Durchblick gewinnt und einen Sachverhalt, ein Fach oder die Welt von Mal zu Mal ein Stück weit besser verstanden hat. Viel trägt auch das Erfolgserlebnis, das aufkommt, wenn ein Fortschritt erkennbar wird oder wenn man die Dinge logisch erklären kann, zur Freude am Lernen bei. Manche der Befragten erwähnten zudem, wie sie Lust verspüren, wenn sie ein Thema in eigener Regie bearbeiten können. In diesem selbstbestimmten Handeln liegt eine große Kraft. Man hat die Oberhand und geht das Lernen aus einer souveräneren Warte an.

Glück heißt:
Das Ich vergessen bei einer nützlichen Tätigkeit.
ELBERT HUBBARD

Schließlich gibt es auch die stilleren Freuden des Lernens, die Sie vielleicht ebenfalls kennen. Lernen macht Freude, wenn genügend Zeit vorhanden ist und man keinen Stress verspürt. Dann

Fortsetzung Tafel 8
Spaß am Lernen

Lernen macht mir Spaß, wenn ich tiefere Einsichten gewinne, die ich selbstständig hergeleitet habe. Zum Beispiel in der Biologie: Ich weiß, dass Bäume in Richtung Himmel wachsen, nur nicht genau, wie. Gerade dieses Wie? Warum? aufzuklären, zu verstehen und darauf weiter aufzubauen und meine Umwelt zu verstehen gefällt mir.

Mathe macht Spaß, wenn ich Zeit habe, mich ausführlich mit einem Thema auseinanderzusetzen. Mit der Zeit werden allmählich die Strukturen klar und alles steht wie ein Gerüst vor Augen. Dann kann ich darin herumturnen und habe Spaß dabei. Wenn ich sehe, dass die Arbeit vorangeht, motiviert es mich, fortzufahren und neue Ziele setzen. Spaß macht es auch, wenn die Konzentration da ist und kein Zeitgefühl mehr existiert.

Spaß am Lernen habe ich dann, wenn ich so richtig Zeit habe, ein Thema selber anzupacken, alles selber zu erarbeiten, in der Bibliothek herumzustöbern und dies und jenes zu lesen – vielleicht auch mal mehr, als zum Prüfungsstoff gehört. Dabei will ich auch immer wissen, warum etwas so ist. Das ist zwar nicht immer einfach, aber die Freude am Gelernten ist dann umso größer, wenn ich es auch ganz verstanden habe.

Im Sommer habe ich auf mein erstes Mathe-Vordiplom gelernt. Lernen hat mir dann Spaß gemacht, wenn ich den Druck vergessen konnte. Es stellte sich ein entspanntes Gefühl ein und ich sagte mir jeweils, nachdem ich eine Aufgabe gelöst hatte, dass das Resultat selbst interessant und erstaunlich ist – und nicht, dass ich jetzt endlich wieder eine Aufgabe lösen konnte.

Am meisten Spaß macht es mir dann, wenn ich meine Sinne gebrauchen kann. Ich muss etwas HÖREN, SEHEN und SCHREIBEN. Ich kann gar nicht sagen, welches Thema mir besonderen Spaß bereitet, denn ich habe an allem meinen Spaß, wenn ich die geeignete Lernmethode gefunden habe.

lässt sich das leise Glücksgefühl der totalen Absorption, der tiefen Konzentration und der Selbstvergessenheit – das Flow-Erleben – spüren. Nach Mihaly Csikszentmihalyi sind es vor allem die herausfordernden Tätigkeiten, die einen Flow erleben lassen und Freude bescheren. »Die meisten erfreulichen Aktivitäten sind nicht natürlich; man muss sich dabei anstrengen, und dazu ist man anfangs nur zögernd bereit«, meint der Flow-Forscher.[68] Die Tätigkeit beginnt dann wertvoll zu werden und Freude zu machen, wenn man zum ersten Mal Rückmeldungen über die Fähigkeiten erhält. Diese Rückmeldungen können auch ganz subtiler Art sein (siehe Seite 189).
In einem meiner Lernkurse wollte ich von den Teilnehmenden wissen, wie wohl ihre Kollegen reagieren würden, wenn Sie in versammelter Runde erklärten: »Ich lerne gerne!«[69] Die Antworten waren aufschlussreich: »Auch meine besten Freunde lernen gerne. Die anderen Mitstudierenden wären wohl etwas neidisch. Denn gerne zu lernen ist ein Tabu, es wird belächelt und ist trotzdem von allen eigentlich erwünscht«, meinte ein Student und ein anderer schrieb: »Es gehört für manche dazu, das Lernen als etwas Mühsames und Unterwünschtes zu betrachten.«

Nun, Freude am Lernen ist eine Entscheidung. Fällen Sie diese gleich jetzt und kultivieren Sie die Freude wie ein Pflänzchen. Wenn Sie genügend achtsam sind und es aufmerksam pflegen, werden Sie es bald zum Wachsen und Blühen bringen und dem Lernen mehr Freude abgewinnen.

Zur Selbstreflexion

1. **Bewege ich mich in einem Umfeld, in dem man als Streber gilt, wenn man gerne lernt?**
2. **Wo sind meine eigenen Quellen der Freude beim Lernen?**
3. **Wie könnte ich meine Lernfreude ganz konkret kultivieren?**

11

Das Erarbeitete zusammenfassen

Erinnern Sie sich an den Beitrag eines Übungsteilnehmers, der zur 3-Runden-Strategie schreibt, dass er sich am Ende der Lektüre wie ein Eichhörnchen fühlt, das die goldenen Wissensnüsse einsammelt? Gelesenes oder Erarbeitetes zusammenzufassen ist tatsächlich so, wie diese goldenen Nüsse einzuheimsen – statt sie auf dem Feld liegen zu lassen.

Allerdings ist Zusammenfassen nicht einfach. Das Wesentliche will erkannt, auf den Punkt gebracht und zu einem sinnvollen Ganzen zusammengefügt sein. Es gilt, sich vom Detailblick der Ameisenrunde zu lösen, geistigen Abstand zu gewinnen, Überblick und Durchblick zu schaffen und das große Bild zu sehen. Oft ist dies der schwierigste Schritt im ganzen Lernprozess. Es erfordert höhere kognitive Fähigkeiten und wird aus gutem Grund als Schlüsselkompetenz betrachtet.

Was nicht auf einer einzigen Manuskriptseite zusammengefasst werden kann, ist weder durchdacht noch entscheidungsreif.
DWIGHT D. EISENHOWER

Im Studium werden die Inhalte oft im Hinblick auf große Prüfungen zusammengefasst. Dazu wollen wir uns im Folgenden ein paar Gedanken machen. Weiterhin geht es darum, auch die wichtigsten Teilprozesse – selektieren, verdichten, strukturieren – zu meistern. Zu guter Letzt möchte ich Ihnen die Vorzüge von sprachlich ausformulierten Zusammenfassungen vor Augen führen.

Wann machen Zusammenfassungen Sinn?

»Ist das vielgerühmte Schreiben von Zusammenfassungen wirklich nötig oder nur Zeitvertrieb?«, fragte ein Student in einer meiner Umfragen[70] und fügte hinzu: »Ich mag das Erstellen von Zusammenfassungen nicht und habe dann doch ein schlechtes Gefühl, wenn ich keine schreibe.« Tatsächlich ist das Erstellen einer Zusammenfassung nicht immer nötig. Bevor Sie ein Stoffgebiet zusammenfassen, sollten Sie sich deshalb überlegen, welcher Aufwand sinnvoll ist.

Vor einigen Jahren habe ich vierzig Maschinenbauingenieurstudenten kurz nach dem Examen ausführlich über ihre Prüfungsvorbereitung in Physik interviewt.[71] Rund ein Drittel gab an, ohne eigene Zusammenfassung gelernt zu haben. Ein weiteres Drittel erstellte eine Version von weniger als zwanzig Seiten. Die Studierenden des restlichen Drittels versuchten es mit noch längeren Exzerpten und gaben auf, als sie realisierten, dass die Sache zu aufwendig wurde.

Warum machten sich Letztere so viel Mühe? Darüber lässt sich nur spekulieren. Wenn ein genereller Konsens besteht, dass Zusammenfassungen vonnöten sind, wagen wohl manche nicht, sich diesem zu entziehen. Einige haben wohl auch gar nicht viel überlegt und sich gleich hinter das Zusammenfassen gemacht. Ein Student beschreibt es so: »Im Eifer des Gefechts, das heißt beim Lernen unter Zeitdruck, vergesse ich oft, mir selbst auf die Finger zu schauen. So fing ich an, das Skript fein säuberlich durchzulesen und mir das Wichtige zu notieren. Als es in die Details ging, verlor ich den Zusammenhang und schrieb zuletzt Wort für Wort aus dem Skript ab. Plötzlich bemerkte ich mein sinnloses Tun und sagte mir, hey, was machst du da eigentlich?«

Sicherlich, mit einer selbstverfassten Zusammenfassung hat man am Ende etwas in der Hand; man sieht am Abend, dass man gearbeitet hat. Sind hingegen die Dinge ›bloß‹ gelernt, ist wenig

Sicht- und Greifbares da, außer vielleicht ein paar Notizen, was nicht allzu befriedigend ist. Bedenken Sie jedoch: Zusammengefasst ist noch nicht gelernt. Die schönste Zusammenfassung nützt nichts, wenn die Dinge nicht auch im Kopf präsent sind. Am Ende zählt nur, was sich während der Prüfung oder in einer anderen Situation aus dem Gedächtnis abrufen lässt.

Wann kann man sich das Erstellen einer Zusammenfassung ersparen? Halten Sie sich vor Augen, wie vielschichtig die Thematik ist, wie gut die Kapitel strukturiert sind und wie viel Sie am Ende können wollen. Bei einfachen Themen und gut strukturierten Unterlagen verschaffen oft Titel und markierte Textpassagen genügend Überblick. Ist der Stoff etwas anspruchsvoller, sind Mindmaps, Stichwortzettel aus der Lernkartei (Seite 235) oder ein Mix von alledem eine zeitsparende Alternative zu seitenlangen Zusammenfassungen.

Bei unübersichtlichen Unterlagen oder schwierigem Stoff helfen eigens erstellte Resümees jedoch sehr, das Wissen zu ordnen, zu überblicken und zu festigen.

Nur die prägnante Kürze ist nachdrücklich.
GEORG FRIEDRICH CREUZER

Ganz egal, ob Sie das Wesentliche im Lehrbuch markieren, eine Mindmap zeichnen, die Quintessenz als Text ausformulieren oder gleich alles zusammen tun: Zusammenfassen ist wie aufräumen. Es gilt, den Stellenwert der Dinge zu erkennen, sie einzuordnen, zu vereinfachen und immer wieder den Mut zur Lücke zu haben. Dieses Reduzieren und Überblickschaffen ist gleichsam wie Ordnung ins Chaos eines völlig überfüllten Kleiderschranks zu bringen. Wenn Sie mit einer positiven Einstellung an die Sache herangehen und auch entschlossen sind, manches auszusortieren, kann die Aufgabe äußerst reizvoll sein. Denn mit dem Zusammenfassen schaffen Sie nicht nur Klarheit, Durchblick und Überblick auf dem Papier. Sie schaffen auch Ordnung in den Wissensstrukturen im Kopf – ein befreiendes Gefühl! Dazu kommt – wie immer – dass sich die Dinge, wenn Sie schön geordnet sind, auch bedeutend besser speichern und repetieren lassen.

Die drei Teilprozesse meistern

Beim Zusammenfassen geht es darum, das Gelernte sinnvoll zu selektieren, zu verdichten und zu strukturieren. Bevor wir uns diese drei Teilprozesse genauer ansehen, noch eine Anmerkung: Wie schon beim Erarbeiten hilft auch beim Zusammenfassen die Vorstellung, man müsste die Inhalte als Lehrkraft weitervermitteln. »Was will ich bringen und wie will ich es meinen Schülern erklären?« Diese Tun-als-ob-Strategie ist auch hier empfehlenswert.

Selektieren Selektieren erfordert, Wichtiges von Unwichtigem unterscheiden zu können. Dies beginnt bereits in der Adlerrunde, wenn Sie sich einen ersten Überblick über den Stoff verschaffen und entscheiden, was Sie lernen und was Sie gleich weglassen wollen. Es geht weiter beim vertieften Erarbeiten in der Ameisenrunde, wo es auf einer detaillierteren Ebene zu bewerten gilt, was wichtig ist und was nicht. Am Ende, beim Zusammenfassen, benötigen Sie den Blick fürs Wesentliche gleich noch einmal – und zwar wie in der Adlerrunde aus einer höheren Warte mit Blick fürs Ganze. Um selektieren zu können, braucht es neben einer gewissen Distanz zum Stoff – der souveränen Perspektive der Lehrkraft – auch immer wieder den Mut zur Lücke.

Sprachkürze gibt Denkweite.
JEAN PAUL

Reduzieren und verdichten So, wie ein guter Koch einen Jus auf seine Essenz einreduzieren kann, will bei diesem Schritt der Inhalt verdichtet und auf den Punkt gebracht werden. Oft braucht es dazu mehrere Runden. Wenn Sie übungshalber einen längeren Text zunächst auf zwei Seiten, dann auf einer, auf einer halben und schließlich in ein bis zwei Sätzen zusammenfassen, werden Sie lernen, die Aussagen mehr und mehr zu vereinfachen, zu verallgemeinern und auf die Quintessenz zuzuspitzen. Dabei dürfen die Kernaussagen und Leitideen nicht verloren gehen. Eine

Studentin drückte es in ihrem Lerntipp[72] so aus: »Vom Lerntext eine Zusammenfassung erstellen. Diese Zusammenfassung wieder zusammenfassen und diese wieder zusammenfassen, bis ich nur noch Stichworte, sozusagen Schlüssel-Stichworte, habe. Schaue ich diese beim Repetieren an, fällt mir das ganze Drumherum wieder ein.«

Strukturieren Ob Ihre Zusammenfassung als Fließtext, in Stichworten, als Mindmap, Liste, Skizze oder als Mix aus unterschiedlichen Formen daherkommt: Logische Gliederung und eine klare Struktur sind das A und O.
Befunde aus der Forschung zeigen, dass sich exzellente Lernerinnen und Lerner vor allem in der Qualität ihrer Wissensstrukturen vom Mittelmaß unterscheiden. Diese Strukturen lassen sich beim Zusammenfassen schaffen. Wenn Sie dazu die Struktur noch aufzeichnen, können Sie auch Zusammenhänge besser sehen. Das Ganze lässt sich zudem dauerhafter merken, weil das Zusammenhangswissen wie ein Konstruktionsprinzip wirkt, das das Wissensgebäude zusammenhält.

Kürze ist ein Zeichen eines gut organisierten Geistes.
WILLIAM ZINSSER

Öfter in Fließtexten zusammenfassen

Als ausformulierte Fließtexte kommen Zusammenfassungen zwar eher selten daher. Doch diese besonders wirkungsvolle Art des Verdichtens verdient es, erwähnt zu werden, und ich möchte mit einer persönlichen Erfahrung beginnen.
Vor ein paar Jahren besuchte ich in den Sommerferien einen Literaturkurs an der Cambridge University und musste zur Vorbereitung fünf umfangreiche Romane studieren. Ich plante, in den Skiferien mit Lesen zu beginnen, und überlegte, wie ich derart komplexe Werke wie *The Untouchable* von John Banville[73] oder

The Human Stain von Philip Roth[74] bis zum Kurs im Juli im Kopf behalten könnte. Mir war klar, dass Mindmaps mit den Beziehungen zwischen den Figuren sowie kleine Ablaufdiagramme nicht genügten, und so probierte ich es zusätzlich mit Zusammenfassungen in Textform. Ich begann mit *The Untouchable* und musste ziemlich viel Disziplin aufwenden, um nach jedem der 16 Kapitel das Gelesene auf einer halben Seite zusammenzufassen. Es gelang, und als ich den Roman beendet hatte, war ich überrascht, in welchem Maß beim Lesen dieser halben Seiten die unzähligen Episoden und Details aufblitzten und wie ich gleichzeitig auch die ganze komplizierte Geschichte überblicken konnte.
Dank dieser eindrücklichen Erfahrung fiel mir beim zweiten Werk das Zusammenfassen bedeutend leichter, obwohl die Umstellung vom rezeptiven Modus des Lesens auf den geistig stärker fordernden, produktiven Modus des Zusammenfassens auch dann noch etwas Anstrengung kostete. Kurz vor dem Kurs ging ich nochmals sämtliche Zusammenfassungen durch und war immer wieder von Neuem verblüfft, wie gut ich die Werke überschauen und sowohl die Erzählstränge als auch viele Szenen und Einzelheiten in Erinnerung rufen konnte. Das konsequente Zusammenfassen nach jedem Kapitel erwies sich – in Kombination mit den Mindmaps und den kleinen Ablaufskizzen – als *die* Erfolgsstrategie sowohl fürs Überblicken als auch fürs längerfristige Behalten.
Diese kombinierte Strategie von Maps und ausformulierter Zusammenfassung lässt sich auch bei Inhalten von Lehr- und Sachbüchern anwenden. Wenn Sie ein Thema nicht nur besser im Gedächtnis behalten, sondern es auch souverän überblicken und beherrschen wollen, lohnen sich zusammenfassende Texte allemal – selbst dann, wenn es in den Unterlagen bereits welche gibt. Warum?
Zum einen geben Sie in einer selbstgeschriebenen Zusammenfassung denjenigen Kapiteln und Sachverhalten, die *Sie* als wichtig

erachten, den höchsten Stellenwert. Sie picken aus den Unterlagen das heraus, was *Sie* gebrauchen können, und betonen Dinge, die *Sie* nicht vergessen dürfen – und schaffen so einen ganz persönlichen und auch emotionalen Link zum Thema.
Zum anderen konstruieren Sie aktiv Ihr neues Wissen, wenn Sie das Gelesene auf Ihre eigene Weise oder in Ihren eigenen Worten formulieren, bis es für Sie Sinn ergibt. Dies ist das ganz große Plus. Dadurch, dass Sie sich den Stoff beim Schreiben gleichsam selbst erklären, können Sie ihn nicht nur besser verstehen, sondern auch geistig besser erfassen: Das Gelernte wird tiefgründiger in ihr Wissensnetz integriert und lässt sich besser behalten. Sie machen mit diesem Formulieren das, was man *aktives Lernen* nennt.
Besonders bei schwierigen Inhalten kann das Schreiben eines Fließtextes von größtem Nutzen sein. Denn oft findet man erst beim Ausformulieren der Sätze heraus, ob man einen Sachverhalt wirklich verstanden hat. Das Schreiben hilft, die Dinge zu klären, in eine logische Abfolge zu bringen und das Wissen zu konsolidieren.
Zahlen, Formeln und Fakten wollen jedoch oft noch zusätzlich memoriert sein. Mehr dazu erfahren Sie im kommenden Kapitel.

Es ist ein Beweis hoher Bildung, die größten Dinge auf die einfachste Art zu sagen.
RALPH WALDO EMERSON

Zur Selbstreflexion

1. **Wie sorge ich dafür, dass ich beim Zusammenfassen nicht ins bloße Abschreiben abgleite?**
2. **Habe ich auch schon gespürt, dass ich mit dem Zusammenfassen die Beziehung zu den neuen Inhalten vertiefen und persönlicher gestalten kann?**
3. **Welche Art des Zusammenfassens und welche Länge macht für mein aktuelles Lernprojekt Sinn?**

12

Mit Phantasie memorieren

»Das Schlimmste am Lernen finde ich das Auswendiglernen. Es kommt mir vor, als müsse man den Kopf ausschalten«, schrieb ein Student in meiner Umfrage zum Thema Lernfrusts.[75] Und eine Kommilitonin meinte: »In der Physik ein Problem zu lösen ist wie ein Spiel und spricht auch den *homo ludens* in mir an. Aber wenn es um ›dummes‹ Auswendiglernen geht, verschwindet meine Freude.« Sicherlich, in Schule und Studium, wo es gilt, sozusagen auf Vorrat zu lernen, lässt sich nicht immer gleich ein Sinn hinter dem Memorieren finden.

Doch muss beim Auswendiglernen keineswegs der Kopf ausgeschaltet werden – im Gegenteil. Denn die *Merkfähigkeit* ist gefragt. Dies ist die Fähigkeit, sich eine Information sogleich zu merken und sie kurz- und mittelfristig wieder zu reproduzieren.[76] Sich etwas zu merken, also etwas auswendig zu lernen, einzuprägen oder zu memorieren, ist jedoch *eine ganz anders geartete geistige Aktivität*, als den Stoff zu erarbeiten und zu verstehen oder etwas logisch abzuleiten. Und was bedeutet dies im Lernalltag? Es bedeutet weniger, den Kopf auszuschalten, als vielmehr, in den Einprägemodus *umzuschalten.*

Memorieren muss auch nicht auf Kosten des Spielerischen gehen, wie es die zitierte Studentin empfindet. Das Spielerische kann beim Auswendiglernen sogar besonders gepflegt werden, und dies beabsichtige ich denn auch in diesem Kapitel: Ich möchte Sie ermuntern, Ihre Phantasie öfter zu gebrauchen, kluge Gedächtnistechniken anzuwenden und für große Faktenmengen Memory Cartoons (siehe Seite 223) auszuprobieren. Zuvor werde ich Ihnen anhand von einfachen Gedächtnismodellen aufzeigen, wie man sich die Speicherung vorstellen kann. Als Allererstes jedoch will ich nochmals auf die Frustration eingehen, die sich bei manchen breitmacht, wenn sie auswendig lernen müssen.

Das asiatische Paradox beherzigen

Zur Frustration beim Auswendiglernen noch drei Zitate aus meiner Lernfrust-Umfrage:
»Ich suche in allem eine Logik. Wenn es keine gibt, habe ich große Mühe, mir die Sachen zu merken. Deshalb finde ich typische Lern- und Lesefächer frustrierend; ich lerne lieber Mathematik.«
»Man hat den ganzen Stoff durchgearbeitet, verstanden, Zusammenhänge erkannt und Zusammenfassungen geschrieben. Doch es ist noch nicht zu Ende; es nützt alles nichts, wenn man es nicht im Kopf hat.«
»Es gibt Dinge, die man einfach wissen muss und die nicht logisch ableitbar sind, z.B. die Nomenklatur chemischer Verbindungen, pH-Werte, Formeln und Bindungslängen. Solche Dinge kann ich immer und immer wieder lernen, aber ich bringe sie schlecht in den Kopf. Das ist frustrierend.«

Die Logik ist die Zwangsjacke der Phantasie.
HELMAR NAHR

Auch bei diesen Studierenden ist das Auswendiglernen nicht beliebt. Sie sind in ihrer Merkfähigkeit wohl nicht besonders geübt, zumal ihr Fokus beim Verstehen liegt. Was sie mögen – und was in unserer westlichen Lernkultur auch höher gewertet wird – ist die vertiefte Auseinandersetzung mit dem Stoff, die Logik, das Verstehen und das Erkennen von Zusammenhängen.

Verstehen und Memorieren schließen sich jedoch nicht aus, sondern gehen Hand in Hand: Je besser wir einen Sachverhalt verstehen, desto leichter lässt er sich einprägen – und je größer unser Wissen ist, desto eher lässt sich auch das Verständnis noch vertiefen.

Bei komplexen Inhalten ist das in- und auswendige Beherrschen einzelner Teile sogar Voraussetzung für das tiefere Verstehen des Ganzen. Jeder Schauspieler kennt dieses Phänomen. Erst mit dem Auswendiglernen des Textes lässt sich auch nach und nach die Figur begreifen. Auf die Frage, wie er sich auf seine Rolle vorbereitet, meinte der Schauspieler Anthony Hopkins: »Ich benutze das Gehirn wie einen Computer, lerne den gesamten Text auswendig und fange dann langsam an, die Eigenarten der Figur zu verstehen. Ich spreche vor mich hin und verändere dabei den Rhythmus, während der Rhythmus der Figur mir langsam näher kommt.«[77]

Im Fernen Osten wird dem Auswendiglernen mehr Bedeutung beigemessen als bei uns. Bereits in jungen Jahren wird es mit Fleiß und Ausdauer eingeübt. Oft wird angenommen, dass die Schüler und Studierenden aus dem Fernen Osten dafür die Dinge weniger verstehen, doch ist dies paradoxerweise nicht der Fall. Obwohl Asiaten vieles auswendig lernen, erreichen sie nämlich in Vergleichsstudien regelmäßig bessere Resultate – und zwar in Fächern wie Mathematik, in denen Verstehen und logisches Denken eine große Rolle spielen. Der Forscher David Kember ist diesem asiatischen Paradox nachgegangen und hat herausgefunden, dass seine Probanden vom Hongkonger Polytechnikum genauso die Absicht haben, die Dinge zu verstehen, wie interessierte Studierende im Westen auch.[78]

Selbst wenn es unterschiedliche Theorien für die besseren Leistungen der Asiaten gibt – eines ist klar: Sie haben weniger Vorurteile gegenüber dem Auswendiglernen und sind darin auch geübter. Zudem sind sie fleißiger. So zeigte eine groß angelegte

Der Vater der Weisheit ist Gedächtnis, Überlegung ist ihre Mutter.
SPRICHWORT AUS WALES

amerikanische Studie, dass die Asiaten an der Highschool durchschnittlich 40 Prozent mehr Zeit für die Hausaufgaben aufwendeten als Schüler aus anderen Kulturkreisen.[79]

Ganz klar, wenn wir die Grundlagen eines Gebietes nicht nur verstehen, sondern darüber auch mehr wissen und konkrete Beispiele, Zahlen und Fakten nennen können – statt bloß eine Ahnung zu haben –, lässt sich damit auch besser diskutieren, argumentieren und weiterdenken. Ein derart ausgebautes Wissensnetz bildet zudem eine größere Assoziationsbasis, in die sich weitere Sachverhalte integrieren lassen.

Je sattelfester unser Wissen ist, desto besser können wir es überblicken, damit spielen, neue Aspekte entdecken, analysieren, hinterfragen und bewerten – und so auf eine höhere Ebene des Denkens und Verstehens gelangen. Diese höheren Denkprozesse sind ohne rasche und präzise Erinnerung gar nicht möglich.

Auswendiglernen und Verstehen sind wie die zwei Seiten einer Münze. Beide Seiten sind wichtig. Falls es Ihnen bisweilen ähnlich geht wie den eingangs zitierten Studenten, tun Sie gut daran, das asiatische Paradox zu beherzigen, sich mit dem Memorieren anzufreunden und den Frust in Lust zu verwandeln. Denn es gibt auch die Lust am Auswendiglernen. Hier zwei Beispiele aus meiner Umfrage »Wann macht Lernen Spaß?«[80]

»Ich habe eine Vorlesung verstanden und vollständig strukturiert auf Karteikarten komprimiert. Jetzt lerne ich diese auswendig und das macht Spaß. Warum? Durch die gute Vorarbeit kann ich mich voll aufs Einprägen konzentrieren.« Diese junge Frau weiß sich geistig auf das Memorieren umzustellen.

»Am liebsten lerne ich Englisch, da ich dieses Fach mag. Es fällt mir nicht schwer, Vokabeln und Grammatik zu lernen, denn ich sehe deutlich einen Sinn dahinter. Ich weiß, dass es etwas bringt, eine Sprache zu beherrschen.« Selbst wenn Sie in einem Fach den Sinn des Auswendiglernens nicht einsehen: Ein gutes Training für die Merkfähigkeit ist es allemal.

Zur Selbstreflexion

1. **Was sind die Gründe für meine inneren Widerstände gegen das Auswendiglernen?**
2. **Frustriert mich das Auswendiglernen bisweilen selbst beim Sprachenlernen, wo ich den Sinn eigentlich einsehe?**
3. **Wo habe ich die Erfahrung gemacht, dass Auswendiglernen für das weitere Verstehen vonnöten ist?**

Das Gedächtnis besser verstehen

Wie viele Stunden verwenden wir doch, um zu lesen, zu lernen und Übungen zu machen – bloß um vieles bald wieder zu vergessen. Wenn Sie das Gedächtnis besser verstehen, werden Sie sich weniger Illusionen machen und wissen, warum das sorgfältige Lesen eines Kapitels oder die zwei Übungen zur Grammatikregel längst noch nicht ausreichen, um die Dinge für längere Zeit im Kopf zu behalten.

Das Gedächtnis kann man sich als Speicher, als Prozess, der auf der Ebene der Hirnzellen (Neuronen) abläuft, oder als Wissensnetz vorstellen und ich möchte Ihnen diese drei unterschiedlichen Modelle in stark vereinfachter Form erläutern.

Das Zweispeichermodell

Aller Dinge Hort ist das Gedächtnis.
CICERO

Sie kennen wohl das klassische Zweispeichermodell mit dem *Kurzzeitgedächtnis* (KZG) und dem *Langzeitgedächtnis* (LZG). Das Modell besagt, dass die Inhalte im KZG nur kurz (bis etwa 30 Sekunden) und im LZG sehr lange (bisweilen für immer) gespeichert werden. Auch in der Kapazität unterscheiden sich die beiden Speicher beträchtlich: Während diejenige des LZG praktisch unbegrenzt ist, ist das Fassungsvermögen des KZG auf etwa vier bis sieben Informationseinheiten begrenzt.

Nach neuerer Auffassung ist das KZG Teil des *Arbeitsgedächtnisses*, welches ebenfalls beschränkte Kapazität hat.[81] Dieses Arbeitsgedächtnis benötigen wir für alle bewussten Denkvorgänge und Handlungen. Auch die Codierung, das heißt die Einspeicherung der Dinge ins LZG, findet im Arbeitsgedächtnis statt. Ebenso holen wir beim Erinnern die Inhalte vom LZG wieder auf die bewusste Ebene des Arbeitsgedächtnisses zurück.

Gegenstand der Erinnerung ist eigentlich alles, wovon man sich ein Phantasiebild machen kann.
ARISTOTELES

Die Kapazität des Arbeitsgedächtnisses ist zwar beschränkt. Doch die wenigen Informationseinheiten, die wir aufs Mal im Bewusstsein halten und verarbeiten können, sind nicht immer gleich dicht. Begriffe wie Haus und Hund enthalten sehr viel mehr Information als weniger bekannte Ausdrücke wie Kohärenz oder Katalysator. Je besser unser Wissen strukturiert ist und je mehr wir zu einem Begriff wissen, desto dichter sind diese Informationseinheiten, die *Chunks*. Ein Chunk ist ein verdichtetes Wissenspaket, das als Einheit aus dem LZG abgerufen werden kann. Mit derartigen Chunks lässt sich die begrenzte Kapazität des Arbeitsgedächtnisses ein Stück weit umgehen. Wir sind damit rascher im Denken und schlagfertiger im Argumentieren.

Langzeitliche Speicherung auf der Ebene der Neuronen

Um sich die langzeitliche Speicherung besser begreiflich zu machen, hilft es, sich diese auf der Ebene der Neuronen vorzustellen. Nach dem heutigen Stand der Befunde geht die langzeitliche Speicherung über leistungsfähigere Synapsen und neuronales Wachstum.[82]

In unserem Hirn gibt es schätzungsweise hundert Milliarden Neuronen und jede dieser baumartig verzweigten Zellen hat etwa

tausend Kontaktstellen (Synapsen) zu anderen Zellen. Wenn wir nun zum Beispiel lernen, dass *Banane* auf Arabisch *mus* heißt, bildet sich – modellhaft gesehen – ein ganz spezifischer neuronaler Schaltkreis, ein charakteristisches Aktivierungsmuster. Jedes Mal, wenn Sie *Banane* = *mus* abrufen, wird dieser Schaltkreis erneut aktiviert und damit die Gedächtnisspur gefestigt.
Die Synapsen werden verstärkt und es kommen neue hinzu; der Schaltkreis wird immer leistungsfähiger und aus der schmalen Gedächtnisspur entwickelt sich ein neuronaler Highway. *Banane* = *mus* ist nun derart automatisiert, dass es nicht mehr so rasch vergessen geht.

Von der kurzzeitigen zur langzeitlichen Speicherung

Wie gelangen nun aber die Inhalte vom Kurzzeitgedächtnis ins Langzeitgedächtnis? Dies erklärt das Zweispeichermodell aus der kognitiven Psychologie nicht. Dafür hilft die Neurophysiologie weiter. Die Speicherung im KZG beruht auf einem vorübergehenden Mechanismus von chemischen und elektrischen Impulsen. Wenn Sie eine Telefonnummer im Kopf behalten, bis sie gewählt ist, ist diese Art der vorübergehenden Speicherung aktiv. Das KZG hält die Dinge so lange im Bewusstsein, wie wir uns im Augenblick damit beschäftigen.
Nun gibt es aber manche Dinge, die wir ein paar Stunden oder Tage behalten können, die aber dennoch nicht langzeitlich gespeichert werden – zum Beispiel, was wir gestern oder vorgestern am Abend gegessen haben oder irgendwelche Fakten, die wir gehört oder gelesen haben. Es wird vermutet, dass eine solche Speicherung durch chemische Modifikationen an der Oberfläche von Rezeptoren und anderen Proteinen zustande kommt. Doch auch diese Art der Speicherung ist labil und verblasst im Verlaufe der Stunden und Tage wieder.

Wenn wir uns jedoch die Mühe machen, uns die Telefonnummer, das Abendessen von vorgestern oder die aufgeschnappten Fakten ganz bewusst zu merken und einzuprägen, kann der langzeitliche Speichermechanismus aktiviert werden. Versuche mit Meeresschnecken und Mäusen zeigten auf, dass bereits etwa eine Stunde nach einem kräftigen Lernreiz die Proteinsynthese eingeleitet wird, welche dem Wachstum der Neuronen und der Verstärkung der Synapsen – also der langzeitlichen Speicherung – dient. Auch diese Gedächtnisspur ist zunächst noch labil und benötigt mehrmalige Repetition für die Festigung.

Das Langzeitgedächtnis als Wissensnetz

»Warum kann ich mich an Gespräche und Geschichten erinnern, die zurückliegen und die ich nie explizit gelernt habe? Und warum verwechsle ich dauernd Oxidation und Reduktion, deren Funktion ich doch ausführlich studiert und memoriert habe? Dies ist für mich unverständlich und frustrierend«, beklagte sich ein Student in meiner Umfrage über Lernfrusts. Vielleicht fragen Sie sich bisweilen auch, warum Alltagserlebnisse ohne jegliche Anstrengung gespeichert werden, Lernstoff hingegen nicht. Dies hat mit den bereits bestehenden Wissensbeständen im LZG zu tun. Diese kann man sich als Netzstruktur vorstellen. Je mehr wir über ein Gebiet wissen, umso einfacher ist es, eine zusätzliche Information in dieses Wissensnetz zu integrieren. Erlebnisse aus dem Alltag sind Variationen von längst vertrauten Wissensschemata und lassen sich deshalb bedeutend leichter integrieren als Inhalte, welche sich nur wenig oder gar nicht mit bestehendem Wissen verknüpfen lassen. Aus diesem Grund kann auch ein Experte neues Wissen viel besser integrieren als ein Novize. Und genau um diese Integration geht es beim Lernen und Verstehen: Neues und Unbekanntes wird in die bestehenden Strukturen

eingebaut und zu einem stimmigen Ganzen gefügt. Dabei wird das Wissensnetz erneuert und erweitert.
Sollten Sie dauernd Oxidation mit Reduktion verwechseln, heißt dies, dass Sie diese beiden Begriffe in noch stärkerem Maß differenzieren und mit einleuchtenden Beispielen anreichern, dass Sie also noch viel mehr Fäden im Wissensnetz spannen müssen.
Doch selbst die Erinnerung an gut verknüpfte, spannende Erlebnisse verblasst mit den Jahren, wenn man nie mehr darüber sinniert oder sie nicht weitererzählt oder – anders gesagt – wenn man die entsprechenden neuronalen Verschaltungsmuster nicht immer wieder mal reaktiviert.

Das Gedächtnis ist der Diener unserer Interessen.
THORNTON WILDER

Zur Selbstreflexion

1. **Welchen Vorteil bringt das Auswendiglernen in Bezug auf die begrenzte Kapazität des Kurzzeitgedächtnisses?**
2. **Wann habe ich schon erlebt, dass auch Verstandenes wieder vergessen werden kann?**
3. **Leuchtet es mir ein, dass der Lern-Aufwand für ein völlig neues Wissensgebiet besonders groß ist?**

Das Geheimnis des Lernens kennen

Was ist das Geheimnis des Lernens? Was ist entscheidend beim Erarbeiten und Speichern? Was erleichtert das Abrufen des neuen Wissens?
Könnte es das *Verstehen* sein, die oft magischen Aha-Momente, in denen einem ein Licht aufgeht und man die Sache plötzlich begreift? Sie wissen, Verstehen ist Voraussetzung für leichteres Einprägen und besseres Abrufen. Bloß ist die wichtige Rolle des Verstehens längst kein Geheimnis mehr. Genauso bekannt ist auch

die Wirkung von klugem *Organisieren und Strukturieren* des Wissens. Gut Strukturiertes schafft Durchblick und Überblick und lässt sich besser merken. Ebenfalls kein Geheimnis ist die möglichst *vielfältige Vernetzung* des neuen Wissens. Je öfter wir Neues mit bekannten Sachverhalten und Beispielen aus allen Lebensbereichen verknüpfen, je mehr Zugänge wir zu einem Begriff oder Thema schaffen und je häufiger wir es auch im größeren Kontext sehen, desto besser lassen sich die Dinge behalten, abrufen und flexibel anwenden.

Was ist nun aber das Geheimnis des Lernens? Ich bezeichne damit eine geistige Aktivität, die es verdient, hier noch etwas expliziter erwähnt zu werden: Es ist die Fähigkeit, zu imaginieren, also sein *Vorstellungsvermögen* zu nutzen.

Machen wir dazu gleich eine kleine Übung: Stellen Sie sich den Buchstaben Q vor. Setzen Sie links davon direkt angrenzend ein O daneben. Entfernen Sie dann die kleine diagonale Linie und drehen Sie die Figur um 90 Grad im Gegenuhrzeigersinn. Was sehen Sie?

Ganz bewusst innere Vorstellungen aufbauen

Alles Verstehen ist ein Akt des Vorstellens.
ARTHUR SCHOPENHAUER

Das Vorstellungsvermögen ist die Fähigkeit, innere Bilder im Kopf zu erzeugen, sie zu behalten und zu einem späteren Zeitpunkt abzurufen.

Sie kennen diese inneren Bilder vom Lesen oder Hören von Geschichten: Je nachdem, wie stark Sie Ihre Vorstellungskraft einsetzen, lassen sich diese im Kopf mehr oder weniger lebendig machen. Wenn Sie wollen, können Sie die Figuren sehen, hören und bisweilen sogar riechen. Auch gefühlsmäßig kann man mitgehen, als wäre es die Realität oder zumindest ein Film. Je plastischer und lebhafter Sie eine Geschichte in Ihrem inneren Kino erleben, desto besser bleibt sie im Gedächtnis haften.

Dasselbe gilt für den Lernstoff. Ob Sie einzelne Wörter oder Sätze im Fremdsprachenunterricht lernen, ob Sie Abschnitte oder ganze Kapitel im Lehrbuch erarbeiten oder ob Sie Mindmaps und Eselsbrücken nutzen – Sie lernen am wirkungsvollsten, wenn Sie davon stets *ganz bewusst innere Vorstellungen aufbauen.* Diese Repräsentationen können bildhafte, auditive, verbale oder symbolische Elemente enthalten und still oder beweglich sein.

Denn das Wissen, das man sich aus den Vorlesungen und Lehrbüchern verschafft, will nicht nur gelesen, verstanden, notiert oder zusammengefasst sein – das Wissen muss auch im Kopf existieren. Versuchen Sie deshalb immer wieder, sich die Dinge zurechtzulegen und ganz bewusst eine Vorstellung davon zu schaffen. Bauen Sie beim Lernen von Formeln, Skizzen und Mindmaps auch im Kopf deutliche Bilder davon auf: Wenn Sie die Augen schließen, sollte Stück um Stück die Strukturformel des Koffeins, die Mindmap oder der Ablauf der Proteinsynthese vor Ihrem inneren Auge sichtbar werden. Der Aufwand lohnt sich, denn sind solche Repräsentationen einmal aufgebaut, können sie rasch wieder abgerufen werden und benötigen auch wenig Speicherplatz im Arbeitsgedächtnis (siehe Seite 212).

Der Aufbau solcher innerer Vorstellungen ist für Ungeübte ziemlich anstrengend. Es ist jedoch auch eine Frage des Willens. Sie mussten sich wohl geistig einen kleinen Schubs geben, um die soeben beschriebene kleine Übung zu machen und Ihr Vorstellungsvermögen einzusetzen. Dafür haben Sie am Ende vor Ihrem inneren Auge die Zahl Acht gesehen. Geben Sie sich auch einen Schubs, wenn Sie das nächste Mal eine Geschichte lesen: Mit gutem Willen können Sie sich das Gelesene viel lebhafter und bis in alle Details vorstellen.

Innere Bilder zu konstruieren ist eine Art von Umwandlungs- oder Übersetzungsprozess, der das Gehörte, Gelesene oder Betrachtete in geistige Repräsentationen und mentale Modelle transformiert. Dieser Imaginationsprozess ist beim Zuhören, Lesen,

Lernen und Memorieren erforderlich und geht mit zunehmender Übung immer besser. Und mit dem Aufbau der inneren Vorstellungen beginnt nicht nur das aktive Zuhören, Lesen und Lernen; mit diesen Bildern beginnt auch das eigene Denken, die Erinnerung und das ganze geistige Leben überhaupt.

Lustvoller memorieren

Was braucht es, um das Memorieren lustvoll anzugehen? Sicherlich sind Phantasie, Vorstellungsvermögen und ein unvoreingenommener Geist vonnöten. Falls Sie über diese Qualitäten verfügen, sollte es gelingen. Das Auswendiglernen kann nämlich zu einem amüsanten Spiel werden, wenn Sie es schaffen, allfällige Vorurteile über Bord zu werfen und aus dem Memorieren eine eigene Disziplin zu machen. Betrachten Sie es als sportliche Herausforderung und als willkommenes Training Ihrer Merkfähigkeit – und experimentieren Sie frohgemut mit gedächtnistechnischen Methoden!

Ich habe in meinem Buch *Exploratives Lernen* bereits aufgezeigt, wie man sich Zahlen, chemische Formeln sowie die Inhalte von größeren Wissensgebieten mit derartigen Eselsbrücken besser merken kann. Hier möchte ich noch drei weitere Methoden hinzufügen: die Bildung von Akronymen, die Schlüsselbild-Methode sowie die Loci-Methode und darauf aufgebaut eine eigene Entwicklung, die Memory Cartoons.

Man braucht nur ein wenig Phantasie, und alle Schlösser öffnen sich.
KARL FRIEDRICH FREIHERR VON MÜNCHHAUSEN

Nicht jedem Lerntyp sagt jedoch dieselbe Memoriermethode zu. Was für die einen die einzig wirkungsvolle Praktik ist, kann für andere ein unnötiger Umweg sein. Allerdings lässt sich dies oft erst beurteilen, wenn die Methode wirklich eingeübt ist.

So oder so: Sobald Ihnen das Einprägen einer Sache Mühe macht, sollten Sie Ihre Phantasie spielen lassen und versuchen, eine passende Eselsbrücke zu erfinden. Ist Ihnen das Vorgehen dann geläufig, werden Sie sich vieles bedeutend leichter merken können. Wie bei allem neu Gelernten wollen jedoch auch die Eselsbrücken für langzeitliches Behalten immer wieder aufgefrischt sein.

Akronyme

Akronyme sind Abkürzungen mithilfe von Anfangsbuchstaben. Sie werden oft genutzt, um Organisationen wie die UNO, die NATO oder die EU zu bezeichnen und können auch hilfreich sein, um sich Aufzählungen zu merken. Ein bekanntes Beispiel sind SMARTe Ziele, wie sie in manchen Ziel- und Zeitmanagementbüchern zu finden sind. Klug gesetzte Ziele sind nämlich:

Spezifisch und konkret
Mess- oder quantifizierbar
Aktiv formuliert
Realistisch, und
Terminiert.

Falls Sie am Französischlernen sind und ein Akronym für die Verben suchen, die mit *être* konjugiert werden – *voilà*: MRS. VAN DER TRAMP *(monter, rester, sortir – venir, aller, naître – descendre, entrer, rentrer – tomber, retourner, arriver, mourir, partir).*

Die Anfangsbuchstabenmethode ist besonders nützlich für Aufzählungen, bei denen kein Punkt vergessen werden darf – wie bei folgendem Beispiel, das zu Lernfrust führte: »Fach Forstpolitik. Die Prüfungsvorbereitung ist eine extrem trockene Sache und es ist frustrierend, dass der Prüfer genau sieben Punkte hören möchte, aber es kommen einem nur drei in den Sinn.« Bestimmt lässt sich jeder der Punkte durch ein Schlüsselwort charakterisieren und daraus ein Akronym entwickeln. Nutzen Sie Ihre Phantasie und probieren Sie selbsterfundene Akronyme aus.

Die Schlüsselbild-Methode

Meine Phantasie, das ist mein Gedächtnis.
JULES RENARD

Vor einiger Zeit meldete sich eine Studentin bei mir, weil sie mit dem Wörterlernen für die große Lateinprüfung Mühe hatte. Ich bat sie, mit einer Liste von zwanzig Wörtern in Latein und Deutsch vorbeizukommen. An das erste Wortpaar erinnere ich mich noch genau: *trahere = ziehen*. Ich phantasierte laut vor mich hin: »Trahere, ziehen, das ist doch ein Traktor, der zieht zwei Heere, so ein rotes und ein blaues Zinnsoldatenheer ...« Nach dem dritten Beispiel machte die junge Frau weiter und erfand munter für jedes Wortpaar ein einprägsames Bild. Ab diesem Tag machte ihr das Lateinlernen dank der Eselsbrücken Spaß.

Eigentlich wusste sie schon zuvor, dass man sich mithilfe von Phantasiebildern schwierige Wörter besser merken kann. Aber der Anstoß, diese Methode einzusetzen, fehlte ihr. Denn die Schlüsselbild-Methode ist für Ungeübte zunächst anstrengend. Die Vorstellungskraft sowie der Wille, ein inneres Bild derart deutlich aufzubauen, dass es jederzeit wieder abgerufen werden kann, sind gefragt. Dies ist wohl der Grund, warum die Methode von manchen Lernenden nicht genutzt wird, obwohl sie diese im Prinzip kennen.

Bleiben Sie also dran. Nach den ersten paar Versuchen mit solchen Eselsbrücken wird Ihnen das Finden passender Bilder immer leichter fallen.

Denn Bilder lassen sich besser behalten als Wörter. Wie zum Beispiel das Bild vom Bananenmus, das man mit der Gabel fabriziert und dem schreienden Baby füttert, und das hilft, sich das arabische Wort *mus* (= Banane) besser einzuprägen.

Auch Namen lassen sich mithilfe eines Schlüsselbildes besser merken: Nutzen Sie irgendein Merkmal im Gesicht der Person, um zusammen mit dem Namen eine Eselsbrücke zu kreieren. Stellen Sie sich vor, das Grübchen im Kinn von Herrn Braun sei ein brauner Fleck, hängen Sie Frau Fischer einen kleinen Schmuckfisch

ans Ohr oder unterscheiden Sie die Herren Meier und Müller dadurch, dass Sie dem einen ein Ei auf dem Kopf stellen, während der andere ein Karton-Ü erhält.
Entscheidend für gutes Merken ist stets, dass Sie das geschaffene Schlüsselbild klar und deutlich und in allen Einzelheiten vor Ihrem inneren Auge aufbauen und sehen können. Nur wenn Sie Ihre Aufmerksamkeit für einen Moment *voll und ganz* auf dieses innere Bild richten, prägt es sich genügend ein.

Die Loci-Methode

Nicht nur Bilder sind gegenüber dem Vergessen resistenter als Wörter und abstrakte Begriffe, auch räumliche Information (Loci = Orte) hält sich besser im Gedächtnis. Sie kennen den Effekt wohl aus eigener Erfahrung: Man erinnert sich genau, dass die Definition links oben auf der Seite steht, bloß der Wortlaut fällt einem nicht mehr ein.

Das Gedächtnis ist die Sparbüchse des Geistes.
QUINTILIANUS

Die Verknüpfung eines sich zu merkenden Inhaltes mit einem ganz bestimmten, fixen Ort, die Loci-Methode, ist seit der Antike bekannt. Die Erfindung der Methode wird dem griechischen Poeten Simonides zugeschrieben und hört sich ziemlich makaber an.[83] Er hielt anlässlich eines Banketts eine Rede, als ihm die Botschaft überbracht wurde, dass draußen jemand auf ihn warte. Während Simonides draußen war, stürzte das Dach der Bankett-halle ein und begrub sämtliche Teilnehmer unter sich. Da sich der Poet daran erinnern konnte, wo die einzelnen Gäste gesessen hatten, konnte er die verstümmelten Leichen identifizieren. Diese Erfahrung führte zum Loci-System, in welchem sich zu merkende Dinge mit festgelegten Orten (Teile eines Gebäudes, Möbel in einem Raum, Körperteile) assoziiert werden.

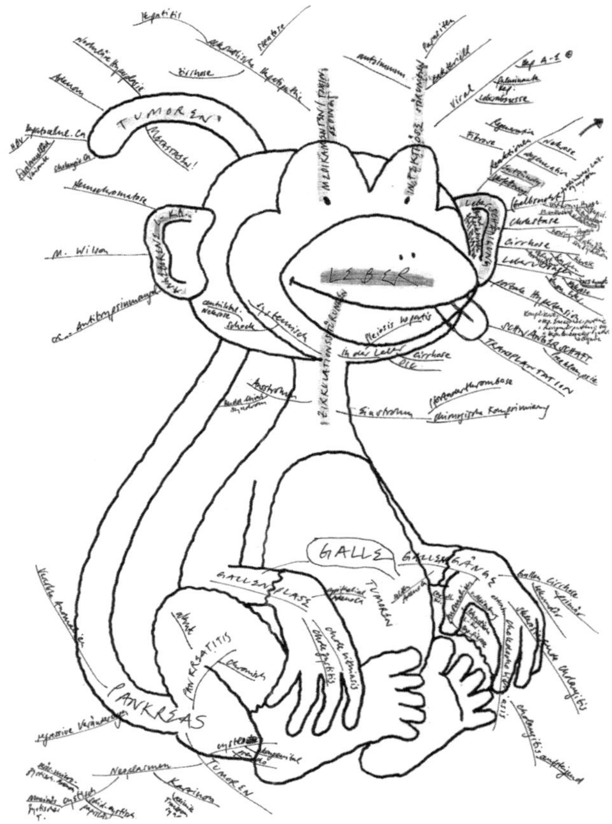

Abb.10 **Einer der ersten Memory Cartoons.**
Das Original hat DIN-A3-Format. (Cartoon: Quelle unbekannt. Mindmap: Roland Stieger.)

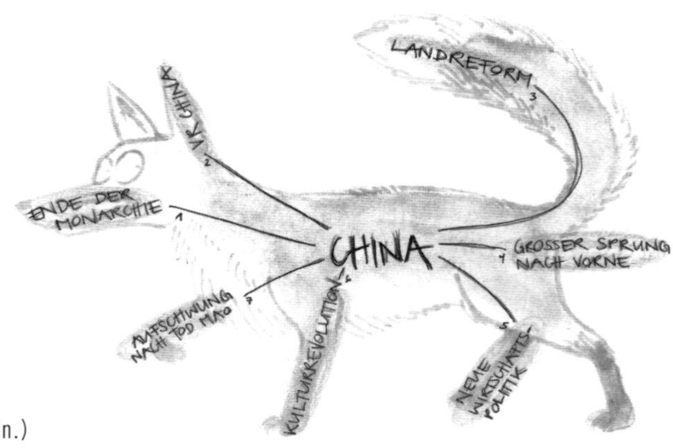

Abb.11a **Grundgerüst des Memory Cartoons.**

Abb.11b, folgende Doppelseite
Der fertige Memory Cartoon nach V. Steiner.
Das Original hat DIN-A3-Format. (Cartoon: Felix Schaad/Tages-Anzeiger; Mindmap: Eva Erdin.)

Memory Cartoons nutzen

Auch die nun beschriebenen Memory Cartoons basieren auf der Loci-Methode; die Teile des Cartoons bilden die fixen Orte. Die Entwicklung von Memory Cartoons begann damit, dass sich immer wieder Medizinstudenten an mich wandten und nach einer Methode fragten, mithilfe derer man sich Anatomie, Krankheitsbilder und all die anderen unzähligen Fakten, die man als zukünftiger Mediziner kennen muss, besser einprägen kann. Ich empfahl ihnen, ihre Mindmaps oder Stichwortlisten in eine Figur aus einem Kinder-Malbuch zu zeichnen. In Abbildung 10 sehen Sie einen derartigen Memory Cartoon. Die Bilder 11a und 11b zeigen, wie ein Memory Cartoon aufgebaut wird.

Die Cartoon-Figur dient als Hilfsgerüst fürs Memorieren und kann Ihnen das Auswendiglernen großer Stoffmengen, das Lernen von Listen, Reden und Gedichten oder auch das freie Abrufen neu gelernter Wörter einer Fremdsprache erleichtern. Mithilfe des Memory Cartoons lassen sich die vielen Fakten von großen Stoffgebieten besser merken als mit einer Mindmap allein. Warum? Der Memory Cartoon:

- hat in puncto Übersichtlichkeit und Struktur die Vorteile der Mindmap
- nutzt dazu noch die Tatsache, dass wir uns an vertraute Bilder und Bildteile (loci) besonders gut erinnern
- erleichtert das Memorieren, denn die Fakten lassen sich durch Assoziation mit einzelnen Bildteilen mit weniger Aufwand merken
- führt wegen dieser Assoziation auch zu nachhaltigerer Speicherung
- macht gleich dreifach Spaß – man kann sein Lieblingsbild wählen, das Einprägen geht leichter und das Erfolgserlebnis ist am Ende besonders groß.

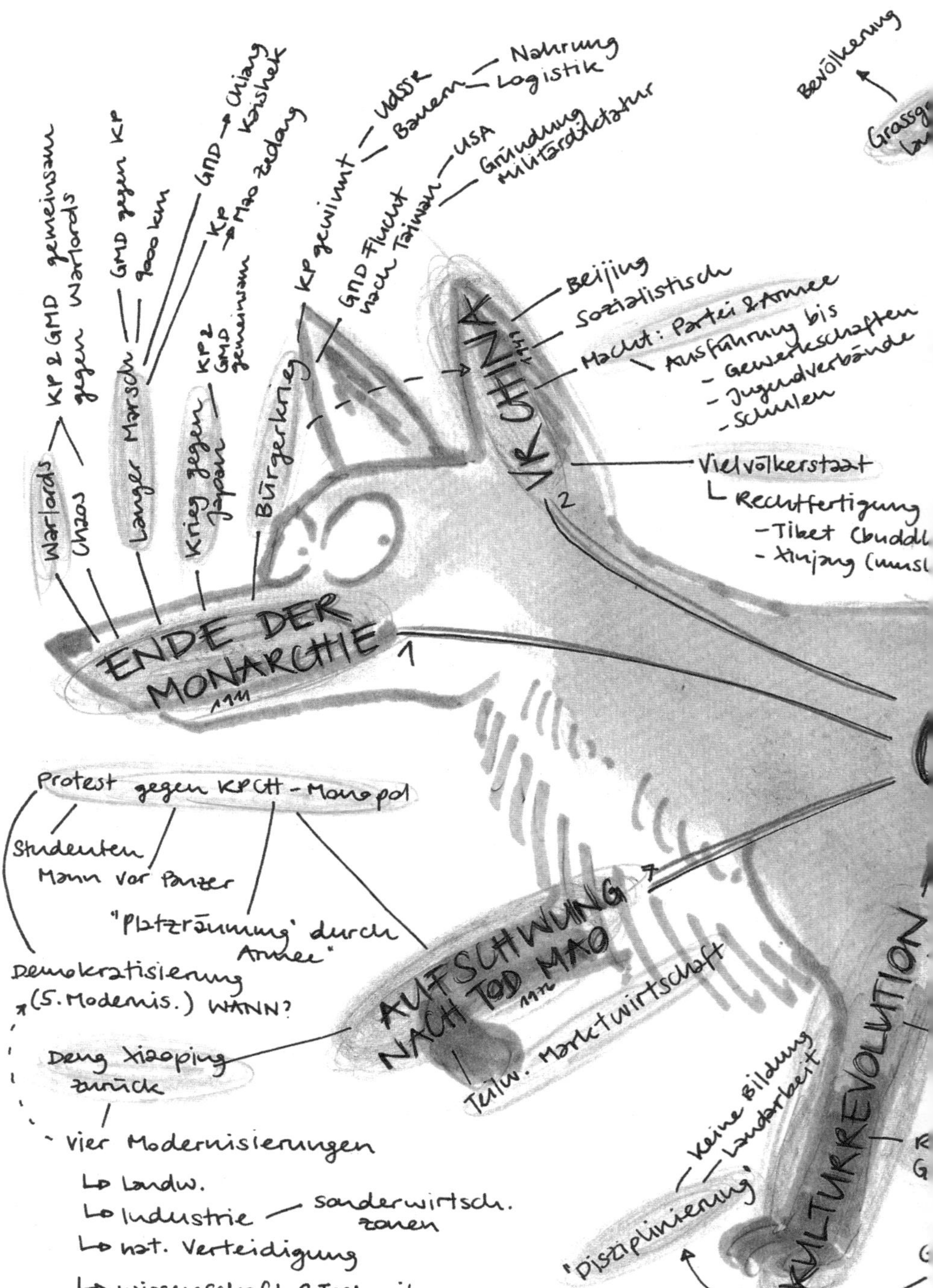

ENDE DER MONARCHIE !!!
1
Warlords
Chaos
KP & GMD gemeinsam gegen Warlords
Langer Marsch
GMD gegen KP
9000 km
GMD → Chiang Kaishek
KP → Mao Zedong
Krieg gegen Japan
KP & GMD gemeinsam
Bürgerkrieg
KP gewinnt
UdSSR
Bauern
Nahrung
Logistik
GMD Flucht nach Taiwan
USA
Gründung Militärdiktatur
VR CHINA !!!
2
Beijing
Sozialistisch
Macht: Partei & Armee
Ausführung bis
- Gewerkschaften
- Jugendverbände
- Schulen
Vielvölkerstaat
Rechtfertigung
- Tibet (buddh
- Xinjiang (musl
Bevölkerung
Protest gegen KPCH-Monopol
Studenten
Mann vor Panzer
"Platzräumung" durch Armee"
Demokratisierung (5. Modernis.) WANN?
AUFSCHWUNG NACH TOD MAO !!!
Teilw. Marktwirtschaft
Deng Xiaoping zurück
Vier Modernisierungen
Landw.
Industrie
Sonderwirtsch. zonen
nat. Verteidigung
Wissenschaft & Technik
KULTURREVOLUTION
Keine Bildung
Landarbeit
"Disziplinierung"

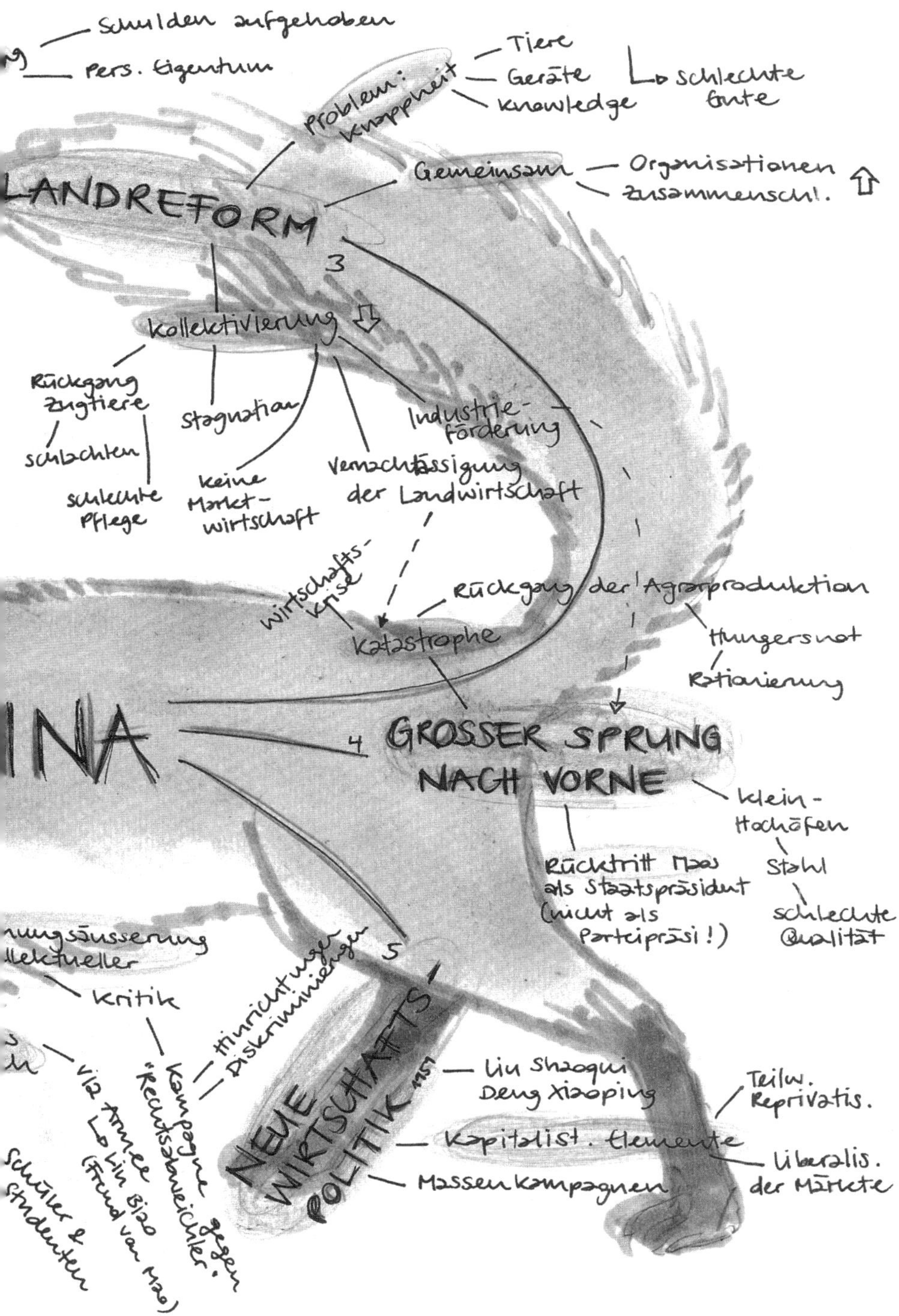

Schulden aufgehoben
Pers. Eigentum
Problem: Knappheit
Tiere
Geräte
Knowledge
schlechte Ernte
LANDREFORM
3
Gemeinsam
Organisationen zusammenschl.
Kollektivierung
Rückgang Zugtiere
schlachten
schlechte Pflege
Stagnation
keine Marktwirtschaft
Vernachlässigung der Landwirtschaft
Industrieförderung
Wirtschaftskrise
Katastrophe
Rückgang der Agrarproduktion
Hungersnot
Rationierung
INA
4
GROSSER SPRUNG NACH VORNE
Klein-Hochöfen
Stahl
schlechte Qualität
Rücktritt Mao als Staatspräsident (nicht als Parteipräsi!)
5
Hinrichtungen
Diskriminierungen
Kritik
Kampagne gegen "Rechtsabweichler"
via Armee
Lin Biao (Freund von Mao)
Schüler & Studenten
NEUE WIRTSCHAFTS POLITIK
Liu Shaoqi
Deng Xiaoping
Kapitalist. Elemente
Teilw. Reprivatis.
Liberalis. der Märkte
Massenkampagnen

Doch wie andere wirkungsvolle Methoden will auch der Memory Cartoon eingeübt sein. Probieren Sie die Methode aus und erleben Sie den Nutzen selbst.

Übung 10
Den Memory Cartoon ausprobieren

Der schlechteste Versuch ist immer der, den man nicht macht.
WERNHER VON BRAUN

Suchen Sie eine sympathische Figur in einem Kindermalbuch, wie zum Beispiel in den Malbüchern von Janosch.[84]

Vergrößern Sie wenn nötig das Bild mit dem Kopierer auf DIN-A3-Format und verfertigen Sie aus Ihrem Lernstoff einen Memory Cartoon: Zeichnen Sie zuerst wie in Bild 11a die Schlüsselwörter in verschiedene Körperteile der Figur. Prägen Sie sich sodann die Begriffe verbunden mit dem jeweiligen Bildausschnitt ein. Entscheidend ist dabei, dass Sie dieses Bild mit den Schlüsselwörtern klar und deutlich und in allen Einzelheiten vor Ihrem inneren Auge sehen können. Nur so können Sie es später auch wieder abrufen.

Vervollständigen Sie dann den Cartoon und merken Sie sich die Teilbilder auf dieselbe Weise.

Warum will der Memory Cartoon eingeübt sein? Wenn Sie die Übung ausprobieren, werden Sie es merken: Mit der Zeichnung ist es nicht getan, der anspruchsvollere Teil kommt im Nachhinein.
Zu Beginn eine passende Vorlage auszuwählen und daraus einen Memory Cartoon zu verfertigen und die Figur wenn nötig noch zu ergänzen macht großen Spaß – man muss jedoch aufpassen, dass Letzterer nicht zum Selbstzweck wird. Manche Übungsteilnehmer verweilen lieber beim Ausmalen des Cartoons und weichen dem Einprägen so aus, denn das Memorieren ist anstrengender und die Vorstellungskraft wird gefordert. Wenn Sie schrittweise vorgehen und sich zunächst die Figur mit den Schlüsselwörtern merken, geht es einfacher. Sie werden sehen: Mit jedem neuen Memory Cartoon fällt einem das Einprägen leichter. Und Sie werden bald auch realisieren, wie gut Sie das Gelernte im Kopf behalten können.

Eine Übungsteilnehmerin hat den Memory Cartoon genutzt, um die neuen Italienisch-Wörter aus einer Kurzgeschichte besser frei aus dem Gedächtnis abrufen zu können: Sie hat die italienischen Begriffe in ihre Figur eingetragen, das Ganze kopiert und auf der Kopie noch die deutschen Wörter dazugeschrieben. »Der Memory Cartoon hat frische Motivation ins Wörterlernen gebracht. Er hängt am Küchenkasten, und ich versuche immer wieder, mich an das Bild mit den Wörtern zu erinnern«, schreibt sie.
Wenn Sie viele Wörter oder Fakten auswendig lernen müssen, lohnt es sich, mit Memory Cartoons zu experimentieren und eigene Varianten zu entwickeln. Denn eines ist klar: Spaß macht es mit diesen Figuren allemal, zumindest, wenn Sie Bilder mögen.

In Kürze zu Übung 10
Der Nutzen des Memory Cartoon

Ein Memory Cartoon

- weckt die Lust am Memorieren
- hilft, sich große Mengen an Fakten leichter einzuprägen
- sorgt für nachhaltigere Speicherung.

13

Wirkungsvoll repetieren

Unter Lernen stellen wir uns gemeinhin die große Auseinandersetzung mit dem Stoff, das Erarbeiten und Verstehen vor. Sich das Gelernte auch noch ganz gezielt einzuprägen, gehört bei manchen schon weniger zu diesem Bild. Und dass das neue Wissen auch noch repetiert sein will, realisiert man oft erst am Ende des Semesters, wenn vieles bereits wieder vergessen ist. Kein Wunder, denn während der Schulzeit kümmerten sich die Lehrerinnen und Lehrer um die Repetition, sie sagten Tests an und griffen den Stoff auch im Unterricht immer wieder auf.

Als selbstbestimmte Lernerinnen und Lerner müssen wir unser Bild des Lernens ergänzen und auch der Repetition Platz einzuräumen. Viel braucht es nicht, denn die Wiederholung benötigt vergleichsweise wenig Zeit. Dazu kommt, dass es auch den Geist nicht mehr derart fordert wie die Lernschritte zuvor. Doch will es angepackt und umgesetzt sein.

Im Studienalltag gilt es vor allem, die Kenntnisse im Hinblick auf die großen Prüfungen aufzufrischen, um sie am entscheidenden Tag präsent zu haben. Auch wenn Sie Fremdsprachen lernen, kommen Sie nicht umhin, die Vokabeln, Sätze und grammatikalisch richtigen Wendungen immer wieder zu repetieren und zu festigen. Wenn Sie wissen, worauf es dabei ankommt, und Sie dazu auch noch die gleich beschriebene modifizierte Lernkartei nutzen, wird es Ihnen sogar Spaß bereiten, denn Sie werden jedes

Mal ein Erfolgserlebnis haben. Auch wenn Sie sich mit anderen zusammentun, um das Gelernte zu besprechen oder sich gegenseitig abzufragen, werden Ihre Kenntnisse gefestigt. Damit das Teamwork produktiv ist, gilt es jedoch, einen gemeinsamen Nenner zu finden.

Warum und wie repetieren?

Wer studiert,
nicht repetiert, der hat
gesät und nicht gemäht.
JÜDISCHES SPRICHWORT

Warum das neu erworbene Wissen repetiert sein will, ist klar: Sich die Dinge ein einziges Mal zu merken reicht für gutes Behalten längst nicht aus. Das Gelernte muss noch gefestigt werden. Mit der Urwald-Metapher lässt sich diese Wissens-Konsolidierung so erklären: Stellen Sie sich vor, das Hirn mit seinem dichten Gestrüpp von Neuronen sei ein schwer durchdringlicher Urwald. Sich neue Wörter oder Fakten zum ersten Mal einzuprägen bedeutet, durch dieses Gewirr einen neuen Pfad zu schlagen. Beim zweiten Durchgang geht es schon besser voran, denn die Spur ist im Neuronendickicht des Gehirns bereits vorgebahnt. Je öfter Sie fortan mit dem Buschmesser den Pfad frei machen – das heißt, das Gelernte wiederholen –, umso leichter kommen Sie durch. Der Pfad wird mit der Zeit zur Straße und dann zu einem Highway – Ihr Wissen ist nun derart gefestigt, dass Sie es ohne Überlegung ganz automatisch abrufen können. Wird jedoch der Pfad nach den Anfängen nicht mehr genutzt, wächst er bald wieder zu.

Jede Repetition verstärkt also die neuronalen Verschaltungen und macht die Speicherung robuster. Gewissenhafte Repetition schützt auch vor Blockaden. Wer kennt nicht die Angst, während einer Prüfung blockiert zu sein und Entscheidendes nicht abrufen zu können? Wenn Sie sich öfter im letzten Augenblick auf eine Prüfung vorbereiten, kennen Sie dieses Phänomen wohl nur allzu gut. Befunde aus der Forschung zeigen, dass es weit wirkungsvoller ist, sich den Stoff früh genug anzueignen und ihn mehrmals zu repetieren – statt sich die Dinge im letzten Moment zu merken.[85] Wer sich während Wochen oder Monaten auf eine große Prüfung vorbereitet, muss ohnehin wiederholen, denn innerhalb eines Monats können bis zu achtzig Prozent des Gelernten vergessen gehen. Also tun Sie gut daran, das Vergessen nicht zu vergessen und die Suppe immer wieder mal aufzurühren.

Mehrmaliges Auffrischen führt nicht nur zu einer besseren Speicherung; die Wiederholung vermittelt auch *Sicherheit*. Und diesen psychologischen Effekt kann wohl jeder bei der Vorbereitung auf seine Prüfung gebrauchen. Je nachdem, wie gut sich das neue Wissen ins Vorwissen integrieren und merken lässt, sieht die Vergessenskurve etwas anders aus:

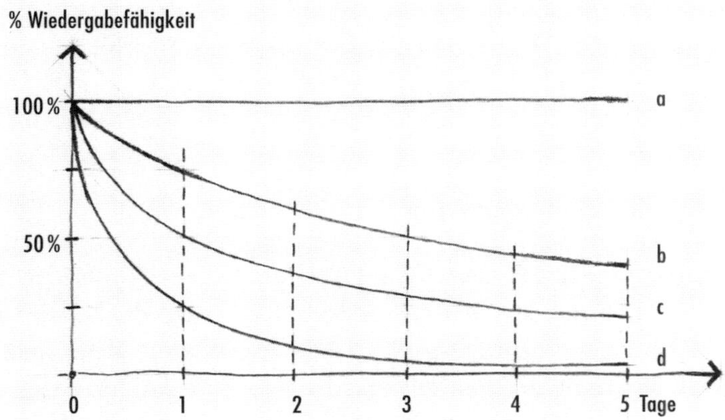

a Einleuchtendes aus dem Alltag; Einzelheiten, die brennend interessieren
b Geschichten; interessante und gründlich bearbeitete und strukturierte Kapitel des Lieblingsfaches
c Bearbeiteter, aber nicht sonderlich interessant scheinender Stoff; Inhalte, die man nicht bewusst strukturiert hat
d Wörter für den Japanisch- oder Finnisch-Kurs

Abb.12 **Vergessenskurve für unterschiedliche Inhalte.** Aus: Exploratives Lernen.[86]

Aus der Kurve ist ersichtlich, dass das neu erworbene Wissen in den ersten Stunden und Tagen am schnellsten vergessen geht. Warum? Sie wissen, kurzzeitig erfolgt die Speicherung durch die Übertragung chemischer und elektrischer Impulse sowie durch chemische Modifikationen. In den ersten Stunden nach dem Lernen wird dann die langzeitliche Speicherung durch die Synthese von Proteinen eingeleitet – zumindest dann, wenn der Stoff genügend aktiv erarbeitet und der Lernreiz dementsprechend stark genug war. In dieser Übergangsphase ist das Wissen *äußerst labil* und kann rasch verloren gehen. Deshalb sind die Rekapitulation gleich nach dem Lernen sowie die Repetition am selben Abend und am folgenden Tag besonders wichtig.
Beim Repetieren geht es um zweierlei: Zum einen muss das Gelernte vom Kurzzeitgedächtnis ins Langzeitgedächtnis transferiert und weiter gefestigt werden. Zum anderen soll das Wissen gut zugänglich und in jeder Situation flexibel abrufbar sein. Wie kann nun diese Repetition effizient und wirkungsvoll gestaltet werden?

Möglichst aktiv repetieren

Sie repetieren aktiv, wenn Sie das Gelernte frei aus dem Gedächtnis abrufen und zum Beispiel aus der Erinnerung die Mindmap mit der Zusammenfassung des Stoffs aufzeichnen, dem Teddy noch die Details erklären und erst dann die Wissenslücken durch Nachlesen stopfen. Auch das Abrufen mithilfe von Stichwortlisten oder Zetteln aus der Lernkartei (siehe Seite 235) gehört zu den aktiven Methoden.
Das Schöne ist, dass die Konsolidierung des Wissens geistig weit weniger anstrengend ist als die Lernschritte zuvor. Deshalb können Sie es sich beim Repetieren ruhig gemütlich machen und es auch im Schwimmbad, auf dem Bett oder auf einem Spaziergang tun.

Für verschiedene Abruf-Varianten sorgen

Sie kennen das Phänomen, dass sich Vokabeln leichter in der Reihenfolge der Wörterliste abrufen lassen, denn der Kontext wird stets auch mitgelernt. Müssen die Dinge dann in einer neuen Abfolge oder in einem ganz anderen Zusammenhang abgerufen werden, wird es schwieriger. Sorgen Sie deshalb immer wieder für neue Abruf-Varianten, lassen Sie sich von Kollegen abfragen oder durchmischen Sie zur Abwechslung die Karteizettel der verschiedenen Fächer.
Vergessen Sie auch nicht, sich beim Repetieren immer wieder in unterschiedliche Abrufsituationen zu versetzen: Stellen Sie sich zum Beispiel ganz konkret vor, wie Sie in der Prüfung dem Professor das Schema aufzeichnen oder wie Sie die englische Redewendung in ein Gespräch einbringen – und sprechen Sie dabei wenn möglich mit hörbarer Stimme. All dies wird Ihnen den Zugang zum Wissen erleichtern.

Denn es fehlte mir der Zusammenhang und darauf kommt doch eigentlich alles an.
JOHANN WOLFGANG VON GOETHE

Die Vergessenskurve nicht vergessen

Wie muss repetiert werden, um das Gelernte mit wenig Aufwand möglichst lange zu behalten? Die Antwort liefern Resultate aus der Kognitionsforschung, wie sie bereits 1885 von Herrmann Ebbinghaus mit akribischem Aufwand ermittelt wurden.[87] Der deutsche Psychologe konnte zeigen, dass neu erworbenes Wissen in den ersten Stunden und Tagen am schnellsten vergessen wird.
Die Vergessenskurve verläuft nicht linear, sondern nimmt exponentiell ab, das heißt, sie fällt von 100 Prozent Wiedergabefähigkeit am Tag null innerhalb von 24 Stunden ziemlich steil nach unten und verflacht dann mehr und mehr. Um dem Vergessen entgegenzuwirken, ist deshalb besonders in der ersten Phase

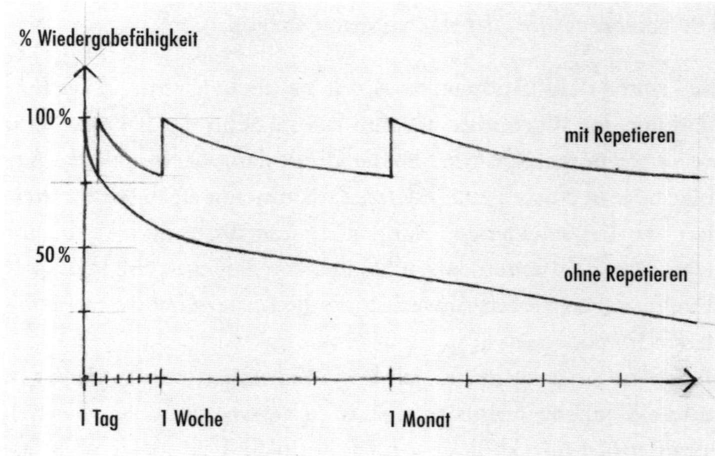

Abb. 13 **Die Wirkung des Repetierens.** Aus: Exploratives Lernen.[88]

häufigeres Wiederholen angesagt (siehe Abbildung 13). Bei jeder Repetition werden die neuronalen Verbindungen gestärkt und die Kurve fällt in der Folge etwas weniger ab.
Rekapitulieren Sie das Gelernte unbedingt gleich nach jeder Session, zum Beispiel indem Sie es dem Teddy erzählen, und rufen Sie schwierig zu Behaltendes am selben Abend nochmals ab. Die Faustregel für den weiteren Repetierrhythmus lautet dann so:
Repetieren nach: 1 Tag, 1 Woche, 1 Monat, ½ Jahr.

Zur Selbstreflexion

1. **In welchen Fächern fällt bei mir die Vergessenskurve a) flach b) steil ab? Was tue ich dagegen?**
2. **Wie kann ich dem Repetieren im Lernalltag Platz einräumen?**
3. **Variiere ich die Repetition immer wieder, indem ich zum Beispiel auch verschiedene Abrufsituationen simuliere?**

Die modifizierte Lernkartei einsetzen

Wie lassen sich nun aber die Zeitabstände von 1 Tag, 1 Woche, 1 Monat und ½ Jahr auf einfache Art einhalten?
Vielleicht ist Ihnen der Zettelkasten mit den laufend größer werdenden Fächern vertraut. Ausgehend von einem solchen Kasten und der obigen Regel habe ich die modifizierte Lernkartei entwickelt und in meinem Buch *Exploratives Lernen* erstmals beschrieben. Diese modifizierte Variante hat Wochentags- und Monatsfächer und damit können Sie für die optimalen Zeitabstände sorgen. Aus der Kurve in Abbildung 13 ersehen Sie, was dies bedeutet: Sie rufen das Gelernte ab, *bevor* der größte Teil vergessen ist, und kommen rasch wieder auf eine hundertprozentige Wiedergabefähigkeit.

Die Wiederholung ist die Mutter – nicht bloß des Studierens, sondern auch der Bildung.
JEAN PAUL

Die modifizierte Lernkartei ist vor allem dann von größtem Nutzen, wenn Sie sich viel Stoff aneignen müssen, zum Beispiel in den intensiven Lernphasen einer Prüfungsvorbereitung. Auch für das Memorieren und Einüben von Vokabeln und Sätzen beim Fremdsprachenlernen ist dieser modifizierte Zettelkasten unübertroffen. Alles, was Sie noch wissen, rückt gleich eine Woche oder einen Monat weiter, während für Vergessenes der Durchlauf wieder von vorne beginnt. So werden Sie mit der Lernkartei täglich Erfolgserlebnisse haben und sich gleichzeitig der zähen Brocken häufiger annehmen, bis auch diese sitzen.
Die Zettel, die in den Kasten kommen, können ganz unterschiedlich sein: Neben solchen mit einzelnen Formeln, Vokabeln oder Sätzen können Sie auch zusammengefaltete und mit einem Schlüsselwort versehene Mindmaps mitlaufen lassen. Abfragen heißt im letzteren Fall, die Mindmap mithilfe des Schlüsselworts frei aus dem Gedächtnis aufzuzeichnen und anschließend zu vergleichen und sich Fehlendes erneut einzuprägen. Zum effizienten Repetieren ganzer Kapitel lassen sich auch Schlüsselwortlisten gebrauchen.

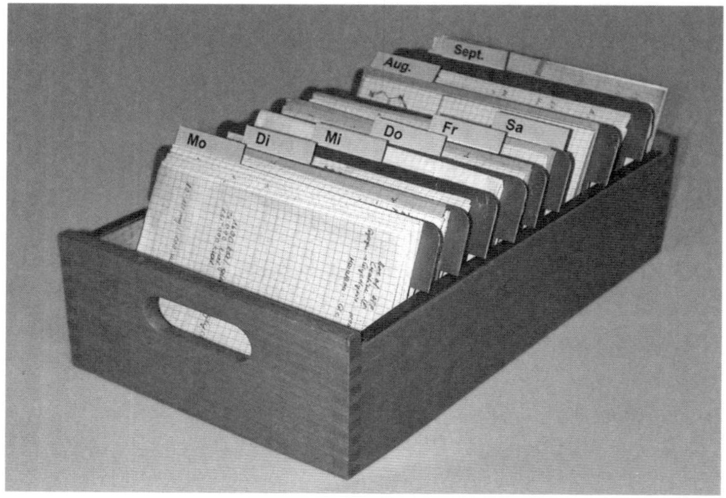

Abb.14 **Die modifizierte Lernkartei nach Verena Steiner.**[89]

Übung 11
Die modifizierte Lernkartei ausprobieren

In dieser Übung werden Sie das effizienteste und wirkungsvollste Tool für die gründliche Repetition kennenlernen und sehen, wie viel dieses systematische Repetieren bringt.

Beschaffen Sie sich einen Karteikasten für Zettel im DIN-A6- oder DIN-A7-Format mit beweglichen Reitern und beschriften Sie diese mit den Wochentagen sowie mit den kommenden Monaten.

Das Repetieren geht nun so: Sie lernen am Montag etwas Neues, schreiben die Zettel und üben, bis Sie alles mühelos wiedergeben können. Dann stecken Sie die Zettel ins Dienstags-Fach. Am Dienstag leeren Sie das Fach und fragen sich mithilfe der Zettel ab. Was Sie nicht mehr wissen, wird nochmals eingeprägt und muss den Durchlauf von vorne beginnen. Das heißt, es kommt ins Mittwoch-Fach. Die ›guten‹ Zettel werden hingegen erst nach einer Woche repetiert; sie kommen also zurück ins Dienstags-Fach.

Welches sind die ersten Erfahrungen mit der Kartei? Ein wichtiger Punkt ist das Verfertigen der Zettel. Besonders beim Fremdsprachenlernen ist das eigenhändige Aufschreiben der Wörter und Sätze bereits ein wirkungsvoller Lernschritt. Für besseres Behalten kann zudem das Wortbild noch mit Farbe versehen oder die Buchstaben können sonst wie phantasievoll gestaltet werden.

Wer bereits einmal gute Kenntnisse einer Fremdsprache hatte und den Wortschatz wieder systematisch auffrischen möchte, kann sich das Zettelschreiben ersparen und im Handel erhältliche Kärtchen mit dem Grund- und Aufbauwortschatz benützen. Im Vergleich zu elektronischen Vokabeltrainern hat man bei den Kärtchen einen besseren Einblick in den angebotenen Wortschatz und kann auch leichter Ergänzungen anbringen. Dazu kommt, dass sich mit der modifizierten Lernkartei die Zeitabstände am flexibelsten anpassen lassen.

Ein Verstand mit einem stabilen Inhalt ist viel reicher als einer ohne.
MIHALY CSIKSZENTMIHALYI

Für ältere Semester könnten nämlich beim Sprachenlernen die Abstände von 1 Tag, 1 Woche, 1 Monat und ½ Jahr nicht ausreichen. Der optimale Zeitpunkt der Wiederholung ist kurz vor dem Vergessen. Wenn Sie jeweils dann repetieren, wenn Sie noch etwa 80 Prozent der Kärtchen wiedergeben können, liegen Sie in einem guten Bereich und haben zudem noch bei jeder Repetition ein Erfolgserlebnis. Das angepasste Schema kann zum Beispiel so aussehen: Repetieren nach: 1 Tag, 3 Tagen, 1 Woche, 1 Woche, 1 Monat, 3 Monaten, 3 Monaten.

Die Lernkartei ist nicht nur für die Festigung von Fremdsprachenkenntnissen nützlich. Mit der Kartei kann auch jeder andere Lernstoff effizient repetiert werden. Seien Sie jedoch auf der Hut und stecken Sie nicht zu viel Aufwand in die Verfertigung der Zettel. Notieren Sie nur das Wichtigste. Verfertigen Sie die Zettel erst, wenn der Stoff erarbeitet und verstanden ist und wenn Sie wissen, *was* Sie überhaupt memorieren wollen und was nicht.

Wenn Sie ganze Lehrbücher durcharbeiten, sparen Sie sich beim Zettelschreiben eine Menge Zeit, wenn Sie sich mit *Stichwortlisten* in Postkartengröße begnügen: Durch klug gewählte Stichworte lassen sich sämtliche Theorien, Konzepte, Begriffe und Fakten eines Kapitels abfragen. Das Formulieren der ›Lösung‹ auf der Kärtchenrückseite können Sie sich zudem ersparen, wenn Sie beim Repetieren der Liste zur Kontrolle das entsprechende Kapitel im Buch konsultieren. Mit derartigen Listen auf postkartengroßen Karteizetteln habe ich während meines Biochemiestudiums sämtliche Fächer repetiert. Nur Formeln und andere Dinge, die es in- und auswendig zu wissen galt, kamen auf Extra-Zettel auf halbem Postkartenformat. Pro Fach habe ich jeweils eine bestimmte Zettelfarbe gewählt und bin so mit einer einzigen Kiste durchgekommen.

Die Repetition mit der modifizierten Lernkartei ist nicht nur wirkungsvoll; sie bereitet auch Vergnügen. Wenn Sie die modifizierte Lernkartei regelmäßig nutzen, werden Sie damit Tag für Tag ein Erfolgserlebnis haben und die großen Lernfortschritte auch bald spüren.

In Kürze zu Übung 11

Der Nutzen der modifizierten Lernkartei

Mithilfe der modifizierten Lernkartei

- wiederholen Sie schwierig zu Merkendes häufiger
- sorgen Sie mit minimalem Zeitaufwand für maximale Behaltensleistung
- schaffen Sie sich täglich ein sicht- und greifbares Erfolgserlebnis.

Sich mit Gleichgesinnten zusammentun

In der Auswertung der Umfrage »Wann macht Lernen Spaß?« (Seite 194, Tafel 8) habe ich Ihnen eine der Freuden vorenthalten: das Lernen zusammen mit Gleichgesinnten.
Auf Tafel 9 (Seite 240) sehen Sie Zitate von Studierenden. Vielleicht gehören Sie bereits zu den Glücklichen, die regelmäßig in einem gut eingespielten Lernteam zusammenarbeiten und ähnliche Freuden erleben. Wenn nicht, empfehle ich Ihnen, die Fühler nach Gleichgesinnten auszustrecken. Sei es, um den Stoff eines schwierigen Fachs zu diskutieren, um Übungsaufgaben oder Fallbeispiele zu besprechen oder für die kommenden Prüfungen zu repetieren und sich gegenseitig abzufragen und moralisch zu unterstützen.
Auch in der Weiterbildung kann die Zusammenarbeit zu zweit oder zu dritt neuen Schwung ins Lernen bringen. Nutzen Sie dies, um ein Sachbuch oder ein literarisches Werk mit einer guten Kollegin zu besprechen. Um mehr von einem Sprachkurs zu profitieren oder die Kenntnisse aufzufrischen, können Sie auch in regelmäßigen Zusammenkünften mit einem Kollegen versuchen, sich in einer Fremdsprache flüssiger auszudrücken und sich über grammatikalische Fragen auszutauschen. Oder Sie treffen sich regelmäßig eine halbe Stunde vor Beginn der Lektion, um nochmals das Vokabular zu repetieren. So werden Sie bald zusätzliche Lernfortschritte erkennen können.

Viele können mehr denn einer.
DEUTSCHES SPRICHWORT

Einen gemeinsamen Nenner finden

Wenn man sich auf regelmäßigen Austausch einigt, gilt es, einen gemeinsamen Nenner zu finden und im Voraus gewisse Abmachungen zu treffen. Denn Sie wissen wohl aus eigener Erfahrung: Die Gefahr, dass man sich über ganz andere Dinge unter-

Tafel 9

Lernen in Gruppen

Zitate aus der Umfrage »Wann macht Lernen Spaß?«[90]

Lernen macht am meisten in unserer kleinen Gruppe Spaß. Jeder trägt seinen Teil zum allgemeinen Verständnis bei und alle gewinnen durch die Ideen der anderen einen neuen Einblick in das zu erlernende Themengebiet.

Wir sitzen in einem Kreis von vier Mathe-Studenten. Der Ort ist die Cafeteria der Uni. Jeder von uns beschäftigt sich mit seinen Problemen (sprich Mathe-Übungen). Falls einer steckenbleibt, fragt er den Nachbarn um Hilfe. Am Abend des Lernnachmittages haben wir somit zu jeder Aufgabe eine brauchbare Lösung.

Kann ich meinen Kollegen etwas erklären, stärkt das mein Selbstwertgefühl.

Wenn man sich in der Gruppe etwas gegenseitig erklärt, ist es oft lustig, wie sich die anderen etwas vorstellen. Natürlich muss man da auch ab und zu lachen. Interessanterweise bleibt einem alles viel besser, wenn man sich über ein bestimmtes Thema amüsiert hat.

Im gut vorbereiteten Gruppengespräch zu den BWL-Übungen klickt es manchmal: In diesen Gesprächen wird der Eindruck von Realität vermittelt. Ich habe das Gefühl, etwas zu bewirken – ich habe Spaß und lerne leichter.

Sogar die kleinen Rivalitäten in der Lerngruppe machen Spaß: Man wird angefeuert, aber auch unterstützt. In einer guten Gruppe wird das Wissen wirklich ausgetauscht, und es werden auch keine Informationen verheimlicht.

hält und am Ende unbefriedigt nach Hause geht, lauert immer wieder von Neuem.
Die Treffen gelingen, wenn alle dieselben Ziele verfolgen und jeder auf seine Weise einen Beitrag leistet. Die Inhalte werden im Voraus abgesprochen und während der Besprechung hält man sich daran. Wird auch noch die Länge der Zusammenkunft festgelegt, hat dies denselben Effekt wie gekonntes Nahzielsetzen: Sie gehen konzentrierter und fokussierter an die Besprechung heran und spüren am Ende größere Befriedigung. Gönnen Sie sich zu Beginn jeweils zehn Minuten Anwärmzeit, während der Sie über irgendwelche Dinge plaudern. Beginnen Sie dann aber pünktlich mit der Besprechung oder dem Abfragen – und hören Sie auch pünktlich auf. Legen Sie am Schluss wiederum die Ziele und Vorsätze für die nächste Zusammenkunft fest.
Möglicherweise erscheinen Ihnen solche Regeln etwas übertrieben. Doch Sie werden sehen, dass diese besonders in größeren Gruppen mehr Effizienz und Produktivität bewirken. Zusammenarbeit im Team benötigt eine gewisse Disziplin – und etwas Übung. Dies konnte auch in einer Studie gezeigt werden: Die Resultate der Lernteams, die zuvor Instruktionen zur Zusammenarbeit erhielten, waren merklich besser als diejenigen der Teams ohne Instruktion.[91]

Was gute Zusammenarbeit beim Lernen bringen kann

Wichtig ist nicht das ewige Leben, sondern die ewige Lebendigkeit.
FRIEDRICH NIETZSCHE

Ein gutes Lernteam ist wie ein Handballteam, das in die nächste Liga aufsteigen will: Jeder will sich verbessern, man fordert sich gegenseitig heraus, unterstützt und freut sich, wenn etwas gelingt. Man kann zusammen lachen und auch immer wieder einen besonderen Einsatz leisten.
Mit einem solchen Team vor Augen bearbeitet man die Inhalte bereits im Vorfeld aufmerksamer und man stellt sich auch auf

mögliche Fragen ein. Die Besprechung im Team ist dann so etwas wie eine erste Anwendung des Wissens. Die Inhalte erscheinen einem lebendiger und realer, man lernt andere Sichtweisen kennen und hört Fragen, die einen nie in den Sinn gekommen wären. Dies wiederum regt an, sich auch beim Selbststudium häufiger Fragen zu stellen oder einen stillen Dialog mit den Kollegen zu führen.

Wenn Sie Lernteam-Erfahrung haben, wissen Sie zudem, wie nachhaltig das Besprochene gespeichert wird. Die Sessionen zeigen Ihnen auch, wo Sie stehen. Sie geben Feedback und stärken das Selbstwertgefühl.

Geteilte Interessen und gute Zusammenarbeit wirken äußerst energetisierend. Der Enthusiasmus, der bisweilen aufkommt, steckt alle an. In einem ambitiösen Team gibt es oft auch einen gesunden Wettbewerb. Das heißt, dass jeder möglichst gut sein will – weniger, um die anderen zu überrunden, sondern einfach, weil man sich gegenseitig beflügelt und das Lernen so mehr Freude macht. Im Englischen spricht man von *competition* und die ursprüngliche Bedeutung dieses Begriffs ist die, *gemeinsam nach etwas zu streben.* Eine derartige Konkurrenz regt an, stets das Beste zu geben. Und am Ende können sich alle über die guten Resultate freuen. Denn geteilte Freude ist doppelte Freude.

Schlusswort Teil III – Lern- und Gedächtnisstrategien optimieren

Wie auch immer Ihr persönlicher Lernstil aussehen mag: Durch aktivere Lernmethoden lässt sich sicher noch manches optimieren. Denn wenn Sie beim Erarbeiten des Stoffs systematisch Fragen stellen und dazu noch die Teddybär-Methode nutzen, bauen Sie in Ihrem Kopf bedeutend klarere Wissensstrukturen auf. Dadurch wird auch Ihr Verständnis besser, die Speicherung fällt leichter und das Ganze lässt sich rascher wieder abrufen.

Ich hoffe, Sie haben in diesem dritten Teil festgestellt, dass aktive Vorgehensweisen das Lernen spannender machen – selbst wenn man sich zu Beginn etwas überwinden muss. Doch wenn Sie es einmal gepackt haben, wird selbst das Memorieren zu einer vergnüglichen Angelegenheit; der Memory Cartoon kann dabei behilflich sein. Und beim Repetieren mit der modifizierten Lernkartei können Sie sich täglich ein sicheres Erfolgserlebnis verschaffen.

Inspiration kommt meist während der Arbeit, nicht vorher.
MADELEINE L'ENGLE

Wir sind am Ende angelangt und Sie haben nun einen Einblick in das Lernpower-Konzept gewonnen: Sie haben eine bessere Vorstellung von den vielfältigen Herausforderungen des Selbstmanagements, kennen sich in den Methoden des aktiven Lernens aus – und vergessen beim Lernen und Managen auch das Spielen und Experimentieren, das explorative Lernen nicht. Denn Sie wissen, dass Sie damit auch Ihre Kompetenzen ständig weiterentwickeln können.

Den Explorerspirit in einem Buch herüberzubringen, Sie zu motivieren, sich auf das Spiel einzulassen, Ihnen den Ball zuzuspielen, war mein Ziel. Und los geht's: »*Catch the ball and run!*«

Nachwort

Lernpower bedeutet Lust, Einsatz und Kompetenz.
Ich hoffe, Sie haben mittlerweile diese Power selbst verspürt und erkannt, was es an innerer Einstellung, Strategien und guten Gewohntheiten braucht, um fortan motivierter, effizienter und kompetenter zu lernen.
Nun gilt es, dranzubleiben, zu üben und zu experimentieren und die Erkenntnisse in den Lernalltag zu integrieren. Der Fortschritt erfordert stets einiges an Geduld, dafür macht er aber ab und zu auch große Sprünge. Es ist wie beim Erlernen des Fahrradfahrens. Am Anfang wagt man kaum in die Pedale zu treten. Doch bald kommt eine Ahnung auf, wie schön es ist, wenn man es wirklich kann. Erinnern Sie sich an das erhebende Gefühl, als Sie zum ersten Mal so richtig losfahren konnten? An den Schwung und an die Leichtigkeit? Diese Leichtigkeit werden Sie auch verspüren, wenn Ihnen die vorgeschlagenen Methoden in Fleisch und Blut übergegangen sind und Sie die Praktiken ganz automatisch nutzen.
Jacob Bronowski, der in der legendären BBC-Sendung *The Ascent of Man* in die Geschichte der Wissenschaft und der Technologie einführte, sagte einst: »Die stärkste Kraft im Aufstieg des Menschen ist die Freude am eigenen Können. Er tut begeistert, was er tut, und was er gut getan hat, möchte er noch besser tun.«
Wenn Sie nach dem Üben Rückschau halten und sich vergegenwärtigen, was Sie alles dazugelernt haben, werden Sie diese Freude am eigenen Können auch erleben. Sie werden sehen, dass sich Ihre Kompetenzen rund ums Lernen dramatisch verbessert

haben. Und auch, dass Sie eine ganz neue Einstellung zum Lernen gewonnen haben.
Und wenn Sie nach vorne blicken, werden Sie genügend Lust und Power verspüren, um immer wieder neue Lernprojekte anzugehen und mit dem Lernen dranzubleiben. Ich wünsche Ihnen viel Schwung und Erfolg dabei!

Die größte Herausforderung ist die Arbeit am eigenen Leben.
PABLO PICASSO

Auf Ihr Feedback via E-Mail freue ich mich schon jetzt.
verena.steiner@explorative.ch

Dank

Das vorliegende Buch basiert auf der wöchentlichen *Lernpower*-Kolumne, die während des Jahres 2010 im Zürcher *Tages-Anzeiger* publiziert wurde. An erster Stelle möchte ich deshalb Chefredaktor Res Strehle und Ressortleiter Edgar Schuler für die Ermöglichung danken, ebenso Verlagsleiter Marcel Tappeiner. Dank gebührt auch den Redaktoren Daniel Schneebeli, Monica Müller und René Donzé, Cartoonist Felix Schaad sowie Gabi Wettstein und Cyril Hänggi vom Verlag. Den größten Einsatz musste Web-Editor Anatol Heib erbringen und sein engagiertes Wirken – bisweilen sogar im Urlaub – sei besonders verdankt.

Unter den *Tages-Anzeiger*-Leserinnen und -Lesern haben manche die Übungen ausprobiert und ihre Erfahrungen auf dem Messageboard für alle zugänglich gemacht. Mein Dank geht an jede und jeden Einzelnen von ihnen. Die besonders engagierten Übungsteilnehmerinnen und -teilnehmer möchte ich noch namentlich erwähnen: Robert Ammann, Katharina Anderegg, Evelyne Grossmann, Beatrice Marra-Lauper, Florence Schreiner, Rita Surber, Waltraut Thiessen sowie Elsbeth Wardin.

Dank gebührt auch den vielen Studierenden von der ETH und der Universität Zürich, die in meinen unzähligen anonymen Umfragen mitmachten und nun mit ihren Zitaten das Buch bereichern.

Sowohl bei den Kolumnen als auch beim Buchmanuskript haben meine beiden Nichten Eva Erdin und Barbara Hauenstein einen äußerst wirkungsvollen Beitrag geleistet. Eva hat frischen Input zu manchen Kolumnentexten gegeben und mir zeitraubende

Arbeiten wie das Erstellen der Literaturliste und das Zeichnen von Memory Cartoons abgenommen und dabei Ausdauer und wahren Sportsgeist gezeigt. Barbara hat die Texte zum einen aus der Perspektive der Studentin durchgesehen und zahlreiche Hinweise für notwendige Ergänzungen gegeben. Zum anderen hat sie aufmerksam auf Struktur und logische Argumentation geachtet und mitgeholfen, ein bedeutend klareres Manuskript zu schaffen.

Ein ganz spezieller Dank geht an Lektorin Ulrike Gallwitz vom Pendo Verlag für ihr Engagement, das oft weit über das sorgfältige Lektorat hinausgegangen ist. Dank ihrer Hilfe ist der Spagat zwischen den Kolumnentexten und einem Buchmanuskript, das auch für ein breiteres Publikum von Interesse ist, gelungen. Auch sie hat Urlaub für *Lernpower* daran gegeben, hat das Manuskript mit der gewohnten Gewissenhaftigkeit durchgesehen und ihm mit ihren wertvollen Anregungen zum letzten Schliff verholfen.

Verbunden bin ich auch HildenDesign für das Cover, Michael Hempel für die ansprechende Buchgestaltung und Rita Krajicek für das Korrektorat.

Zu guter Letzt möchte ich auch meinem Mann Karl Müलly danken. Ohne seine Geduld und treue Unterstützung hätte ich das Manuskript in dieser Zeit gar nicht schaffen können.

Literaturhinweise

Vorwort

1 Naef, R. D. (1971). *Rationeller Lernen lernen.* Weinheim: Beltz.
2 Steiner, V. (2000). *Exploratives Lernen.* München: Pendo.
3 Steiner, V. (2005). *Energiekompetenz.* München: Pendo.

Kapitel 1

4 Steiner, V. (2000). Siehe 2.
5 Diamond, M. (1988). *Enriching Heredity.* New York: Free Press.
6 Steiner, V. (2001). Unveröffentlichte Umfrage an der ETH Zürich.
7 Banville, J. (2005). *The Sea.* London: Picador.
8 Stein, S. (1995). *Stein on Writing.* New York: St. Martin's Griffin.
9 Dweck, C. (1991). Self-theories and goals: their role in motivation, personality and development. In: *Nebraska Symposium on Motivation* 1990. R. A. Dienstbier (Ed.). Nebraska: University of Nebraska Press.

Kapitel 2

10 Steiner, G. (1996). *Lernen.* Bern: Hans Huber.
11 Branden, N. (1995). *Die 6 Säulen des Selbstwertgefühls.* München: Piper.
12 Roediger, H. L. & Karpicke J. D. (2006). Test-Enhanced Learning. In: *Psychological Science*, 17, 249–255.
13 Steiner, V. (1998). Unveröffentlichte Umfrage an der ETH Zürich.
14 Steiner, V. (1999). Unveröffentlichte Umfrage an der ETH Zürich.
15 Thriel, C. van, Kleinsorge, T. & Zupanic, M. (2001). Arbeitspsychologische Untersuchungen geistiger Flexibilität. In: *Arbeitspsychologie heute*, Bd. 3. H. M. Bolt, B. Griefahn, H. Heuer, (Hrsg.). Dortmund: IfADo.

Kapitel 3

16 Madaule, P. (2002). *Die Kunst zu hören.* München: Pendo, 2002.

Kapitel 4

17 *Zitiert aus* Staub, F. C. (2006). Notizenmachen: Funktionen, Formen und Werkzeugcharakter von Notizen. In: *Handbuch Lernstrategien.* H. Mandl, H. F. Friedrich, (Hrsg.). Göttingen: Hogrefe.
18 Dembo, M. H. & Seli, H. (2008). *Motivation and Learning Strategies for College Success.* New York: Taylor & Francis Group.

Kapitel 5

19 Engeser, S., Rheinberg, F., Vollmeyer, R. & Bischoff, J. (2005). Motivation, Flow-Erleben und Lernleistung in universitären Lernsettings. In: *Zeitschrift für Pädagogische Psychologie*, 19 (3), 159–172.
20 Csikszentmihalyi, M. (2004). *Flow im Beruf.* Stuttgart: Klett-Cotta.
21 Csikszentmihalyi, M. (1992). *Flow: Das Geheimnis des Glücks.* Stuttgart: Klett-Cotta.
22 *Zitiert aus* Goleman, D. (1996). *Emotionale Intelligenz.* München: Carl Hanser.
23 Steiner, V. (2006). *Sich besser konzentrieren heisst…* München: Pendo.
24 Bürer, B. (2002). Ein Tag im Leben. In: *Das Magazin*, 06, 62.

Kapitel 6

25 Steiner, V. (2000). Unveröffentlichte Umfrage an der ETH Zürich.
26 Steiner, V. (2005). Siehe 3.

Kapitel 7

27 Graf, O. (1961). Arbeitszeit und Arbeitspausen. In: *Handbuch der Psychologie*, 9, 244–275.
28 Lahl, O., Wispel, C., Willigens, B. & Pietrowsky, R. (2008). An ultra short episode of sleep is sufficient to promote declarative memory performance. In: *Journal of Sleep Research*, 17, 3–10.
29 Steiner, V. (2000). Unveröffentlichte Umfrage an der ETH Zürich.
30 Talamini, L. M., Nieuwenhuis I. L. C., Takashima, A. & Jensen, O. (2008). Sleep directly following learning benefits consolidation of spatial associative memory. In: *Learning & Memory*, 15, 233–237.
31 Wagner, U., Gais, S., Haider, H., Verleger, R. & Born, J. (2004). Sleep inspires insight. In: *Nature*, 427, 352–355.

Kapitel 8

32 Gollwitzer, Peter M. (1987). Suchen, Finden und Festigen der eigenen Identität: Unstillbare Zielintentionen. In: *Jenseits des Rubikon.* H. Heckhausen, P. M. Gollwitzer, F. E. Weinert, (Hrsg.). Berlin: Springer.
33 Dietz, F., Schmid, S. & Fries S. (2005). Lernen oder Freunde treffen? In: *Zeitschrift für Pädagogische Psychologie*, 19 (3), 173–189.
34 Steiner, V. (2005). Siehe 3.
35 Zimmermann, B. J. & Schunk, D. H. (1989). *Self-Regulated Learning and Academic Achievement.* New York: Springer.
36 Woolf, V. (1925). *Mrs. Dalloway.* London: Harvest/HBJ.
37 Gollwitzer, Peter M. (1999). Implementation Intentions. Strong effects of simple plans. In: *American Psychologist*, 54, 493–503.
38 Steiner, V. (2002). Unveröffentlichte Umfrage an der ETH Zürich.
39 Baumeister, R. F., Bratslavsky, E., Muraven, M. & Tice, D. M. (1998). Ego depletion: Is the active self a limited resource? In: *Journal of Personality and Social Psychology*, 74, 1252–1265.
40 Jerusalem, M., Drössler, S., Kleine, D., Klein-Hessling, J., Mittag, W. & Röder, B. (2007). Selbstwirksamkeit und Selbstbestimmung im Unterricht. In: *Endbericht (Januar 2007) zum Fortbildungsprojekt.* Berlin: Humboldt-Universität zu Berlin, Lehrstuhl für Pädagogische Psychologie und Gesundheitspsychologie.

41 Fuchs, R. (1997). Psychologie und körperliche Bewegung. In: *Gesundheitspsychologie.* H. Krohne, P. Netter, L. Schmidt, R. Schwarzer, (Hrsg.). Göttingen: Hogrefe.
42 Schawinski, R. (2008). *Die Prüfung meines Lebens.* In: *Das Magazin*, 10, 17.
43 Bruch, H. & Ghoshal, S. (2002). Beware the busy manager. In: *Harvard Business Review*, February, 63–69.
44 Bruch, H. & Ghoshal, S. (2004). *A Bias for Action.* Cambridge MA: Harvard Business School Press.
45 Steinbeck, J. (1970). *Tagebuch eines Romans.* München: dtv.
46 Steinbeck, J. (1952). *Jenseits von Eden.* München: dtv.
47 Pelz, W. (2010). Fokussieren statt verzetteln. In: *Personal*, 4, 30–32.

Kapitel 9

48 Steiner, V. (2001). Unveröffentlichte Umfrage an der ETH Zürich.
49 Steiner, V. (2002). Unveröffentlichte Umfrage an der ETH Zürich.
50 Schiefele, U., Streblow, L., Ermgassen, U. & Moschner, B. (2003). Lernmotivation und Lernstrategien als Bedingungen der Studienleistung. In: *Zeitschrift für Pädagogische Psychologie*, 17 (3/4), 185–198.
51 Ericsson, K. A., Krampe, R. Th. & Tesch-Römer, C. (1993). The role of deliberate practice in the acquisition of expert performance. In: *Psychological Review*, 100, 363–406.
52 Drucker, P. F. (2004). *The Daily Drucker.* New York: HarperBusiness.
53 Vygotsky, L. S. (1978). *Mind in society: The development of higher psychological processes.* Cambridge MA: Harvard University Press.
54 Gallwey, W. T. (2000). *The Inner Game of Work.* New York: Random House.
55 Zöllner, U. (2001). *Die Kunst, nicht ganz perfekt zu sein.* Stuttgart: Kreuz.
56 Antony, M. M. & Swinson, R. P. (2009). *When Perfect Isn't Good Enough.* Oakland: New Harbinger.
57 Steiner, V. (2004). Unveröffentlichte Umfrage an der ETH Zürich.

Kapitel 10

58 Guterman, E. (2003). *Integrating written metacognitive awareness guidance as a ›psychological tool‹ to improve student performance.* In: Learning and Instruction, 13, 633-651.
59 Steiner, V. (1998). Siehe 14.
60 Berthold, K., Nückles, M. & Renkl, A. (2007). Do learning protocols support learning strategies and outcomes? The role of cognitive and metacognitive prompts. In: *Learning and Instruction*, 17, 564–577.
61 Nückles, M., Hübner, S. & Renkl, A. (2009). Enhancing self-regulated learning by writing learning protocols. In: *Learning and Instruction*, 19, 259–271.
62 Renkl, A. (1996). Vorwissen und Schulleistung. In: *Emotionen, Kognitionen und Schulleistung.* J. Möller & O. Köller (Hrsg.). Weinheim: PVU.
63 Villegas, J. L., Castro. E. & Gutiérrez, J. (2009). Representations in problem solving: a case study with optimization problems. In: *Electronic Journal of Research in Educational Psychology*, 17, 279–308.
64 Cantrell, R. J., Fusaro, J. A. & Dougherty, E. A. (2000). Exploring the effectiveness of journal writing on learning social studies: A comparative study. *Reading Psychology*, 21, 1–11.
65 Steiner, V. (1998). Siehe 13.
66 Swain, M. (1985). Communicative competence: Some roles of comprehensible input

and output in its development. In: *Input in second language acquisition*, 235–253.

67 Steiner, V. (1999). Siehe 14.

68 Csikszentmihalyi, M. (1992). Siehe 21.

69 Steiner, V. (2001). Siehe 6.

Kapitel 11

70 Steiner, V. (1999). Siehe 14.

71 Steiner, V. (1994). *Empirische Untersuchung über das Lernverhalten von HTL-Studenten.* Muttenz / Schweiz: Ingenieurschule beider Basel.

72 Steiner, V. (2003). Unveröffentlichte Umfrage an der ETH Zürich.

73 Banville, J. (2005). *The Untouchable.* New York: Vintage.

74 Roth, P. (2001). *The Human Stain.* London: Vintage.

Kapitel 12

75 Steiner, V. (1999). Siehe 14.

76 Jäger, A. O. (1984). Intelligenzstrukturforschung: Konkurrierende Modelle, neue Entwicklungen, Perspektiven. In: *Psychologische Rundschau*, 35, 21–35.

77 Interview mit Anthony Hopkins. (2003). Über das Schauspielern, Coleman Silk und Liebesszenen. In: *Neue Zürcher Zeitung*, 265, 47.

78 Kember, D. (1996). The intention to both memorise and understand: Another approach to learning? In: *Higher Education*, 31, 341–354.

79 *Zitiert aus* Goleman, D. (1996). *Emotionale Intelligenz.* München: Carl Hanser.

80 Steiner, V. (1999). Siehe 14.

81 Lieberman, D. A. (2004). *Learning and Memory.* New York: Wadsworth Publishing.

82 Squire, L. R. & Kandal, E. R. (1999). *Gedächtnis.* Heidelberg: Spektrum Akademischer Verlag.

83 Higbee, K. L. (1996). *Your Memory.* New York: Marlowe.

84 Janosch. (2006). *Oh, wie schön ist Panama, Malbuch.* Hamburg: Xenos.

Kapitel 13

85 Eichenbaum, H. (2008). *Learning and Memory.* New York: W. W. Norton Company.

86 Steiner, V. (2000). Siehe 2.

87 Gluck, M. A., Mercado, E. & Myers, C. E. (2008). *Learning and Memory.* New York: Worth Publishers.

88 Steiner, V. (2000). Siehe 2.

89 Steiner, V. (2000). Siehe 2.

90 Steiner, V. (1999). Siehe 14.

91 Prichard, J. S., Stratford, R. J. & Bizo, L. A. (2006). Team-skills training enhances collaborative learning. In: *Learning and Instruction*, 16, 256–265.

Sachregister

Übung/Seite	Methode	Übergeordnetes Lernziel
Übung 1 ***Teil I*** Seite 36	1 Stunde pro Buch Einscannen-plus	**Erfahren, wie man Neugier und Lust entwickeln kann**
Übung 2 ***Teil I*** Seite 40	3-Runden-Strategie	**Drei unterschiedliche Denkmodi und -perspektiven einnehmen**
Übung 3 ***Teil I*** Seite 49	Parallel lesen	**Explorergeist entwickeln; Aufgaben spielerisch angehen, statt sich unter Druck zu setzen**
Übung 4 ***Teil I*** Seite 55	Hör-Experiment	**Das Hören als Sinneserfahrung neu entdecken**
Übung 5 ***Teil II*** Seite 91	Nahziel setzen	**Die Power des selbstbestimmten Handelns spüren**
Übung 6 ***Teil II*** Seite 117	Magische Minute	**Die Power des selbstbestimmten Handelns spüren**
Übung 7 ***Teil II*** Seite 158	Skalen nutzen	**Sich aus der Meta-Perspektive betrachten**
Übung 8 ***Teil III*** Seite 173	Aktivierung durch Fragen	**Metakognitive Bewusstheit erhöhen**
Übung 9 ***Teil III*** Seite 190	Teddybär-Methode	**Die Power des aktiven Lernens spüren**
Übung 10 ***Teil III*** Seite 226	Memory Cartoon	**Die Wirksamkeit der Loci-Methode erkennen**
Übung 11 ***Teil III*** Seite 236	Modifizierte Lernkartei	**Mit der wirkungsvollsten Repetiermethode Erfahrungen sammeln**

Nutzen der Methode

Sie bauen die Hemmschwelle ab, sich ein Buch vorzunehmen.
Sie erhalten in einer Stunde einen guten Überblick und Einblick.
Sie üben das Einscannen-plus.

Sie entscheiden souverän, was lernen, was weglassen (Adlerrunde).
Sie passen die Gründlichkeit dem Lernziel an (Ameisenrunde).
Sie sammeln das Wissen ein (Eichhörnchenrunde).

Sie merken, wie es sich anfühlt, wenn der Geist aktiv ist.
Sie trainieren die Merkfähigkeit.
Sie üben geistige Flexibilität (üben, sich zu lösen und auf Neues einzustellen).

Sie aktivieren die Ohren.
Sie entspannen sich und kommen in Kontakt zu sich selbst.
Sie lernen, die Aufmerksamkeit willentlich zu lenken.

Sie aktivieren sich für Aufgaben, die Überwindung brauchen.
Sie erledigen auch Langweiliges rascher, besser und lustvoller.
Sie gewöhnen sich effizienteres Handeln an.

Sie können sich auf Ihren Vorsatz verlassen.
Sie beginnen eine Aufgabe energievoller, fokussierter und determinierter.
Sie genießen die Zeit zuvor noch ohne »ich sollte«.

Sie machen sich die momentane Stimmung bewusster.
Sie leiten eine Entwicklung in positiver Richtung ein.
Sie steuern die Regulation ganz bewusst.

Sie beleben den Geist und machen sich neugierig.
Sie sind aufmerksamer und schauen sich bewusster auf die Finger.
Sie sorgen für klarere Wissensstrukturen im Kopf.

Sie erfassen das Wesentliche und entwickeln klare Vorstellungen.
Sie arbeiten auf aktives Wissen und rascheres Abrufen hin.
Sie speichern das Gelernte auf mehreren Kanälen.

Sie wecken in sich die Lust am besseren Memorieren.
Sie memorieren faktenreiche Wissensgebiete besser.
Sie sorgen für nachhaltigere Speicherung.

Sie repetieren in den optimalen Zeitabständen.
Sie wiederholen Schwierigeres häufiger.
Sie erzielen mit minimalem Zeitaufwand maximale Behaltensleistung.

PENDO

Verena Steiner
Exploratives Lernen

Der persönliche Weg zum Erfolg.
Ein Arbeitsbuch für Studium, Beruf und Weiterbildung.
248 Seiten, mit 42 Grafiken. Broschur.

Die Schlüssel zum Erfolg des Explorativen Lernens sind Neugierde und die Lust, sich selbst und die Prozesse rund ums Lernen zu beobachten und damit zu experimentieren. Denn nur durch Selbstbeobachtung finden wir unseren optimalen Lernstil. Mit Steiners Arbeitsbuch können Sie Ihr Lernen so gestalten, dass es nicht nur mehr Erfolg, sondern auch mehr Spaß bringt. Entdecken Sie die Lust am Lernen!

»Schade, dass ich ein Buch dieser Art nicht schon in meiner Jugend zur Verfügung hatte!«
Richard R. Ernst, Nobelpreisträger für Chemie 1991

09/1037/01/L